ビジュアル解説

\\ 知らないと損する！ //

投資のきほんと心得

リスクを抑えて賢く運用

著 バウンド

監修 小島淳一 ファイナンシャルプランナー

技術評論社

はじめに

経済環境はデフレからインフレへと変化しています。この経済環境の変化にともない、貯金だけでは資産を守ることが難しくなっています。多くの国民の老後を年金だけで支えるのが現実的ではなくなっているため、政府は「貯蓄から投資へ」というスローガンを掲げ、新しいＮＩＳＡ（少額投資非課税制度）を始めるなど、これまで貯蓄しかしてこなかった人たちにも投資をしやすい環境を整えています。

書店やネットには、たくさんの投資に関する情報があふれています。私たちが抱える、物価上昇、なかなか上がらない給料、老後の不安といったお金に関する心配を見透かしたかのような魅力的なタイトルや文言を並べ立てています。それらを見ると、簡単にお金が増やせるような気がするかもしれません。

もし、あなたが「投資で億り人（株式投資などで億単位の資産を築いた人のこと）を目指そうかな」と考えているなら要注意です。世の中の投資に関する情報は「リターン」を強調しがちです。しかし、リターンの裏には、必ず相応のリスクがあります。

昨今、投資詐欺被害が増えていることが問題になっています。魅力的なもうけ話に飛びつきたくなるほど、お金に関する心配を抱える人々が増えているという背景があるのでしょう。人は余裕がなくなってしまうと、目の前に魅力的なもうけ話のリターンばかりに目が行って、リスクがあることを軽視しがちになるようです。

投資初心者向けの情報は「リターン」に重点を置いたものが多いですが、本書は「リスク」を理解していただくことに重点を置いています。投資をするうえでリターンを求めることは重要です。しかし、いくらリターンがあっても、たった一度のリスクを回避できないだけで再起不能になる可能性があるのが投資です。

本書には、すぐに億万長者になれるといった夢のような成功への近道は書いてありません。しかし、正しく投資のリスクを理解し、安全かつ効率的に資産を増やすことで、あなたがよりよい未来をつかむ方法は書いてあります。

世界3大投資家のひとり、ジム・ロジャーズ氏のシンガポールの邸宅を訪れたとき、「人に頼って結果的に成功しても、それは自分自身にとっての真の成功法則にはならない」と言われましたが、それはみなさんにも覚えておいてほしい大切な言葉です。

最も大事なのは、あなた自身の考え方やメンタルです。本書はそうした投資の心がまえにも触れていきます。冷静さを失わずに客観的に判断できるようになるには経験や時間がかかりますが、本書がみなさんのよりよい投資の未来への一歩を踏み出す手助けとなることを願っています。

バウンド

目次

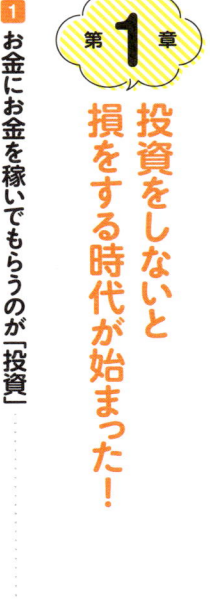

第3章 投資でリターンを得るためにはリスクをとる必要がある

第4章 分散投資を上手に活用してリスクを抑えよう！

第5章 チャートと指標の基本を理解してリスクを抑えよう！

第6章 投資初心者のための行動経済学入門

本書の情報は特に断りがない限り、2024年6月現在のものです。本書は投資をするうえで参考になる情報の提供のみを目的としています。最終的な投資の意思決定は、お客様ご自身の考えや判断でなさるようお願いいたします。本書の情報に基づいて被ったいかなる損害についても、著者、監修者および技術評論社は一切の責任を負いません。

投資初心者が投資で成功するための道

投資で成功するためには、
いろいろやることがありますから、これから
説明していきますよ!
何にもわからないので
わかるように説明してください!

1 投資のしくみや投資商品を理解する

(▶Chapter1、2)

投資のしくみや投資商品を理解しなければ、投資で成功できるわけがありません。投資を始めるなら、ここがスタートです。投資を始めないリスクについてもお話しします。

2 リスクを理解する

(▶Chapter3)

投資でリターンを求めてばかりいると、リスクという落とし穴にいつか落ちることになります。そのような事態を避けるためにもリターンとリスクについて正しく理解することが大切です。

4 投資するタイミングを計るための分析法を知る

（▶Chapter5）

投資対象を選んだり、売買するタイミングを計るための分析法を知ることは、株式投資で成功するには不可欠です。分析法には「ファンダメンタル分析」と「テクニカル分析」の2つがあります。

5 感情に左右されずに冷静に投資する

（▶Chapter6）

人間は感情に左右される生き物です。市場の変動に対して生じた恐怖や欲望といった感情に流されてしまうと、適切な投資判断ができなくなります。自分の心をコントロールできれば、投資で成功する確率を高めることができます。

Chapter7では、
投資を始める前に知っておいたほうが
いい心がまえを紹介していますよ。

3 分散投資を理解する

（▶Chapter4）

リスクの軽減に効果的なのが「分散投資」です。その分散投資をどのように実践するかは、安定した投資成果を得るためのカギになります。

登場キャラ紹介

最近、周りに影響されて投資を始めたいと考えている。でも少し怖いと思っている。

リスクの怖さを知る投資歴30年のベテラン。長期投資でそこそこの財産を築いた。

おじさんの飼い犬。賢くて慎重な性格。的を射たことを言うので女の子も頼りにしている。

おじさんの飼い猫。刹那的で楽観的な性格。いつも適当なことばかり言っている。

データで見てみよう！

今、投資を始める人が増えている！

NISA口座の推移：投資を始める人が増えている！

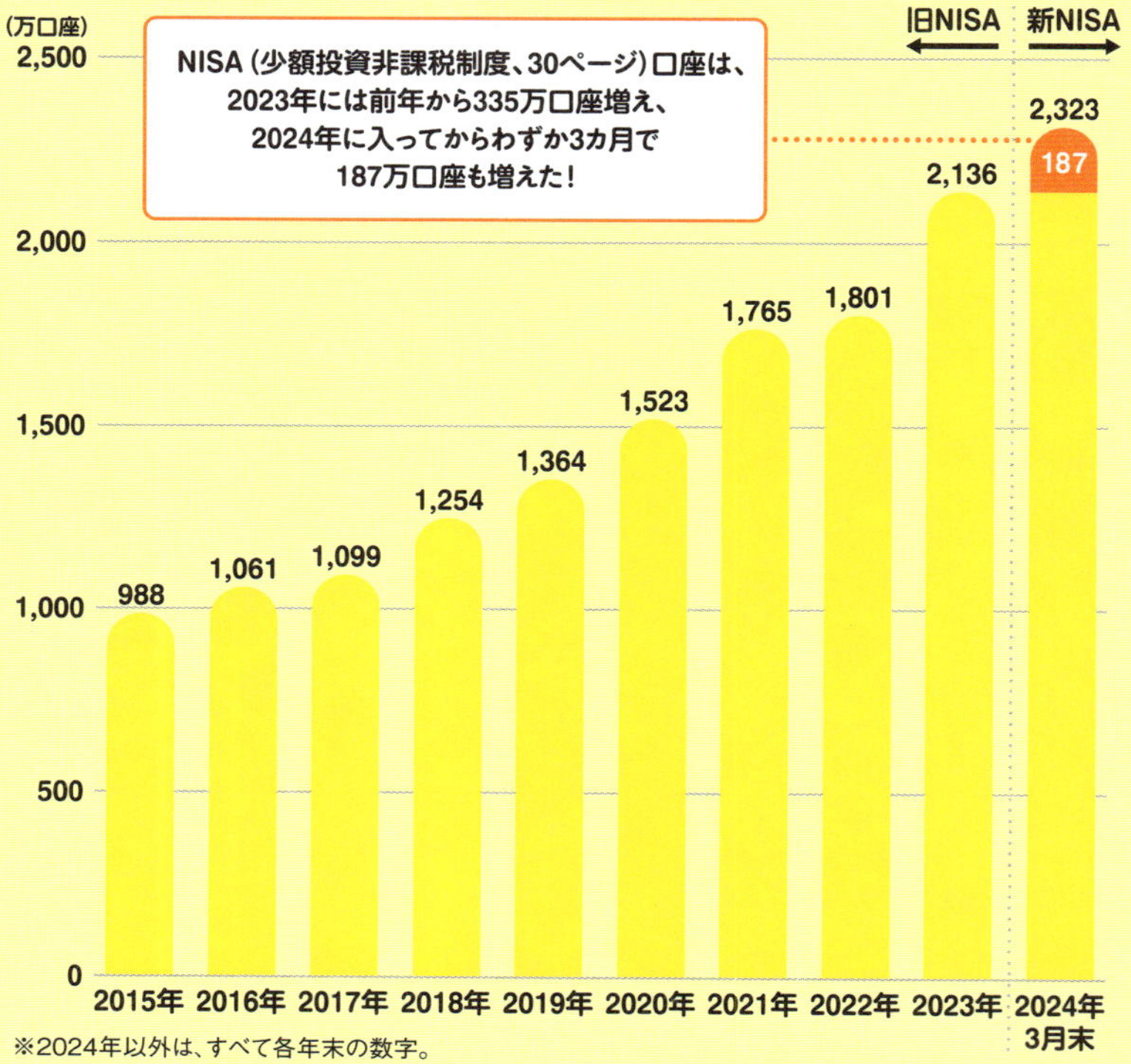
(万口座)
2,500
2,000
1,500
1,000
500
0
旧NISA
新NISA
NISA（少額投資非課税制度、30ページ）口座は、
2023年には前年から335万口座増え、
2024年に入ってからわずか3カ月で
187万口座も増えた！
988
1,061
1,099
1,254
1,364
1,523
1,765
1,801
2,136
2,323
187
2015年
2016年
2017年
2018年
2019年
2020年
2021年
2022年
2023年
2024年
3月末

※2024年以外は、すべて各年末の数字。

出所：日本証券業協会「NISA口座の開設・利用状況（2024年3月末時点）」

投資をしている人はまだまだ少数派！

2024年に入り、3月までにNISA口座（30ページ）が187万口座も増えるなど、投資を始める人が急増しています。

年代別に見ると、30歳代〜50歳代は400万口座を超えていますが、世代別の人口に占める比率を見ると、30歳代以外は30％未満で投資をしていない人は依然多いことがうかがえます。

本書では投資について説明していきますが、投資による利益を手にしたいなら投資を始めるしかありません。投資は「時間を味方につけること」が成功のコツです。あなたは本書を手にしました。興味があるなら、基本的に投資を早く始めたほうが有利です。

年代別NISA口座数

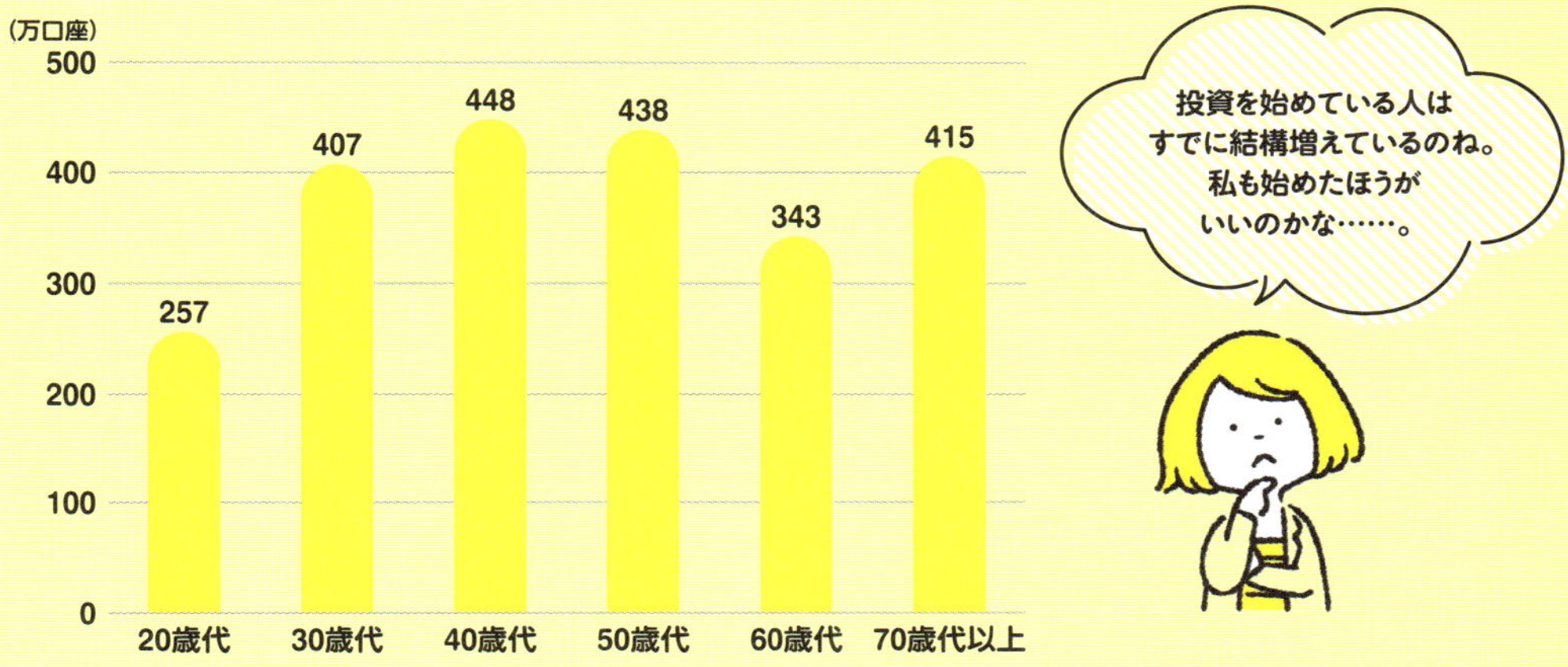
(万口座)
500
400
300
200
100
0
257
407
448
438
343
415
20歳代
30歳代
40歳代
50歳代
60歳代
70歳代以上
投資を始めている人は
すでに結構増えているのね。
私も始めたほうが
いいのかな……。

出所：日本証券業協会「NISA口座の開設・利用状況（2024年3月末時点）」

年代別NISA口座の保有率：まだまだ投資をしている人は少ない

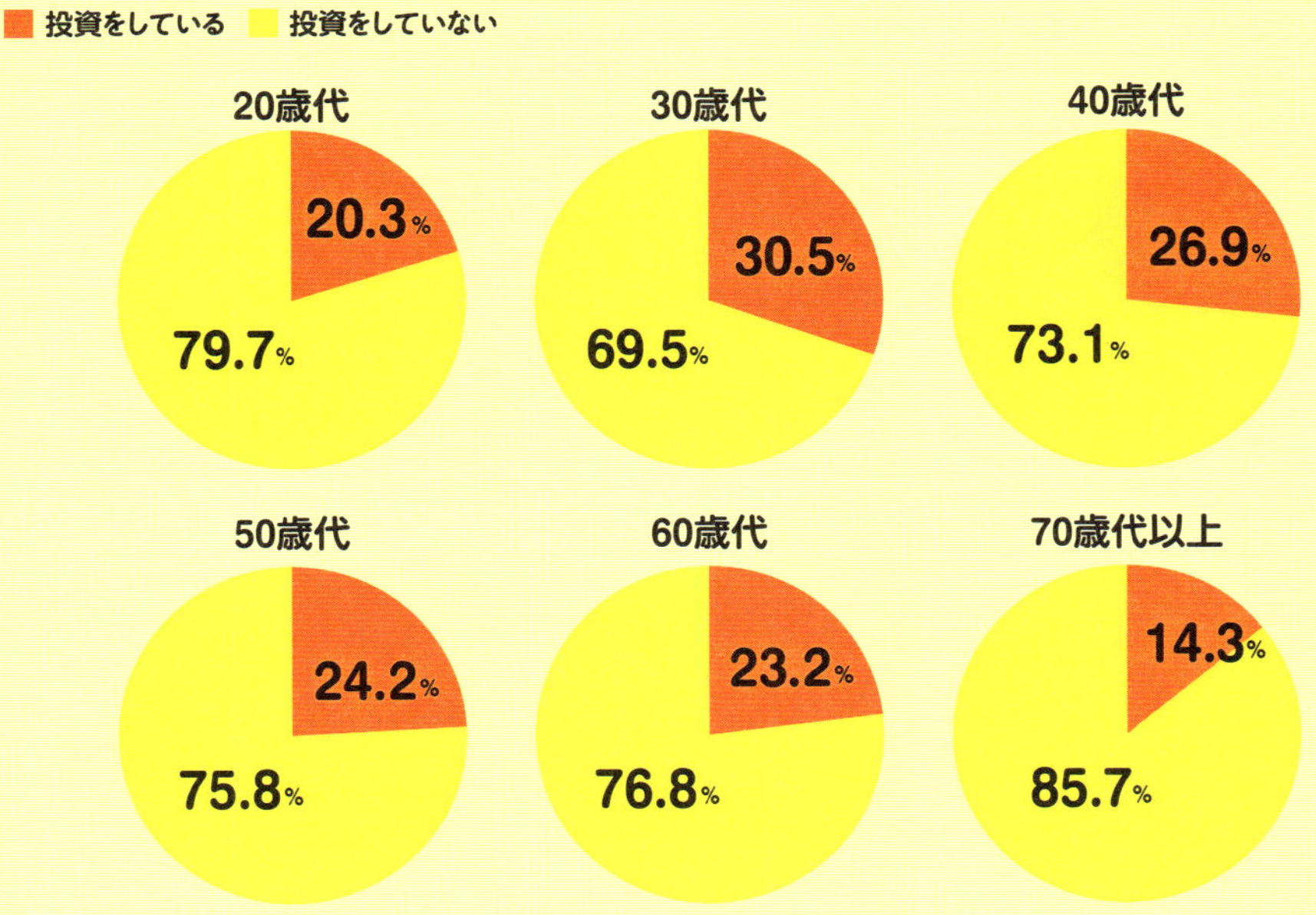
投資をしている
投資をしていない
20歳代
20.3%
79.7%
30歳代
30.5%
69.5%
40歳代
26.9%
73.1%
50歳代
24.2%
75.8%
60歳代
23.2%
76.8%
70歳代以上
14.3%
85.7%

出所：日本証券業協会「NISA口座の開設・利用状況（2024年3月末時点）」、総務省統計局「人口推計（2024年3月報）」

投資への第一歩を踏み出すのが不安な人へ

こんにちは、先生。
投資に興味があるんですが、リスクが
怖くて始められません。

その気持ち、わかります。
投資にはリスクがありますが、
たとえば、分散投資をすることで
リスクを減らせます。

分散投資ですか。
具体的にどうすればいいんでしょうか？

それはこの本に書いてありますよ！
まずは少額から始めることです。

少額からなら安心ですね。
この本で勉強して投資を始めようかな。

その意気です！
焦らず、計画的に進めましょう。

投資に対する
不安が少し和らぎました。
これから頑張ってみようかな。

小さな一歩を踏み出す勇気が
大きな成果をつかむ第一歩です！

CHAPTER 1

投資をしないと損をする時代が始まった！

貯蓄だけで十分な時代ではありません。インフレや低金利の影響でお金の価値が目減りしているからです。
いまや、資産を守り増やすためには、投資をしないという選択肢はありえません。
本章では、なぜ投資が必要なのかについて説明していきます。

1 投資ってなんだ?

お金にお金を稼いでもらうのが「投資」

お金に働いてもらって稼いでもらうのが「投資」

誰もが「大切なお金を増やしたい」と思います。その方法として思いつくのは「貯蓄」と「投資」です。銀行に預貯金をする「貯蓄」は、安全にお金を貯める方法ですが、今の日本では利息はほとんどつきません。

一方、「投資」は、株式や投資信託、不動産などに自分のお金を投じて、それが時間とともに増えることを期待する方法です。たとえば、株式や債券、不動産に投資することで、その資産価値が増すと同時に、配当や利息、賃貸収入などの形で利益を得ることができます。**お金に働いてもらってお金を得**

貯蓄と投資の違い

［貯蓄］

¥
10
1
五円

- **お金を貯めることが目的**
- **安全性を重視**

おもな金融商品

都市銀行やゆうちょ銀行の預貯金など

［投資］

- **お金を増やすことが目的**
- **収益性を重視**

おもな金融商品

株式、投資信託、債券など

貯蓄でもお金は増えますが、今の日本ではほとんど増えませんね……

る——それができるのが投資です。ただし、投資にはリスクもともないます。投じた資金が数倍、数十倍に増える可能性がある一方、最悪の場合、ゼロになることもあります。

　貯蓄と投資はどちらも資産運用の方法ですが、簡単にいえば、貯蓄は「安全性」が高いですが、ほとんど増えません。一方、投資は大きく増える可能性はあるのと同時に減る可能性もあるので、安全性は高くありません。

日本人は貯蓄好きで投資が嫌い!?

　日本人は貯蓄が好きで、アメリカ人に比べて投資を避ける傾向があります。金融資産の52・6%を預貯金に回しているのは、とにかくお金が減ることがイヤな人が多いのかもしれません。本当は「お金を増やしたい」と思っているのに、ほとんど増えない貯蓄ばかりする日本人は、アベコベな行動をしているといえます。

日米の家計金融資産の構成比（2023年末時点）

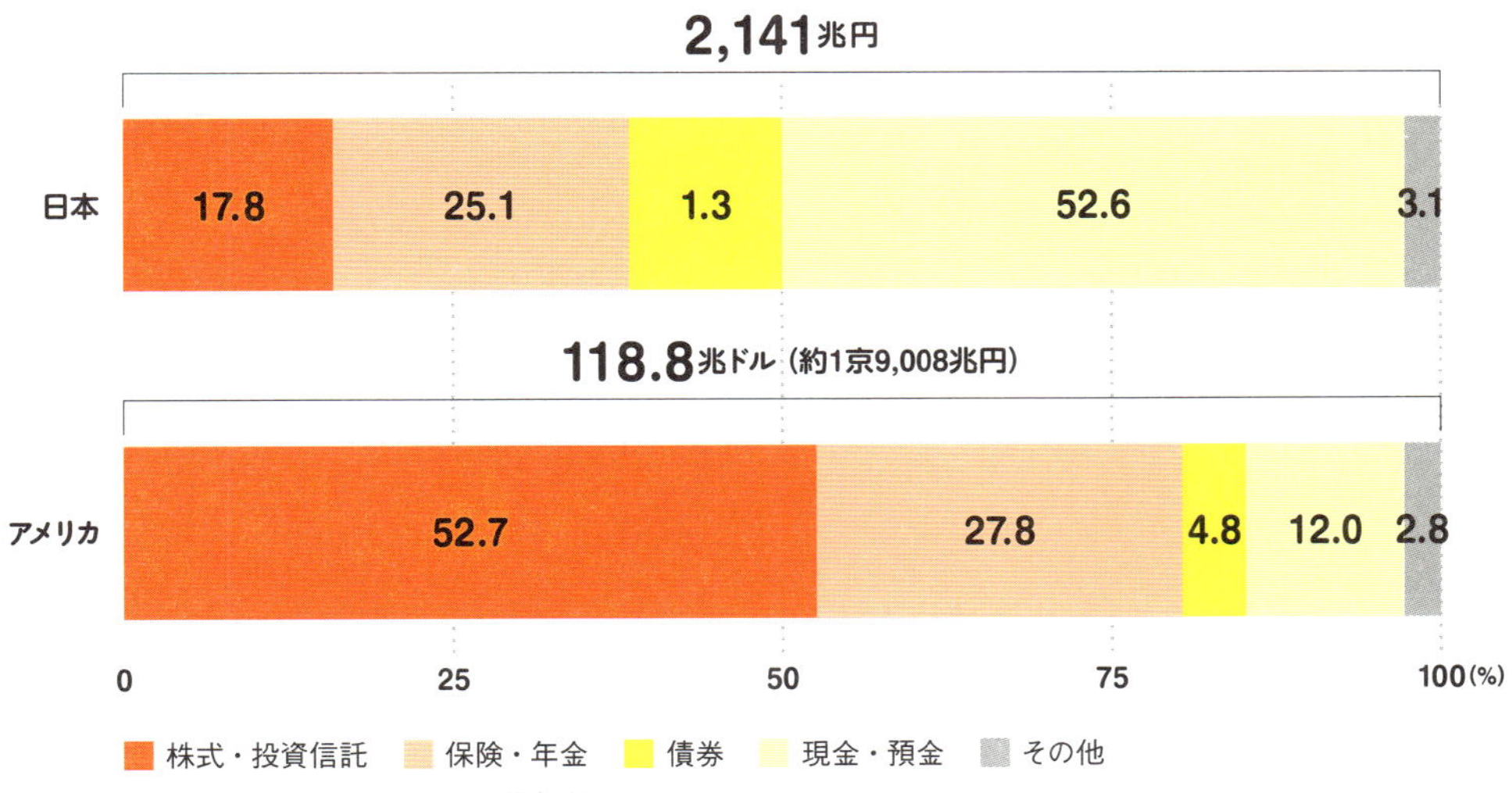
2,141兆円
日本
17.8
25.1
1.3
52.6
3.1
118.8兆ドル（約1京9,008兆円）
アメリカ
52.7
27.8
4.8
12.0
2.8
0
25
50
75
100(%)
株式・投資信託
保険・年金
債券
現金・預金
その他

※四捨五入の関係で100%にならない場合がある。
出所：日本銀行、FRB

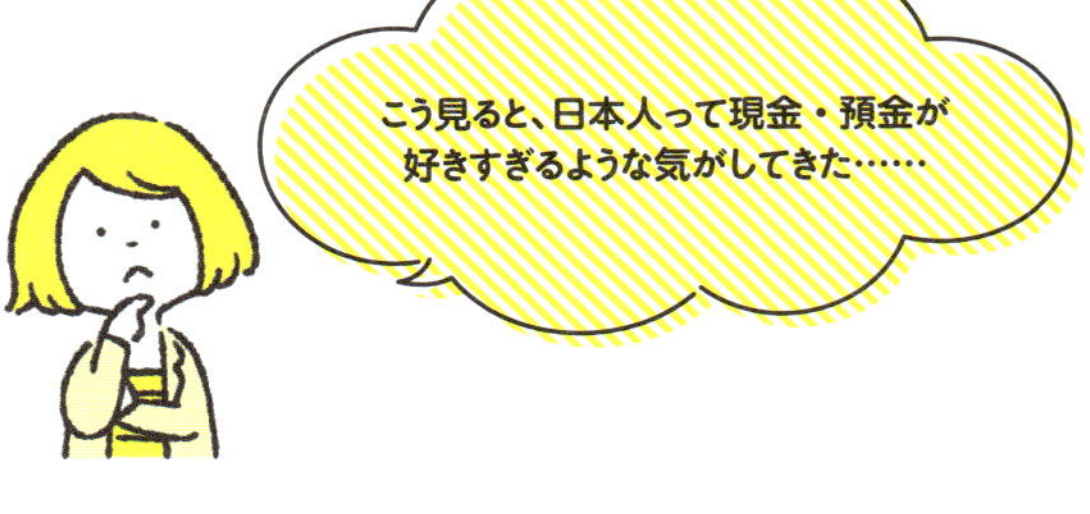
こう見ると、日本人って現金・預金が
好きすぎるような気がしてきた……

2 インフレを理解する

「貯金は安全」という固定観念をアップデート

物価上昇はお金の価値を目減りさせる

貯蓄をしておけば、「絶対にお金が減らないから安心!」と信じている人は多いはずです。たしかに100万円を銀行に預ければ、元本が保証されます。少ないながらも利息が付くので絶対に100万円未満になりません。しかし、「100万円」という額面は減らなくても、その価値に目を向けると「減らない」とは言い切れないのです。

2022年以降、日本でもさまざまな物価が上がっています。たとえば、かつてマクドナルドのハンバーガーは100円で買えましたが、2024年6月現在は170円です。同じ100

おもな銀行の預金金利(2024年6月末現在)

	普通預金	1年定期	3年定期	5年定期
三菱UFJ銀行	0.020%	0.025%	0.150%	0.200%
三井住友銀行	0.020%	0.025%	0.150%	0.200%
みずほ銀行	0.020%	0.025%	0.150%	0.200%
りそな銀行	0.020%	0.025%	0.150%	0.200%
ゆうちょ銀行	0.020%	0.025%	0.150%	0.200%
住信SBIネット銀行	0.020%	0.100%	**0.200%**	**0.400%**
楽天銀行	0.020%	**0.250%**	0.020%	0.020%

※太字は表内で最も金利が高いことを示しています。

昔は定期預金の
金利が6%ぐらいあったらしい
けど……

円硬貨なのに以前と同じようには買えなくなっているということです。

さらに違う見方をしてみましょう。メガバンクの定期預金に100万円を1年預けていたら、利率0・025％ですから、250円の利息しか付きません（実際にはそこから約20％の税金が差し引かれます）。一方で、2023年以降、日本でもさまざまなものの値段が上がり、なかには10％を超える値上げも珍しくありません。言い換えると、銀行にお金を預けている間にこれまで買えたものがどんどん買えなくなっている——それが日本の現状です。

日本は長く物価が上がらない時代が続いてきましたが、物価が上がる時代に突入したことで、お金の価値は相対的に下がっているのです。**「貯金は安全」と思っているなら、その認識をアップデートする必要があります。**そのことに気づかないままだと、自分の資産を気づかぬうちに実質的に目減りさせてしまうことになります。

預金してもほとんど増えない

ここでは実際に、100万円を預けたときにどれぐらいの利息になるかを見ていきます。

100万円を1年定期(0.025%)に預けると、

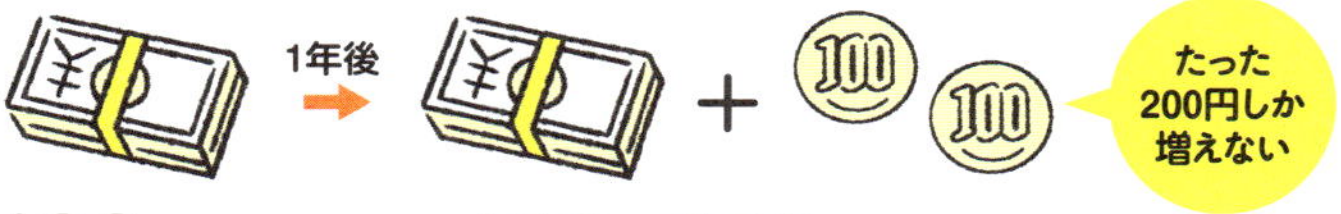
1年後
たった
200円しか
増えない

100万円　→　**100万200円**(税引き後)

ちなみに2023年の物価上昇率 ＋3.1％

↓

2022年に100万円だったものが103万円1,000円になったということ！

物価が上がる前の100万円と物価が上がったあとの100万円では、
100万円の価値は同じだろうか？

3 インフレを理解する

「インフレ」がどんなことかをざっくり理解する

インフレ下では貯蓄は目減りする

かつては「デフレ」という言葉が盛んにいわれていましたが、2023年以降、「インフレ」という言葉をよく耳にするようになりました。

インフレとは「インフレーション」のことで、物価が上昇する経済状態を指します。簡単にいえば、**食料品や住宅などの商品やサービスが以前と同じ金額で買えなくなる状態です。**

一方、デフレとは「デフレーション」のことで、物価が下落する経済状態を指します。同じ商品やサービスが以前よりも安く買えるような状態です。

2023年以降、さまざまなものが

インフレとデフレの違い
100円で買えていたハンバーガー
100
これからの日本
インフレ
物価が上がる
お金の価値が下がる
ハンバーガーが170円に値上がりして100円で買えなくなった!
これまでの日本
デフレ
物価が下がる
お金の価値が上がる
ハンバーガーが50円に値下がりして100円で2つ買えた!

値上がりしている実感があるはずです。逆にそれ以前は、物価の上昇をあまり感じず、「牛丼は300円ぐらい」「ラーメンは750円ぐらい」といったように物価はそれほど変わらない状態どころか、300円の牛丼が280円に値下がりするような時代が長く続きました。

じつは世界的に見て、この30年間で日本ほど物価が上がらなかった国はありません。私たち日本人にとってあたり前だった「物価が変わらない…どころか下がっていく」のは、かなり特殊な状況だったのです。

デフレのときであれば、貯蓄をすれば、たとえ額面の額が増えなくても、物価が下がっていくおかげで「お金の価値は増えた」と考えることができました。しかし、2023年以降、明らかにインフレになっています。こうした日本全体の経済状況を把握しておくことは、貯蓄や投資を行ううえでとても大切なことです。

日本の物価の推移を振り返る

このグラフは日本の物価動向を示す消費者物価指数の2000年を「100」として、2023年までの推移を示したものです。長く続いたデフレから潮目が変わったことがわかるはずです。

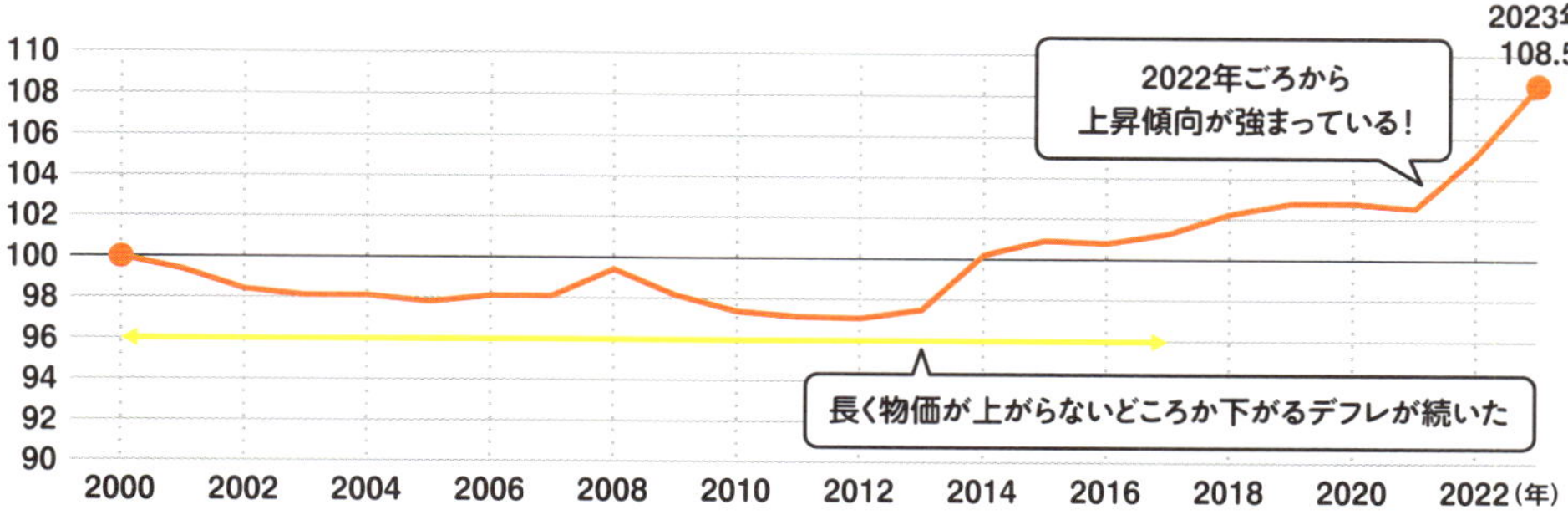

2023年
108.5
2022年ごろから
上昇傾向が強まっている！
長く物価が上がらないどころか下がるデフレが続いた
110
108
106
104
102
100
98
96
94
92
90
2000
2002
2004
2006
2008
2010
2012
2014
2016
2018
2020
2022（年）

出所：総務省統計局

投資の達人を目指すなら

普段からもっと注目しよう「消費者物価指数（CPI）」

消費者物価指数（CPI）は、私たちが日常生活で購入する食べ物や服、家賃、交通費などの価格がどれくらい上がったり下がったりしているかをわかりやすく示してくれる指標です。CPIが上昇すればインフレが進んでいることを意味し、私たちの生活コストが増えることを示します。逆に、CPIが下がっていれば、デフレの可能性があります。

CPIは政府や企業が経済状況を把握し、政策を決定する際の参考にされます。また、私たちにとっても、CPIの変動を知ることで、将来の見通しを立てやすくなります。

CPIは通常、前年同月比の数字が発表され、その数字は必ず報道されます。これまで以上にCPIに注目することで、経済の動きがより理解しやすくなり、賢い生活設計にも役立つはずです。

インフレ下で「投資しない」はリスクになる！

投資をしている人のほうが金融資産を増やしている

日米の家計（企業や政府ではない、各家庭の経済活動のこと）の金融資産の構成比を見ると、日本人は現金・預金が多く、アメリカ人は株式・投資信託が多くなっているのは、15ページで述べたとおりです。

どちらかが正しいとは言い切れませんが、実際に金融資産を増やしているのはアメリカ人です。アメリカ人は稼いだお金を積極的に投資に回し、**お金がお金を生むようにお金を働かせてさらに増やしている**のです。もちろん、投資は「必ず増える」わけではありませんが、リスクを引き受けながらリタ

日本、アメリカ、イギリスの家計金融資産の推移

2002年から2022年までの日米英の家計金融資産（現金・預金、債券、株式など）を比較すると、米英に比べて日本の増加率は低くなっています。

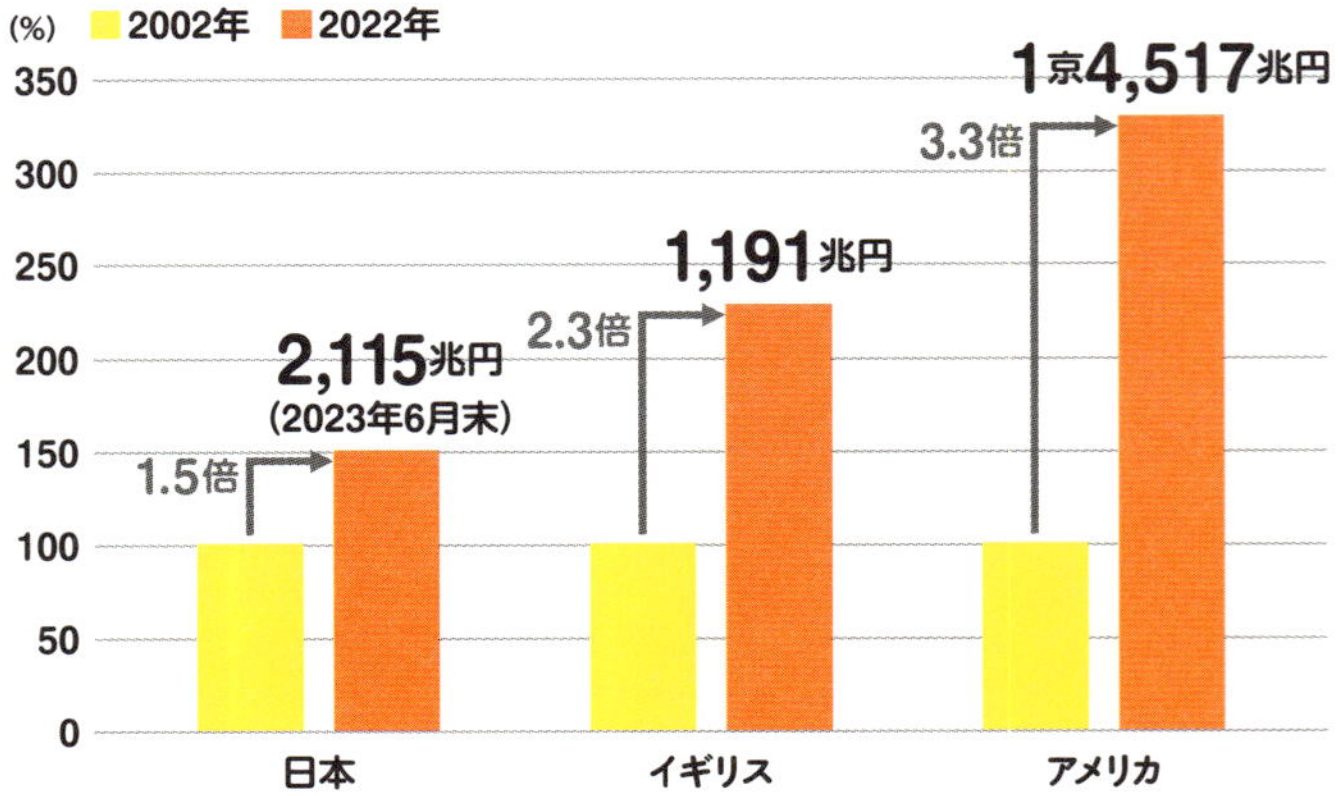
(%)
2002年
2022年
350
300
250
200
150
100
50
0
2,115兆円
(2023年6月末)
1.5倍
1,191兆円
2.3倍
1京4,517兆円
3.3倍
日本
イギリス
アメリカ

出所：金融庁「資産運用立国の実現に向けて」

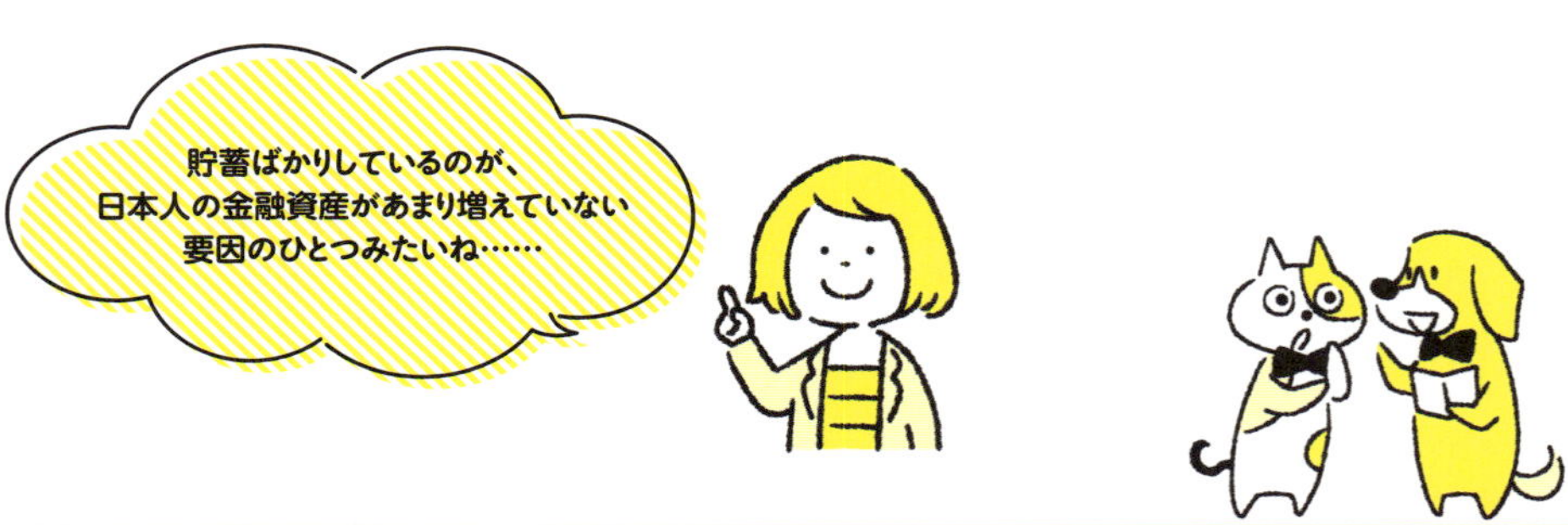
貯蓄ばかりしているのが、
日本人の金融資産があまり増えていない
要因のひとつみたいね……

ーンを追求しています。むしろ、「投資しないで貯金ばかりするほうがリスク」と考えているほどです。

一方、ほとんどの日本人はコツコツお金を貯めるだけであまり増やせていません。下のグラフにもあるように、日本の家計の金融資産は、物価が上昇し始めた2021年以降増えていますが、「自分は増えていない……」と思った人は、「投資はギャンブルのようなもの」と投資を避けていなかったでしょうか。金融資産の増加の恩恵にあずかっているのは、日本株の上昇の波に乗ることができた、株式や投資信託などに投資した人たちなのです。

なぜ株式や不動産がインフレに強いかは22ページで説明しますが、インフレ下では、預貯金などの現金を株式や不動産などに換えたほうが資産を防衛できます。

そろそろそのことに気づかないと、真綿で自分の首を絞めるようなことになりかねません。

日本の家計の金融資産の推移(2019年〜2023年)

日本の家計は依然として現金・預貯金の比重が高いままですが、株式や投資信託への関心が徐々に増加しています。2023年に日本の株価が上昇したこともあり、株式や投資信託に投資をした人は資産増加の恩恵を受けています。

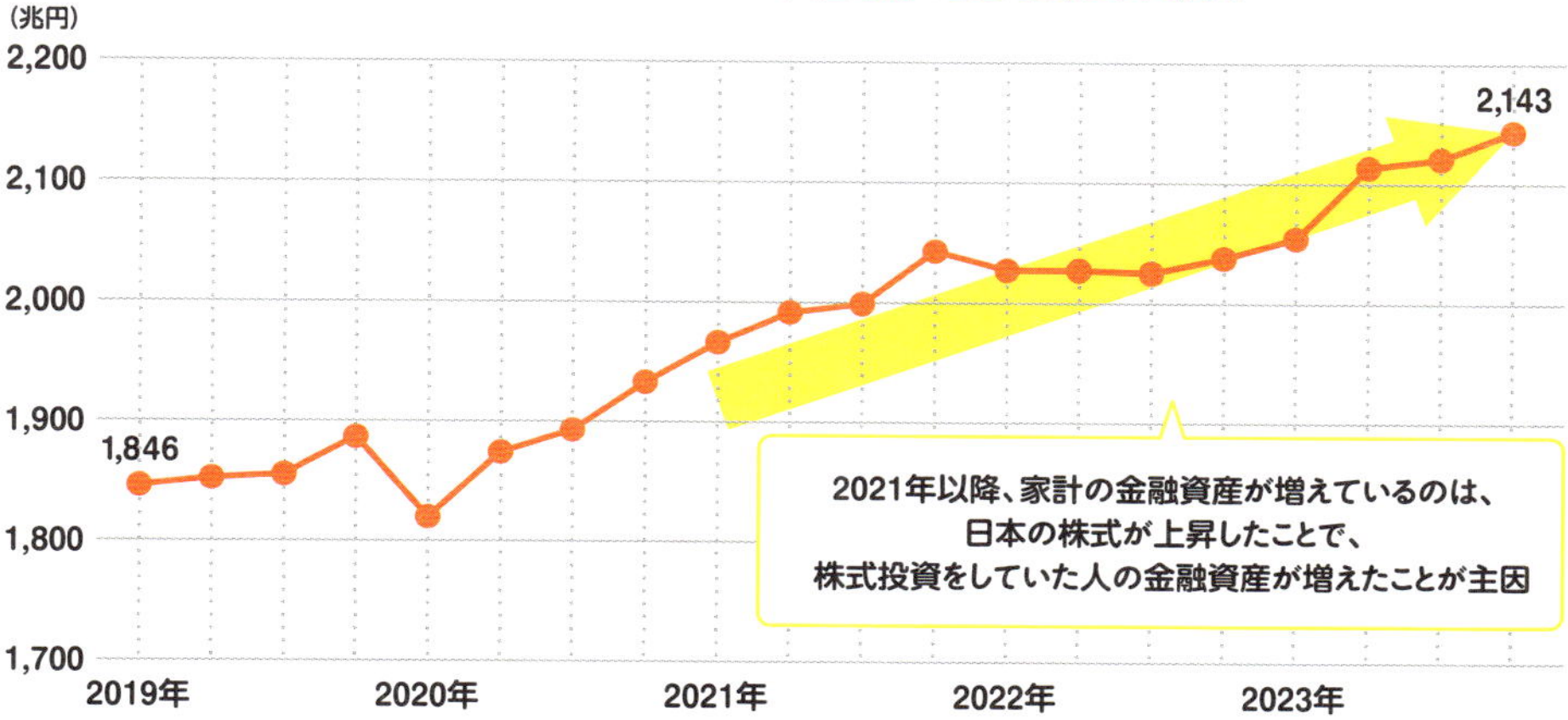

(兆円)
2,200
2,100
2,000
1,900
1,800
1,700
1,846
2,143
2019年
2020年
2021年
2022年
2023年
2021年以降、家計の金融資産が増えているのは、日本の株式が上昇したことで、株式投資をしていた人の金融資産が増えたことが主因

「金融資産が増えた実感がない」と思った人は、おそらくほとんどの金融資産を預貯金だけにしていませんか?

5 インフレを理解する

インフレで株式の価値が上がるワケ

インフレが株価を上げるしくみ

インフレが進行すると、株価が上がる理由について説明しましょう。

トヨタ自動車を例に考えてみましょう。物価が上がると、自動車部品、電気代などさまざまなコストが増えます。そうなれば利益を確保するために、自動車の販売価格を上げなければなりません。そこでトヨタ自動車は車の値上げを行います。その結果、同じ車を1台売ったときの売上高が増え、利益も増えます。

株価はさまざまな要因で動きますが、基本的に企業の利益が増えれば株価は上昇しますから、インフレ下では

インフレとデフレが投資に与える影響

インフレとデフレは投資に対して異なる影響を与えます。
インフレで物価が上昇すると、企業の売上が増加しやすくなる結果、
企業の業績が向上し、株価が上がりやすくなります。一方、デフレで物価が
下落すると、企業業績が悪化して株価が下がりやすくなります。

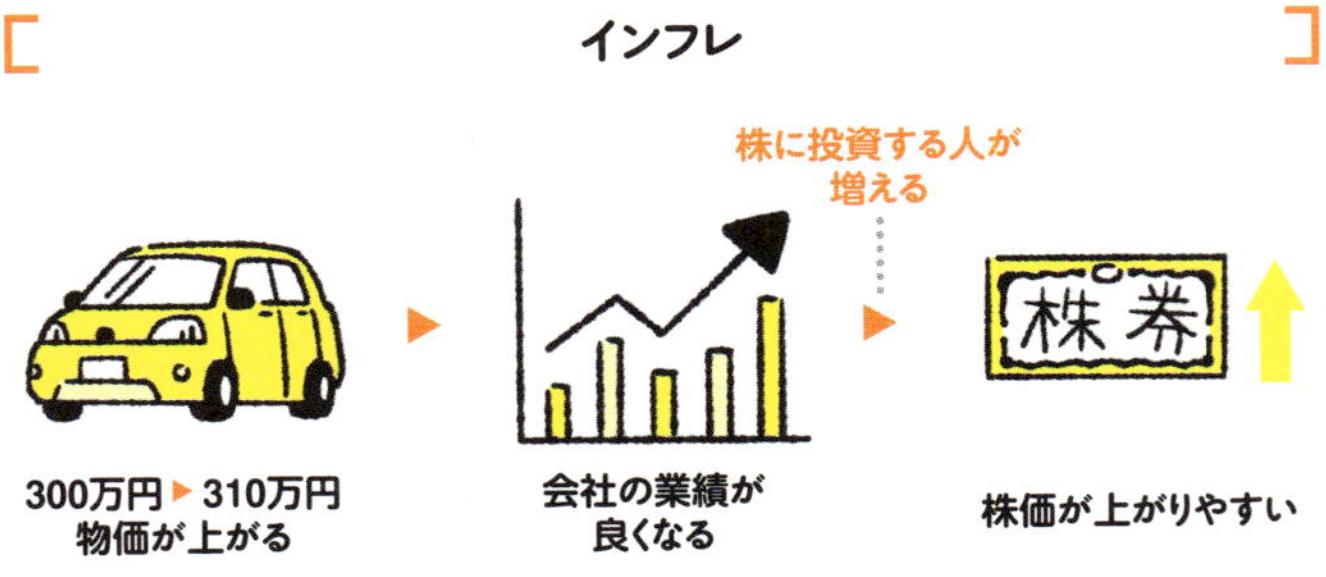

インフレ
300万円▶310万円
物価が上がる
会社の業績が
良くなる
株に投資する人が
増える
株券
株価が上がりやすい

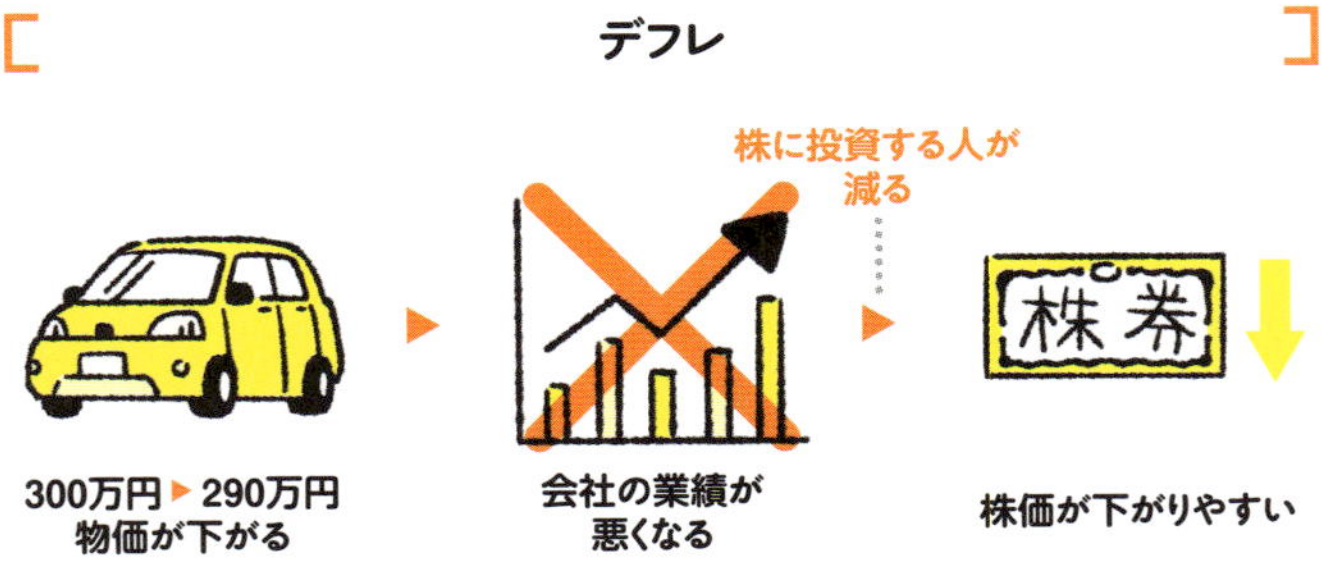

デフレ
300万円▶290万円
物価が下がる
会社の業績が
悪くなる
株に投資する人が
減る
株券
株価が下がりやすい

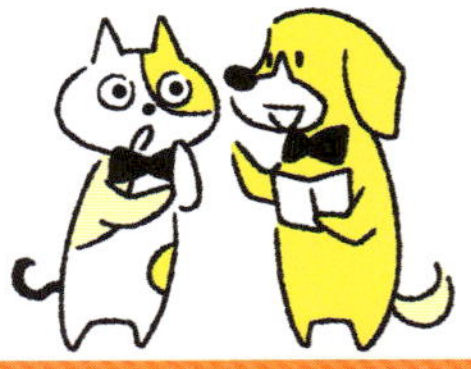

株価は上昇しやすくなります。とくに価格競争力の強い企業は、インフレによって収益を大幅に増やすことができ、それが株価の上昇につながる要因になります。

値上がりしそうなところにお金は集まってくる

インフレ下では現金の価値が目減りするため、投資家は物価上昇によって値上がりしそうな投資対象に資金を移動させる傾向があります。たとえば、**株式や不動産、金（ゴールド）などは物価上昇とともに値上がりする傾向があり、インフレヘッジ（インフレによる価値の下落を防ぐ手段のこと）として機能する**ため、需要が増加し、さらに価格が上昇する傾向があります。

投資を始めることになれば、インフレとデフレといった経済の影響を避けることはできません。これまで経済に関心がなかったとしても、これからは関心を持ち続けることが必要です。

インフレ時に向く投資商品、デフレ時に向く投資商品

インフレ時とデフレ時で適した投資商品は異なります。インフレ時には、物価上昇による価値の増加を期待できるもの、デフレ時には物価下落に強いものが適しています。

［インフレ時］

- 株式(40ページ)
- 投資信託(42ページ)
- 不動産
- RIET(不動産投資信託)
- 外貨投資(46ページ)
- 金などの貴金属への投資

［デフレ時］

- 円預金
- 債券(44ページ)

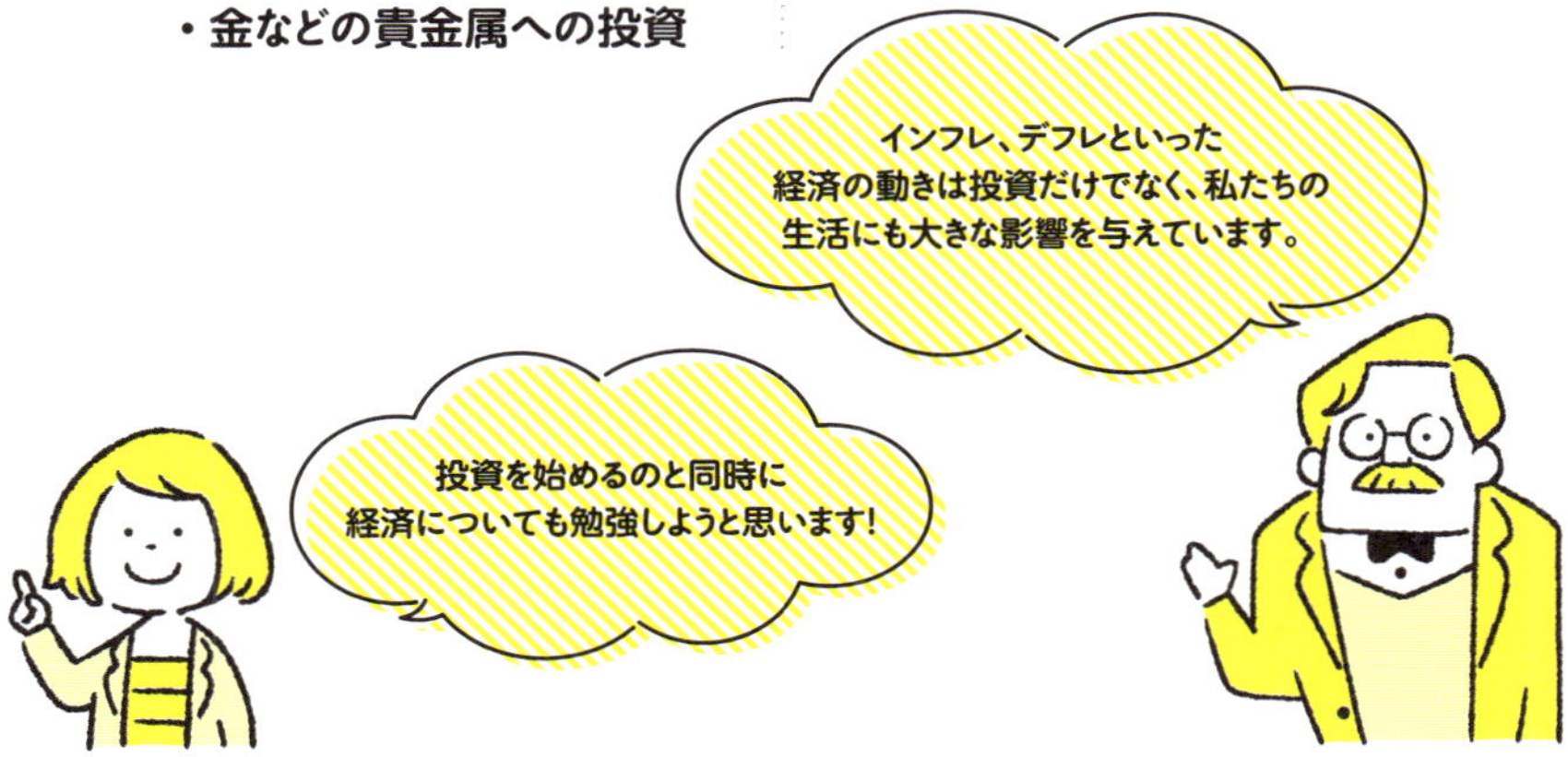
インフレ、デフレといった
経済の動きは投資だけでなく、私たちの
生活にも大きな影響を与えています。
投資を始めるのと同時に
経済についても勉強しようと思います!

恐るべき「複利」の効果を理解しておこう！

「単利」と「複利」は時間が経つほど差が出る

これから投資を始める人にとって、「複利」の魔法のような効果を理解しておくことはとても重要です。「複利」を理解することは、投資の成功に近づくカギだからです。

まず「単利」について説明します。単利は、元本100万円を年利5％で2年間投資した場合、1年後の利息が5万円、2年目の利息も5万円となり、2年後に110万円になります。

一方、「複利」は元本に加えて、利息にも利息が付く方法です。たとえば、100万円を年利5％で2年間投資した場合、1年後の利息は5万円です。

単利と複利の違い

単利と複利の違いを理解し、早めに投資を始めることで、複利の魔法の力を最大限に活用することができます。

単利

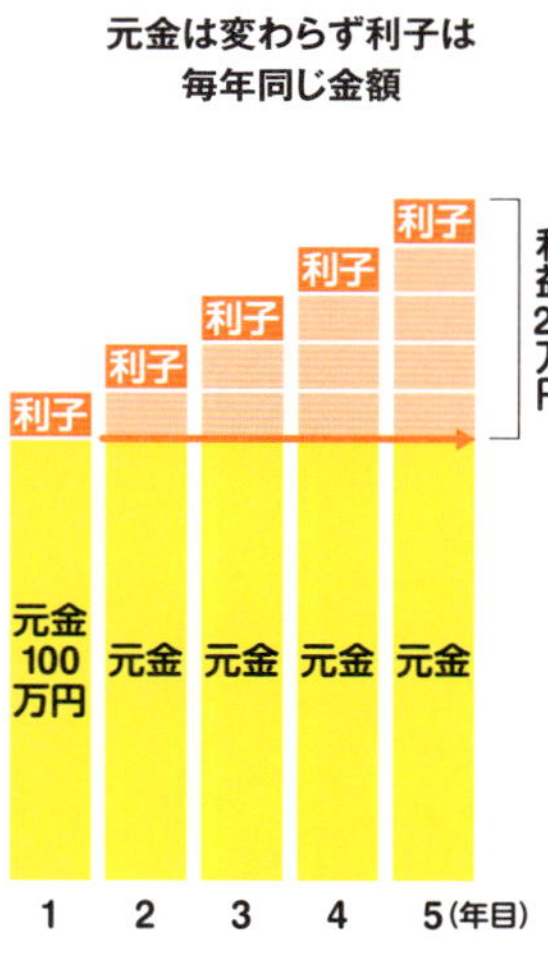
元金は変わらず利子は
毎年同じ金額
利子
利子
利子
利子
利子
利益25万円
元金100万円
元金
元金
元金
元金
1
2
3
4
5(年目)

定額分の利子が毎年増えるだけ

複利

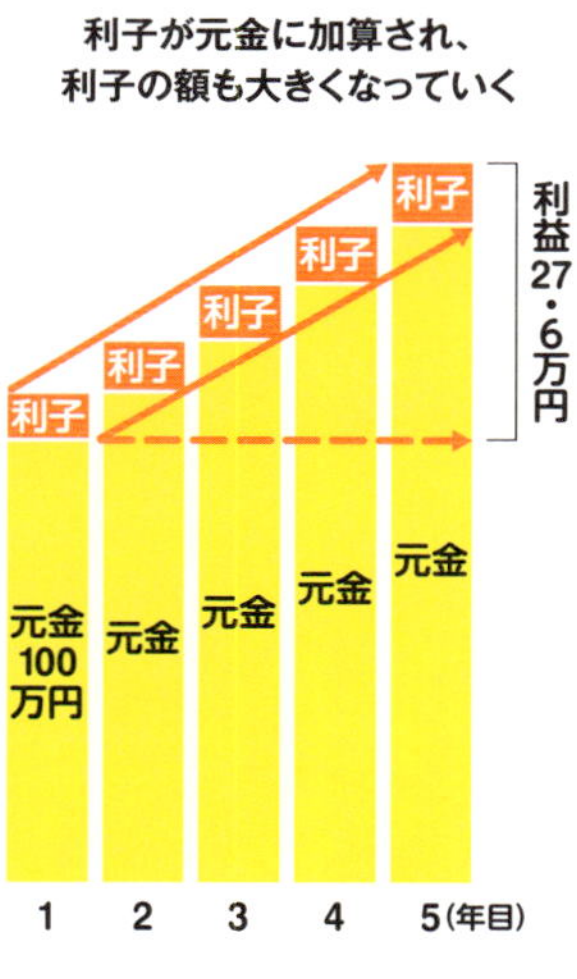
利子が元金に加算され、
利子の額も大きくなっていく
利子
利子
利子
利子
利子
利益27・6万円
元金100万円
元金
元金
元金
元金
1
2
3
4
5(年目)

運用する元本が毎年増えるため、利子も比例して増える

2年目は元本に加え、利息の5万円も再投資します。これで105万円に利息が付き、2年後に110・25万円になります。

その差はわずか2500円です。しかし、この差を侮ってはいけません。複利の効果は、時間が長くなるほど強力になるからです。下のグラフは、その効果をシミュレーションしたものです。

元本100万円を年利5％で20年間投資した場合、単利では毎年5万円、計100万円の利息が得られるので20年後に200万円になります。一方、複利は、20年後に約265・3万円になり、単利と比べて65・3万円も多くなります。この差は時間が経つほど大きくなっていきます。

この複利効果を生かせることは投資をするメリットです。それができるかが投資の成功に不可欠です。**早めに投資を始めることで、複利の魔法の力を最大限に活用しない手はありません。**

時間が経つにつれ、単利と複利の差は広がる

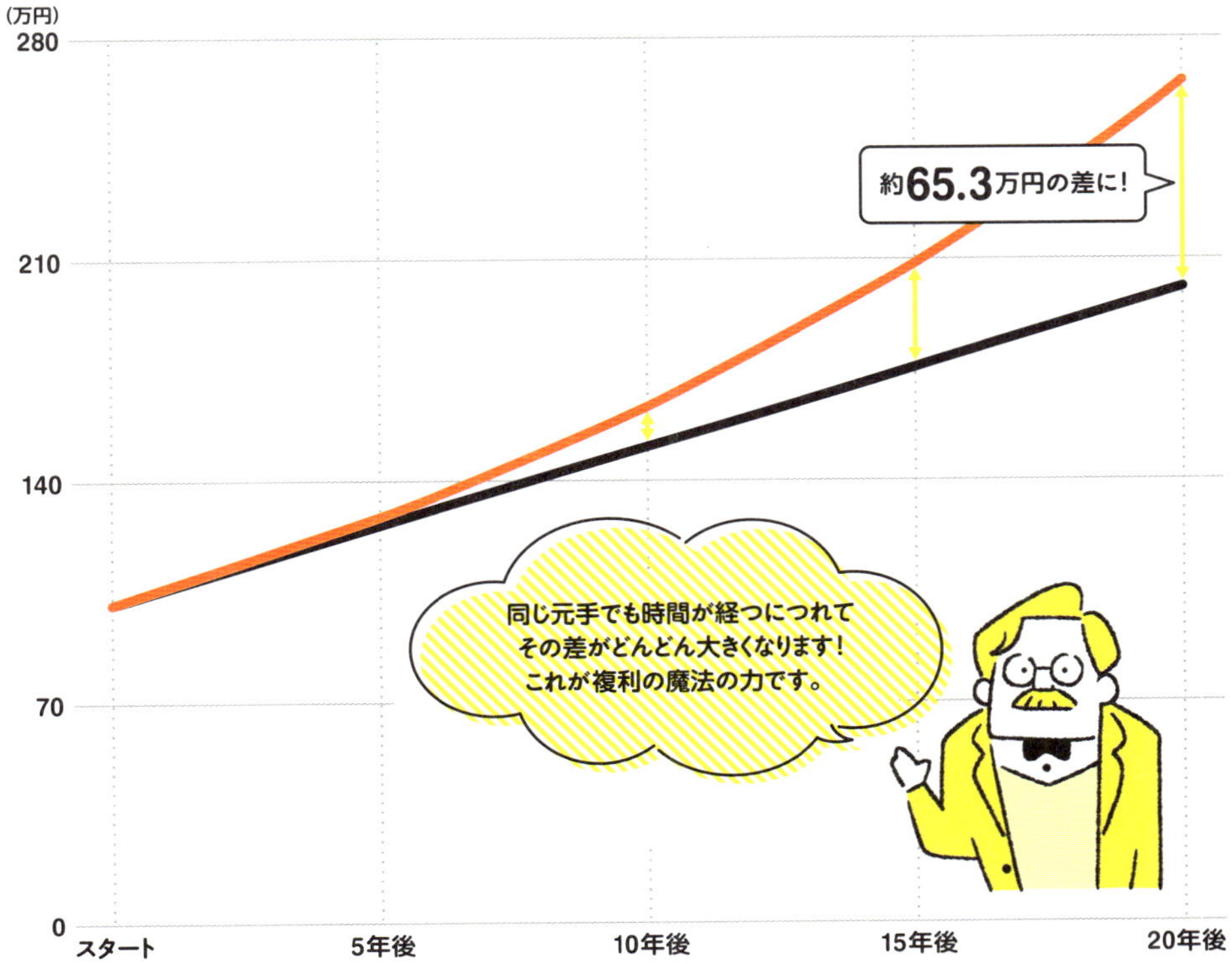
(万円)
280
210
140
70
0
スタート
5年後
10年後
15年後
20年後
約65.3万円の差に！
同じ元手でも時間が経つにつれて
その差がどんどん大きくなります！
これが複利の魔法の力です。

7 投資の力を理解する

「長期投資」と「短期投資」のどちらがいいのだろう？

投資初心者には「長期投資」が適している

投資初心者にとって、「長期投資」と「短期投資」のどちらが適しているのか、それぞれのメリットとデメリットを交えながら考えていきます。

長期投資は、10年単位の時間をかけて資産を増やす方法です。 株式や日経平均株価やTOPIX（東証株価指数）などの株価指数に連動する投資信託、不動産などに投資しながら、じっくりと価格の上昇を待つ根気のいる投資法です。

最大の利点は、時間を味方につけることで資産が増える複利効果（24ページ）を生かせる点です。リスク分散も

長期投資と短期投資のイメージ

長期投資と短期投資が目指すリターンの違いを視覚的に表したのが下図です。
長期投資は時間をかけて大きな利益を目指し、
短期投資は細かく小さな利益を積み上げるイメージです。

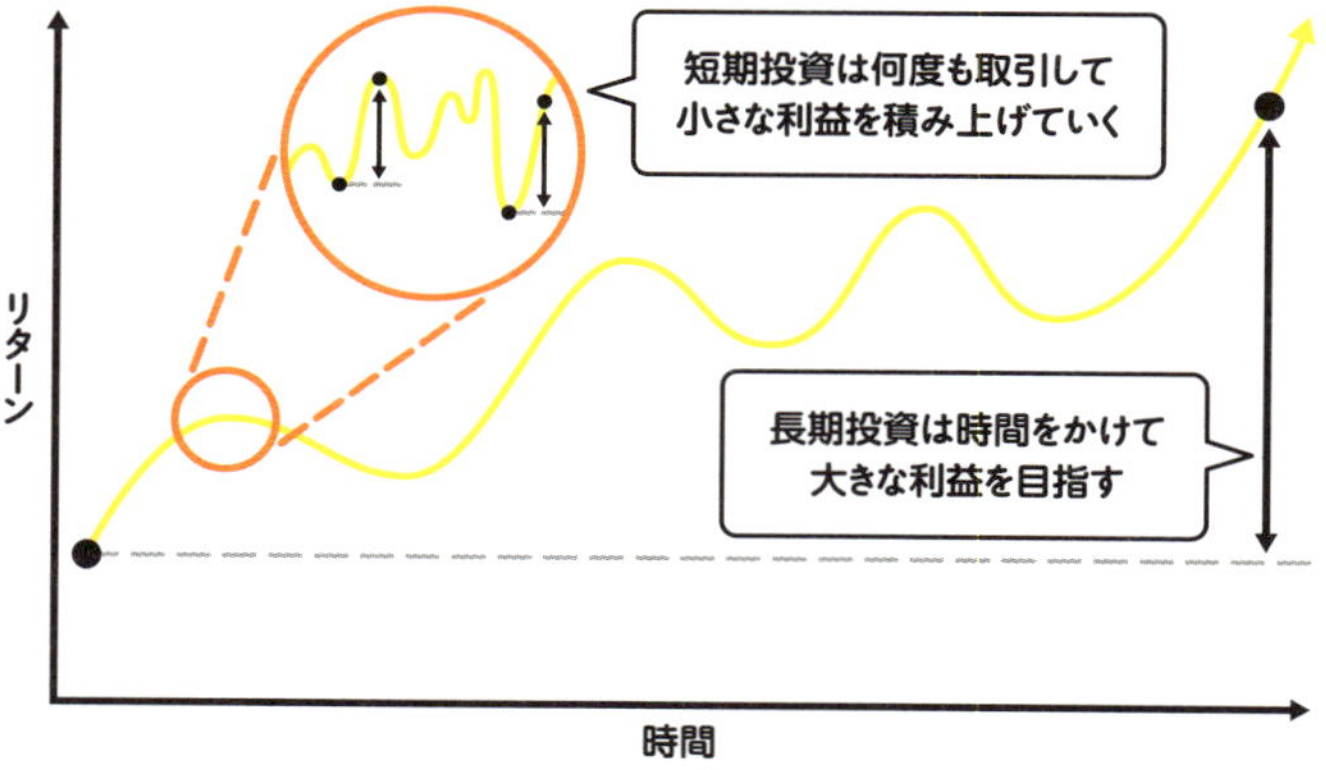

短期投資は何度も取引して小さな利益を積み上げていく
長期投資は時間をかけて大きな利益を目指す
リターン
時間

短期投資のほうが面白そうだね！
いや、投資は遊びじゃないから、面白くなくてもいいと思うけど……

しやすく、安定したリターンが期待できます。

一方、**短期投資は1日に何度も売買を繰り返すデイトレードに代表されるように、価格の変動に敏感に反応して売買を繰り返すことで利益を追求します。**短期間で資産を増やせる可能性がある一方、大損失を被る可能性も高くなります。素早い判断と高度な分析能力が求められるため、投資初心者には難易度が高くオススメできません。

「短期間でお金を増やしたい」と考えたくなる気持ちは理解できますが、そもそも短期間で簡単にお金を増やせるなら誰もお金のことで困らないでしょう。**デイトレードで大きな財を築いた人もいますが、「自分も同じことができる」と夢を持たないほうが無難です。**

長期投資はリスクを抑えながら着実に資産を増やすことを目指すので一気にお金は増えません。そのぶん一気にお金を減らす可能性も低いため、投資初心者に適しているといえます。

長期投資と短期投資の違い

運用期間の長さによって「長期投資」と「短期投資」で投資手法を分けることが一般的ですが、明確な定義はありません。一般的には数年から数十年、運用を続けるのが「長期投資」、短くて数秒～数カ月で利益を確定させるのが「短期投資」とされています。

長期投資		短期投資
最低でも数年単位。10年単位になることも	期間	秒単位での売買する「スキャルピング」から1日単位で売買する「デイトレード」など
長期的に利益が見込めるもの 配当や分配金を得られるもの	投資対象	値動きが大きいもの
少ない	売買回数	多い
長期的な値上がりによる売却益を得る	リターン	短期間の値動きを追って売買差益を得る
低い	リスク	高い
複利効果が見込める リスクコントロールがしやすい 日々の値動きに一喜一憂しなくて済むため、精神的な負担が少ない	メリット	短期間で大きな利益を得られる可能性がある 長期的な予測をする必要がない
利益が得られるまでに時間がかかる 長期間、資金が拘束される	デメリット	短時間での損失が大きくなる可能性がある 売買ごとに手数料がかさむ 頻繁に値動きを見て、素早い判断と対応が必要になる

8 投資の力を理解する

投資を始める前に なぜ投資をするのか考えよう

ただ増やしたいではなく、目標や目的を考えよう

あなたが投資を始めようとするのは、「お金を増やしたい」と考えるからでしょう。では、なぜお金を増やしたいのでしょうか。なかには「単にお金を増やしたい」と考えて投資を始める人もいますが、「マイホームを買うため」「老後のため」「こどもの教育費のため」と具体的な目標を持ったほうが、これからどのように投資すればいいかを明確にできます。

たとえば、「10年後にマイホームの頭金1000万円を貯める前に投資をする」といったように、時間と金額の目標を設定するだけでも、目標金額に到

投資の目的を明確にしよう

投資を始める前に、自分がなぜ投資をするのか、その目的を明確にすることが重要です。目的が明確であることで、投資戦略を立てやすくなり、モチベーションを維持しやすくなります。

❶いつまでに、いくらかを考えて目標を設定する

マイホームの頭金	老後の資金	こどもの教育費
10年後に頭金**1,000万円**を貯める。	30年後に老後資金として**3,000万円**を準備する。	18年後に大学費用として**500万円**を用意する。

❷目標達成のために計画を立てる

- STEP1 **現在の資産を確認**：現在の貯蓄や投資額を確認し、スタート地点を把握する。
- STEP2 **毎月の積立額を決定**：目標達成に必要な毎月の積立額を計算する。
- STEP3 **投資先を選定**：リスク許容度に応じた投資先（株式、債券、投資信託など）を選ぶ。

"お金を増やしたい"というぼんやりした
考えだけではなく、
「目標を設定する」という意識を持ちましょう。

達するための具体的な計画を立てることができ、投資戦略を明確に立てることができます。

その目標が「1億円になってくれるといいな」とふわりとした、なんとなくの願望を胸のうちに持っているだけでは、具体的な目標を立てることができません。じつはこう考えている人が多いのではないでしょうか。

目標がはっきりしないと、何をどうすればいいのかの道筋が描けません。目標を明確にしたほうが、モチベーションは高まりますし、目標に向かって努力もしやすくなるはずです。

そして目標金額が定まっていれば、必要以上のリスクを負うことを避ける判断もしやすくなるので、「リスク管理」もしやすくなります。

お金を増やそうとするのは、将来、お金を使うためのはずです。「ただただお金を増やしたい」で投資を始め、お金を増やすことが目的になりすぎないことも大切です。

具体的に目標を設定してみよう

目標設定が明確であれば、必要以上のリスクを避ける判断がしやすくなります。
目標設定する過程で無理があると感じたら、目標額、積立額、投資先を見直しながら調整しましょう。

❶いつまでに、いくらかを考えて目標を設定する

10年後にマイホームの頭金1,000万円を貯める計画

❷目標達成のために計画を立てる

STEP1 現在の資産を確認

目標額1,000万円－現在の貯蓄100万円＝残り必要額900万円

▼

STEP2 毎月の積立額を決定

毎月の積立額5万円（年間60万円）×10年＝600万円

➡ネットの積立シミュレーションのページで計算すると……利回り7.7%が必要！

▼

STEP3 投資先の選定

利回り7.7%を達成するための投資先を検討する。

➡現実的な目標でなければ、目標を見直す

9 NISAの基本

超お得な「NISA《ニーサ》」は投資を始める絶好のチャンス

NISAは誰でも簡単に始められる

2024年から従来の制度が変更された、「NISA《ニーサ》（少額投資非課税制度）」は、これから投資を始める人にとってより有利な制度になりました。

この制度の最大のメリットは、32ページで説明しますが、投資で得られる利益に対して課税される約20％の税金が非課税になることです。これにより効率的に資産を増やすことができます。以下、その魅力とその活用方法について説明します。

①最大1800万円の非課税枠

NISAには「成長投資枠」と「つみたて投資枠」が設定されています。

NISAを利用するには

NISAを利用するには、銀行や証券会社などにNISA口座を開設する必要があります。口座開設については34ページで説明します。

- 日本国内に住んでいる18歳以上なら誰でも開設できる
  ※利用する年の1月1日時点で18歳以上の成人が対象
- 口座は1人につき1口座のみ開設できる
- 金融機関の変更は、年単位でできる

1 金融機関に口座開設を申請
申請書類のほか、本人確認書類とマイナンバー確認書類が必要となる。

2 NISA口座開設完了

3 NISA口座での取引が可能に

4 税務署において二重口座でないことを確認

※NISA口座は同一年において1人1口座（1金融機関）しか開設できません。

年間で成長投資枠は240万円まで、つみたて投資枠は120万円までが非課税投資枠で、合計で最大1800万円の投資額まで非課税になります。

②さまざまな金融商品が投資対象

新NISAは、株式や投資信託だけでなく、ETF（上場投資信託）やREIT《リート》（不動産投資信託）など、幅広い商品に投資できます。容易にリスク分散ができるので、安定したリターンを追求できます。

③長期運用のメリットが得やすい

NISAは長期的に資産形成を行う人に適した制度です。長期間保有することで複利効果（24ページ）を最大限に活用できます。

証券会社にまだ口座を開設していなかったり、証券口座を持っていてもNISA口座の開設をしていないなら、必ず手続きをしましょう。

投資を始めるなら、大きなメリットがあるNISAを利用しない手はありません。

NISAの概要

	成長投資枠	つみたて投資枠
運用できる期間	無期限	
1年間の非課税枠	240万円	120万円
一生の非課税枠	1,800万円（成長投資枠は1,200万円）	
購入できる金融商品	株式、投資信託 ただし、以下は対象外 ①整理・監理銘柄 ②一部の投資信託 ・信託期間20年未満の投資信託 ・高いレバレッジ型の投資信託 ・毎月分配型の投資信託 など	金融庁が指定する投資信託
買付方法	一括または積立	積立のみ
売却分の投資枠	売却した場合は、そのぶんの投資枠を翌年度以降に再利用可能	

NISA口座はかなりお得みたいね。

ONE POINT ADVICE

NISAの非課税枠を超えて投資しても大丈夫?

NISAの年間での非課税枠は、つみたて投資枠120万円と成長投資枠240万円の合計360万円です。この枠を超えた投資も可能ですが、超過分の利益には通常の約20%の課税が適用されます。

株式や投資信託を購入する際は、まずNISA口座を優先し、非課税枠を最大限まで使い、さらに投資をする場合は、課税口座を使います。このように、節税しながら投資をすることで、長期的に見てより多くの利益を手元に残すことができます。

10 NISAの基本

NISAは利益も配当金も税金が20%もお得になる！

売却益にも配当金にも税金が課されない！

NISAの非課税のメリットは、投資による収益の最大化と税負担軽減を目指すうえで非常に有利なことです。

まずは、NISAを使わずに株式や投資信託で利益が出た場合に、どれぐらいの税金がかかるかを簡単に把握しておきましょう。

●売却益の税金

A社の株式200株を80万円で買って、のちに100万円で売ると、売却益は20万円です。通常は、この20万円に対して20%（所得税15%+住民税5%）の税金がかかります。さらに2037年12月末までは復興特別所得

通常の投資とNISAの手残り額の違い

NISAの非課税枠を利用すれば、税金の負担がなくなるので、手元に残る資金が増えることがわかります。20.315%の税率でかかる税金が無税になるのは、投資をする人にとって、とても大きなメリットです。

	通常の投資	NISA
売却益		
購入価格	80万円	
売却価格	100万円	
売却益	20万円	
税金	4万630円	0円（無税）
手元に残る金額	15万9,370円	20万円
配当金		
配当金（年2回）	3万2,000円	
税金	6,501円	0円（無税）
手元に残る金額	2万5,499円	3万2,000円

NISAってめちゃくちゃお得だわ！
同じ投資をしても手元に残る額が
全然違うのね！

税が加わり、合計20・315%が課税されます。この場合、4万630円が差し引かれ、15万9370円が手元に残ります。

●配当金の税金

A社が1株あたり80円の配当金を年2回出しているとします。株式を保有している間は配当金を受け取ることができます。この配当金にも同様の税金がかかります。200株を購入していると、1万6000円（＝80円×200株）×2回＝3万2000円から20・315%が差し引かれるのです。

ところがNISAの非課税枠内の投資なら非課税の恩恵をずっと受けることができます。

非課税の恩恵で得た資金を再投資（24ページ）すれば、税金による資産減少を防ぎながら、時間の経過とともに大きな資産を築くことが可能です。NISAは、長期投資で資産形成する人にこそ向いた制度です。このメリットを使わない手はありません。

長期保有するとその差はどんどん大きくなる

下のグラフは、1年間に1株あたり80円の配当を2回出す銘柄を200株持ち続けたときに、NISAとそうでない場合では配当額にどれだけ差が出るかを示したものです。保有期間中に保有する株数を増やしたり、企業が配当額を増やせば、その差はさらに広がります。

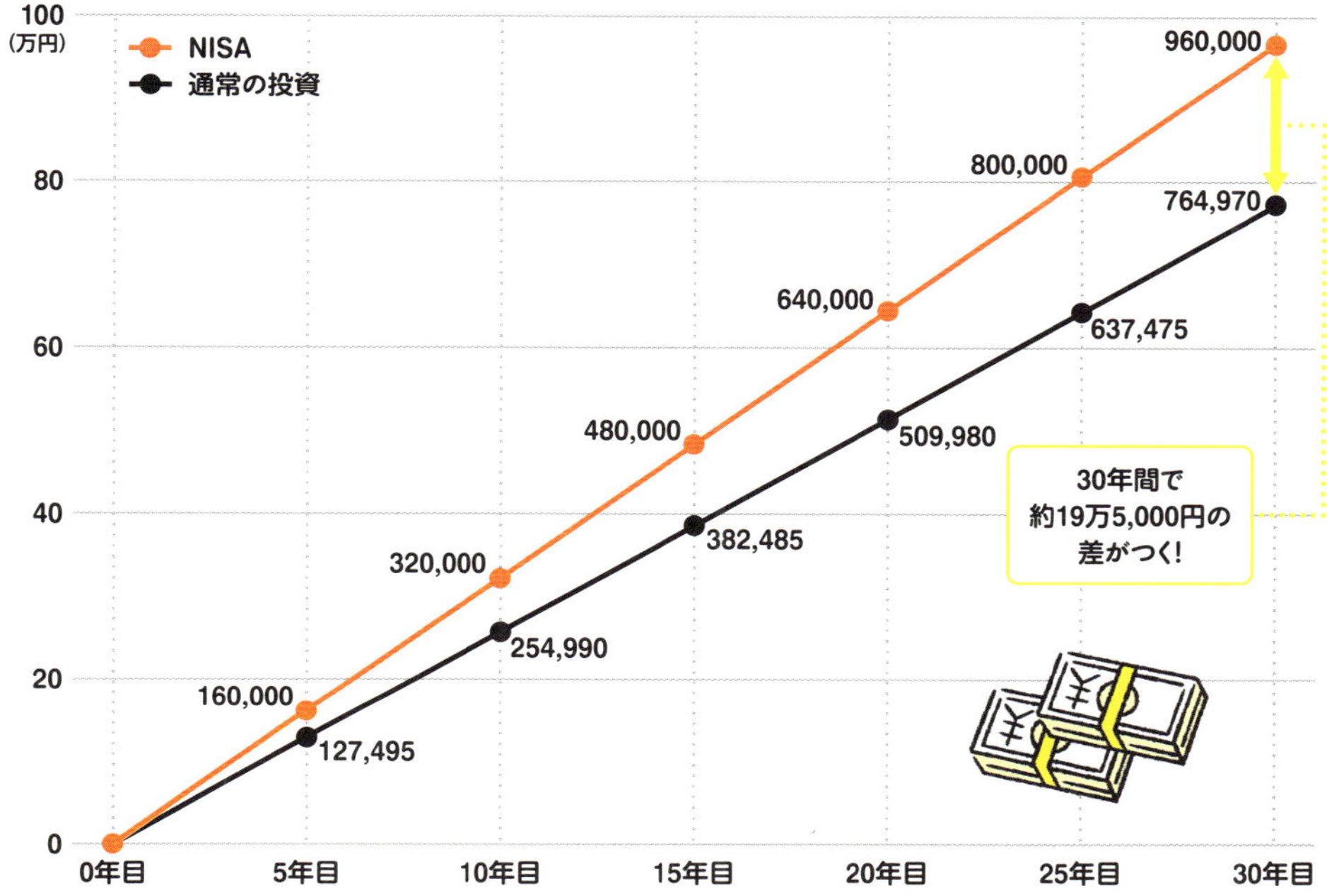

100
(万円)
80
60
40
20
0
NISA
通常の投資
960,000
800,000
640,000
480,000
320,000
160,000
764,970
637,475
509,980
382,485
254,990
127,495
30年間で
約19万5,000円の
差がつく!
0年目
5年目
10年目
15年目
20年目
25年目
30年目

まずは「証券会社」に口座を開いてみよう

証券会社に口座がないと投資は始まらない

投資を始める第一歩は、「証券会社」に口座を開設することです。以下に、証券会社に口座を開く方法とそのメリットについて詳しく説明します。

証券各社には、それぞれに特徴があるので、以下のポイントを参考に、自分に合った証券会社を選びましょう。

●売買手数料

取引ごとにかかる売買手数料は証券会社によって異なります。手数料は安いに越したことはないので、NISA口座かそうでないかに関係なく、現物株の売買手数料を全面無料化したSBI証券や楽天証券がおすすめです。

口座開設の大本命　2大ネット証券

国内で人気のあるSBI証券と楽天証券は、そのサービスの多様性や利便性から多くの支持を集めています。両社のおもな取扱商品や手数料体系、特徴、運営企業の強みについて詳しく見ていきます。

SBI証券		楽天証券
日本株、米国株、投資信託、ETF、債券、FX、CFD、IPO、先物・オプション	おもな取扱商品	日本株、米国株、投資信託、ETF、債券、FX、CFD、IPO、先物・オプション
日本株: 約4,400銘柄 米国株: 約5,150銘柄 投資信託: 約2,600本 など	取扱商品・銘柄数	日本株: 約4,400銘柄 米国株: 約5,100銘柄 投資信託: 約2,550本 など
○	NISA対応	○
つみたて投資枠：無料 成長株投資：無料	売買手数料	つみたて投資枠：無料 成長株投資：無料
業界最低水準の手数料、多彩な投資商品、取引ツールの充実	特徴	楽天スーパーポイントが貯まる・使える、充実した取引ツール、豊富な投資情報
Vポイント、Pontaポイント、dポイント、JALマイル、PayPayポイント	ポイント投資	楽天ポイント
国内最大手のネット証券、幅広い商品ラインナップ、強力なサポート体制	運営企業の強み	楽天グループとの連携、ポイントプログラム、利便性の高いサービス

（2024年6月末現在）

●取扱商品

自分が投資したい投資商品（株式、投資信託、債券など）が取り扱われているかを確認しましょう。

無料で簡単！ 証券会社に口座を開こう

証券口座を開設する手順は、まず証券会社を選び、ウェブサイトや店頭で口座開設の申し込みを行います。その際に身分証明書（運転免許証、パスポート、マイナンバー）が必要です。オンラインで手続きが完結する証券会社も多く、手軽に申し込むことができます。申し込みが受理されると、証券会社から口座開設完了の通知が届き、取引ができるようになります。

口座開設は無料でできますし、簡単です。口座開設すると証券会社が提供する最新情報や初心者向けのサポートを受けられたりするので、すぐに投資を始めなくても、証券会社に口座を開設して損をすることはないはずです。

超初心者向けスマホ専業証券3選

取引口座の開設から、入金、取引、出金を、スマホ上ですべて完結できるのが「スマホ証券」です。SBI証券や楽天証券などに比べてサービス数は絞り込まれているので、投資の超初心者には扱いやすいともいえます。

	PayPay証券	大和コネクト証券	tsumiki証券
おもな取扱商品	日本株、米国株、投資信託、ETF	日本株、米国株、投資信託、ETF	投資信託
取扱商品・銘柄数	約470	約4,200	5
NISA対応	○	○	○
売買手数料	日本株：売買代金0.5% 投資信託：無料	日本株：売買代金の0.033% 投資信託：無料	投資信託：無料
特徴	決済アプリ「PayPay」で口座開設や取引が完結できる。積立でPayPayポイントが貯まる。	400超の日本株、80超の米国株で1株単位の取引ができる。dポイントやPontaと連携。	超初心者向けに、厳選した投資信託を提供している。エポスカードと連携。
運営企業の強み	ソフトバンク傘下の日本初のスマホ証券会社。みずほ証券が資本参加。	大和証券グループ本社の100%子会社のスマホ専業証券。	小売り大手の丸井グループの100%子会社。

（2024年6月末現在）

知りたい！あの機関・あの人のポートフォリオ①

GPIF（年金積立金管理運用独立行政法人）のポートフォリオ

日本の公的年金（国民年金と厚生年金）の積立金を運用し、年金財源を確保する役割を果たす年金積立金管理運用独立行政法人（GPIF）は、約253兆円（2024年3月末時点）を運用する世界最大級の運用機関です。

GPIFは、国内債券、外国債券、国内株式、外国株式にそれぞれ25%を配分するポートフォリオを基本としており、その方針に従った運用を行っています。国内株式ではトヨタ自動車（約3.2兆円）、外国株式ではマイクロソフト（約2.7兆円）が最大の投資先です（投資先の詳細はGPIFのウェブサイトで確認できます）。

なお、2023年度は、日本の株式市場が上昇したこともあり、過去最大の45.4兆円の収益を上げています。

GPIFの資産構成割合と基本ポートフォリオ

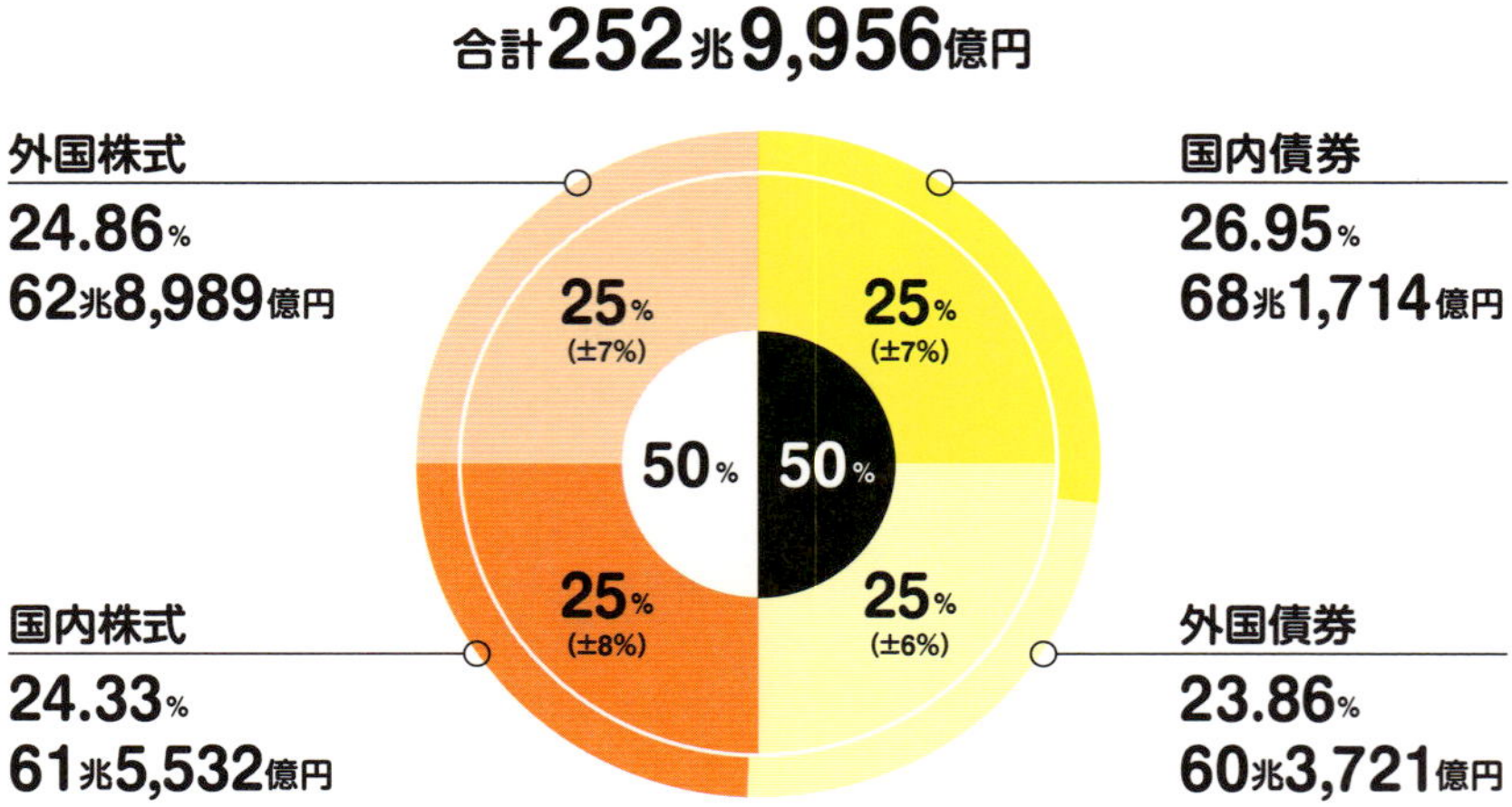
合計252兆9,956億円
外国株式
24.86%
62兆8,989億円
国内債券
26.95%
68兆1,714億円
国内株式
24.33%
61兆5,532億円
外国債券
23.86%
60兆3,721億円
25% (±7%)
25% (±7%)
50%
50%
25% (±8%)
25% (±6%)

※内側はGPIFの基本ポートフォリオ。カッコ内は乖離許容幅。外側は2024年3月末の数字。　出所：GPIF

CHAPTER 2

投資の基本的なしくみを理解しよう

投資の世界に一歩足を踏み入れると、さまざまな用語や概念に圧倒されるかもしれません。しかし、基本的なしくみを理解することで、自分の目標に合った投資方法を見つけることができます。この章では、投資の基本的なしくみをわかりやすく解説していきます。

1 投資の原則を理解する

投資の大原則は「安く買って高く売る!」

シンプルに考えれば投資は難しくない!

「投資は難しい」「私には無理かも」「経済のことはわからないから」と、投資に及び腰の人は、投資を必要以上に難しく考えているかもしれません。

投資の基本は「安く買って高く売る」というシンプルな原則です。これは、株式、投資信託、金（ゴールド）、不動産など、さまざまな投資対象に共通します。過度に難しく考える必要はありません。とはいえ、全員がうまくいくほど投資は甘くありません。「安く買って高く売る」を実践するためには、いろいろと学ばなければいけないことがたくさんあります。

投資の原則「安く買って高く売る」

投資の基本は「安く買って高く売る」です。
このシンプルなルールを理解することが、投資の世界に踏み出す第一歩です。

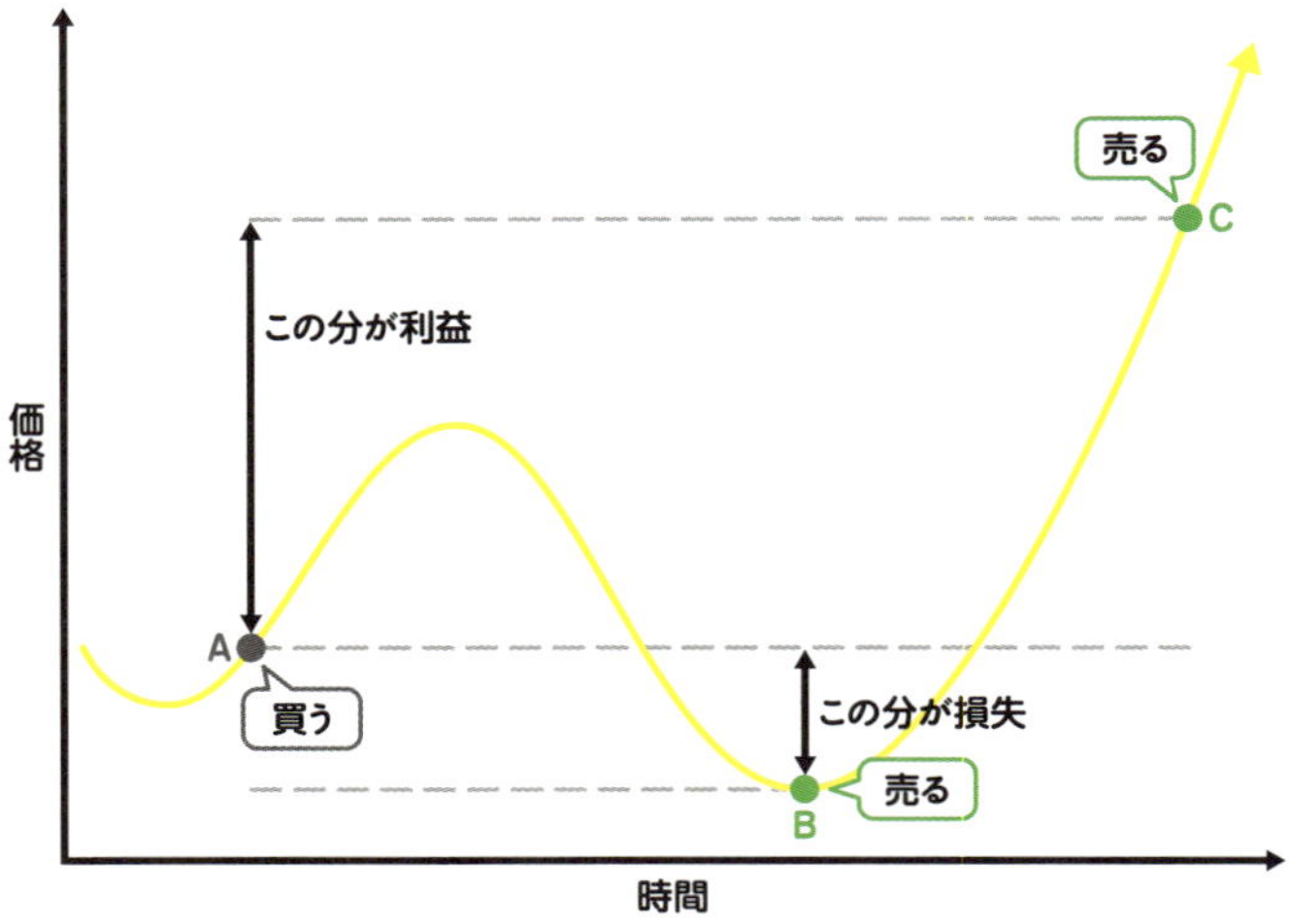

すべての投資はとてもシンプル。
「安く買って高く売る」が大原則!

まず、投資にはリスクがともないます。3章で詳しく触れる「リスク」を知り、適切に管理することが重要です。そのリスクを抑えるには、4章で説明する「分散投資」が有効です。

次に、株式や投資信託といった投資対象の価格は、企業の業績、経済指標、政治的な出来事など、さまざまな要素に影響を受けます。これらの情報を収集し、分析しながら、適切なタイミングで売買を行います。そのために必要な知識として、5章で紹介する「ファンダメンタルズ分析」と「テクニカル分析」があります。

また、大切なのは冷静な判断です。しかし、人間の心理は複雑で、ときに不合理な行動をします。6章では、市場の変動に対して感情に左右されず、計画的な投資を行うための「行動経済学」の知識について触れます。

これらのポイントを押さえながら、投資を行うことで、成功への道を切り開くきっかけになるはずです。

投資で成功するための道

**投資で成功するには、さまざまなことを考えなければいけません。
いくら知識があっても成功するものではなく、自分の心の動きを知るといったメンタル面のコントロールなど、
いくつか要素を鍛える必要があります。**

1 リスクを理解する（▶ Chapter3）
投資でリターンを求める以上、リスクがともなうことを理解する。

2 分散投資を理解する（▶ Chapter4）
リスクを軽減するための分散投資を効果と、どのように実践するかを理解する。

3 投資するタイミングを計るための分析法を知る（▶ Chapter5）
投資対象を選んだり、投資するタイミングを計るための分析法を知る。

4 感情に左右されずに冷静に投資する（▶ Chapter6）
投資において冷静な判断を保つためには、行動経済学の知識が不可欠。
感情に左右されず、計画的な投資を行うための知識を身につける。

投資で成功するためには、
いろいろ考えることがあるんです。

投資の王道ともいえる「株式」のしくみ

株主になるということは会社を「所有」すること

株式は、企業が資金を調達するために発行する証券です。株式を購入して株主になると、その企業の一部を所有することになり、株主として持ち株数に応じて株主総会で会社の意思決定に関与する権利を得られます。ただし、株主総会は株数に応じた多数決で物事が決まります。あなたが多額の資金を投じて、その会社の株の50%超を買い集めることができれば、あなたの意思で社長や役員を解任したり、配当金の額を決めることも可能です。しかし、上場企業の経営に影響を与えるほどの株式を買い集めるのは、大富豪でもな

株式投資のしくみ

株式を購入して「株主」になれば、
その会社の出資者（オーナー）の一員になります。株主は、株主総会で議決に参加する権利や配当金・株主優待を受け取る権利を得ることができます。

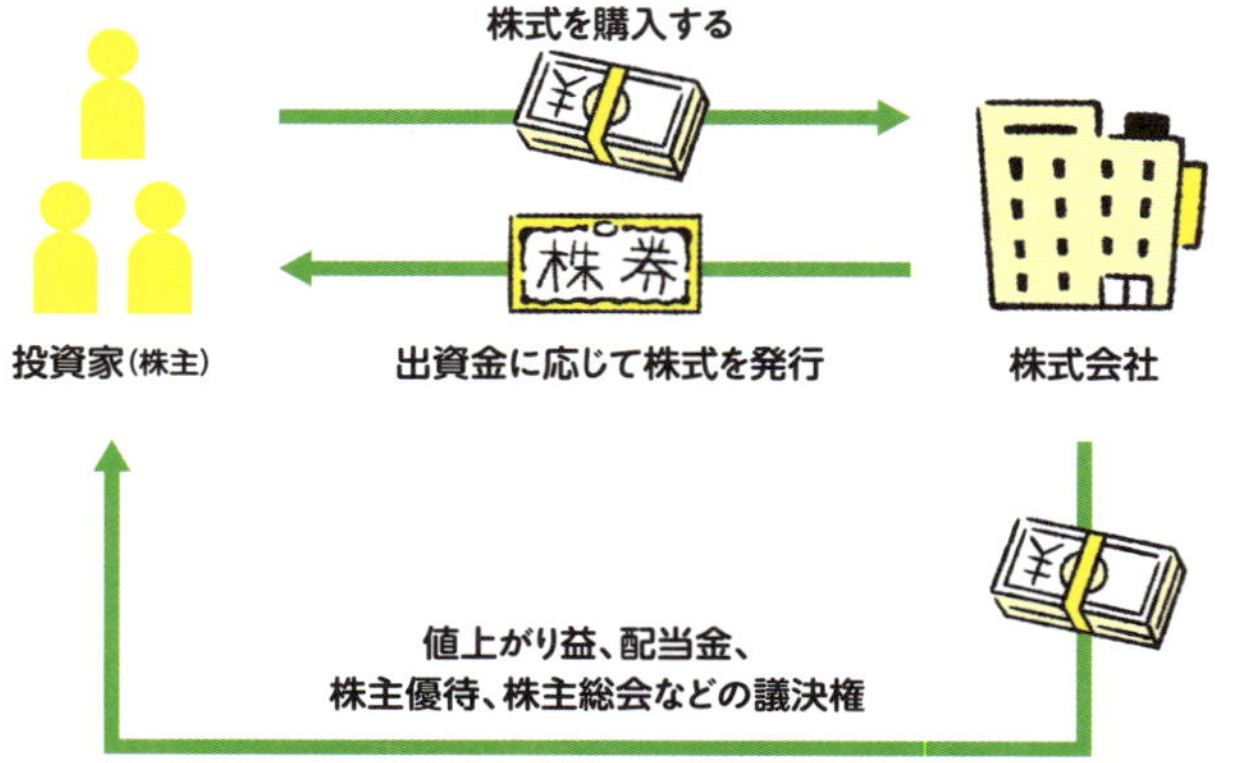

株式を購入する
¥
株券
投資家（株主）
出資金に応じて株式を発行
株式会社
値上がり益、配当金、
株主優待、株主総会などの議決権

株主になると、
いろいろな権利が
もらえるみたい！

いかぎり不可能です。

株式投資のメリットはおもに2つある

株式に投資する魅力はおもに2点あり、そのひとつめは「値上がり益」です。しかし、投資をした企業が倒産すれば、株式は無価値になりますし、業績が悪化すれば株価が下がって損失が出ることもあります。そのリスクを抑えるために、4章で紹介する「分散投資」を行います。

もうひとつの魅力は、企業が利益の一部を株主に分配する「配当」を手にできることです。ただ、すべての企業が配当を出すわけではありません。業績が悪い企業は配当を出す余力がない場合もありますし、企業によっては、あえて配当金を出さずに未来への投資に振り向ける場合もあります。

また、株主に自社製品や優待券などを提供する「株主優待制度」を用意している企業もあります。

株式投資のメリットとデメリット

メリット

- 値上がり益が期待できる
- 配当金や株主優待を受け取れる場合がある
- 株主総会などを通して、会社の意思決定に関与する権利を得られる

デメリット

- 株価が値下がりする可能性がある
- 発行者が破綻した場合に、投資資金を失う可能性がある
- 情報収集の手間がかかる
- 株価が下落したときに心理的ストレスがかかる

おもな企業の配当と株主優待(2024年7月1日現在)

NTT

株価	156.2円
配当	1株あたり5.2円
株主優待	100株以上の株主で、継続保有2年以上3年未満の株主には1,500ポイント、継続保有5年以上6年未満には3,000ポイントのdポイントを付与

トヨタ自動車

株価	3,284円
配当	1株あたり75円
株主優待	なし

プロに運用を任せる「投資信託」のしくみ

プロが運用するからといって利益が出るとはかぎらない

投資初心者にとって自分で投資先を選び、タイミングを見計らって売買するのは容易なことではありません。そんなときに心強い味方になるのが、プロの運用手腕を活用して資産運用できる「投資信託（ファンド）」です。

運用する金融機関（運用会社）が、さまざまなテーマを持った投資信託を設定し、多くの投資家から資金を集め、ひとまとめにして投資を行います。これにより個人では不可能な分散投資が可能になります。

ファンドマネジャーと呼ばれる運用責任者が市場の動向を分析し、投資先

投資信託の基本的なしくみ

投資信託は、多くの投資家から集めた資金をひとつの大きな資金にして、運用会社のファンドマネジャーがリスク分散を図りながら管理・運用して利益を目指します。

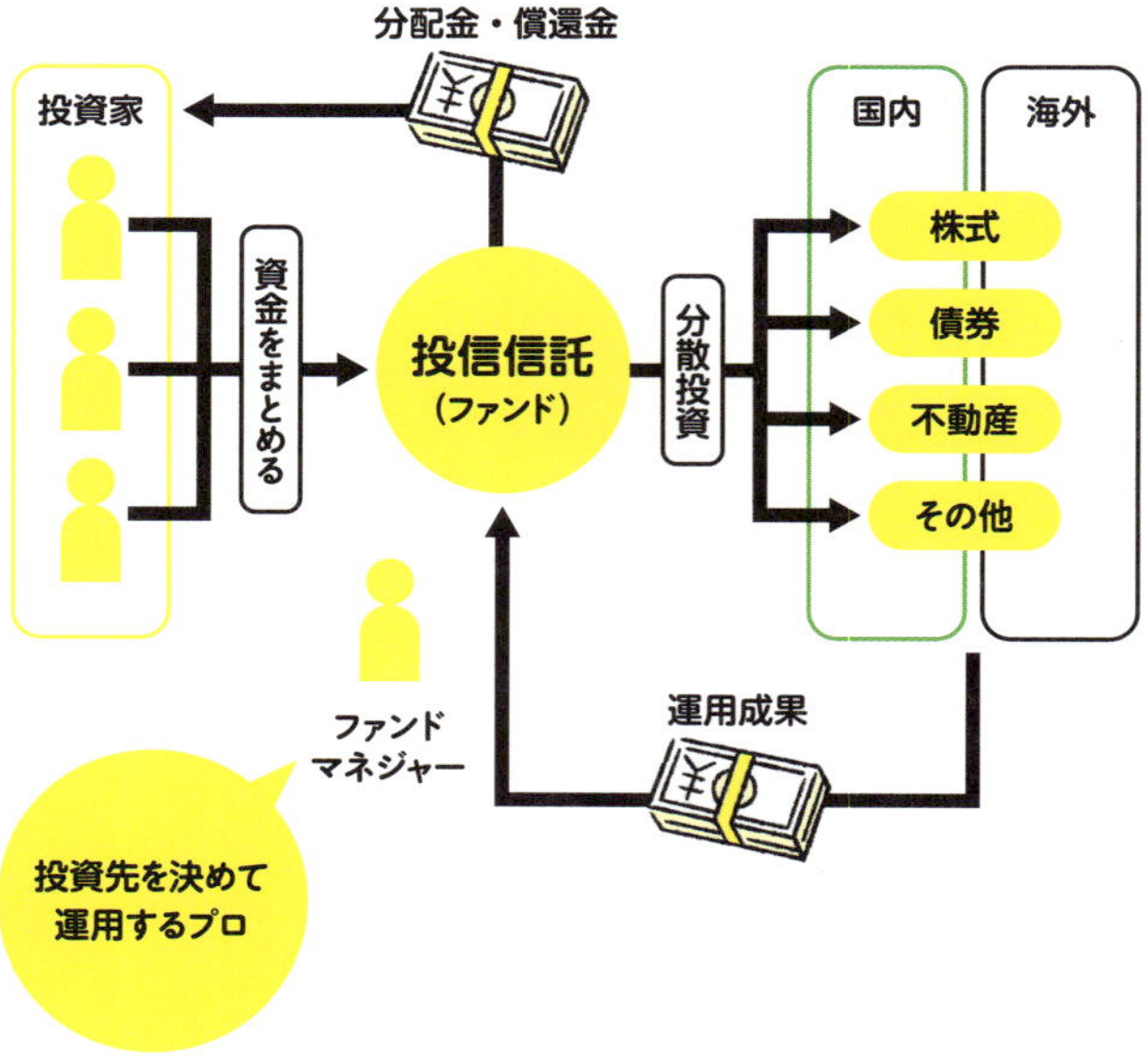

を選定して、集めた資金を運用することで値上がりを目指します。ただし、**プロが運用するからといって必ず利益が出るわけではありません。**

株式には株価があるように、投資信託にも「基準価額」があり、通常1日1回更新されます。基準価額が上昇すれば利益が生まれ、逆に下落すれば損失が発生します。

また、運用成果に応じて定期的に収益の一部を投資家に還元する「分配金」を支払うことがあります。分配金の有無や支払い頻度は、投資信託ごとに異なります。

そして運用にかかる手数料や費用が存在します。代表的なものとして、購入時にかかる「購入時手数料」、運用期間中にかかる「信託報酬（運用管理費用）」、そして売却時にかかる「信託財産留保額」などがあります。投資信託を始める際は、これらの費用についてのチェックは必須です。

投資信託にかかるコスト

プロに運用を任せる投資信託は、大きく分けると、「購入時」「保有中」「売却時」の3段階で手数料がかかります。

支払うタイミング	手数料	内容
購入時	購入時手数料	投資信託の購入時に証券会社や銀行といった投資信託を販売する会社に払う手数料。SBI証券や楽天証券など、ネットで購入した場合には無料化（「ノーロード」という）にする金融機関は増えているが、一部の投資信託では3%以上の購入時手数料がかかることもある。
保有中	信託報酬	投資信託を管理・運用してもらうための経費として支払う手数料で、運用する資産の一定割合を毎日差し引かれる。年0.1%以下のものもあれば、年3%を超えるものもあるが、年0.5〜2.0%程度が一般的。
解約時（売却時）	信託財産留保額	投資家が解約すると、その代金を支払うために投資信託の中の資産を売却する必要がある。その際に発生する手数料を解約する人が払う費用で、「基準価額に対して何%」といったかたちで解約代金から差し引かれる。いわば、投資信託を保有し続ける投資家に迷惑がかからないようにするための費用。この手数料がかからない投資信託もあるが、0.3%程度のものが一般的で、0.7%以上のものある。

※別途、監査費用や海外資産の保管費用なども発生する

ONE POINT ADVICE

投資信託の投資信託 ファンドオブファンズ

通常の投資信託は株や債券などに投資しますが、「ファンドオブファンズ」は複数の投資信託を投資対象とする投資信託です。

ファンドオブファンズは、すでに分散投資をしている投資信託に分散投資するので、よりリスクを抑える効果が期待できます。

ただし、信託報酬が二重にかかるため、一般的な投資信託よりもコストが高くなることは見過ごせないデメリットです。また、投資している中身がわかりづらいことも懸念材料のひとつです。

国や企業などにお金を貸す「債券」のしくみ

「債券」を買うことで国や企業にお金を貸す

債券は国や企業などがお金を借りるために発行する証書で、私たちが債券を買うことでお金を貸し、その見返りに利子（クーポン）を受け取ります。

債券は、償還期日（満期）になるとお金は戻ってきますが、保有中は年1回、年2回というように定期的に利子を受け取ることができます。

債券の償還期間（発行日から償還日までの期間）が1年以内の「短期債」、1年超5年以下の「中期債」、5年超10年以下の「長期債」、10年超の「超長期債」などがあります。

債券は新規発行時には決まった額で

債券のしくみ

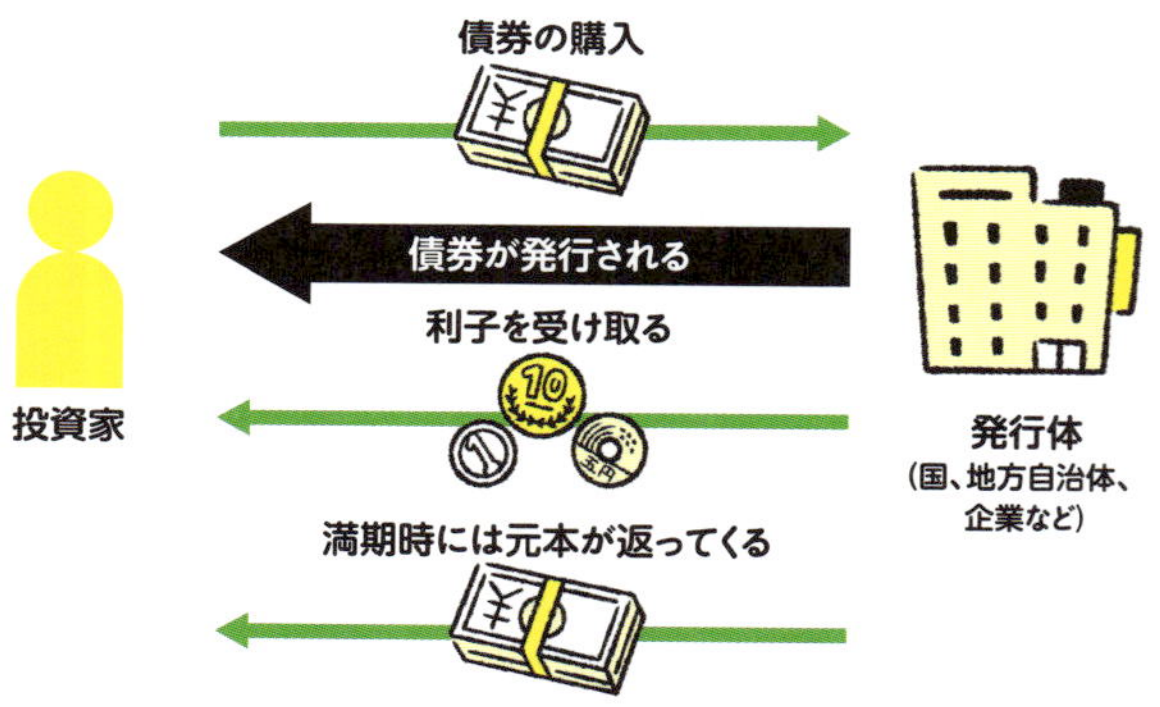
債券の購入
債券が発行される
利子を受け取る
満期時には元本が返ってくる
投資家
発行体
(国、地方自治体、企業など)

債券投資のメリット・デメリット

メリット

- 定期的に利子を受け取ることができる
- 銘柄によっては途中で売却して換金できる
- 償還までの年限や発行者の信用度（信用リスク）によって条件が異なる

デメリット

- 途中売却時に損失が出る可能性がある
- 発行者の財務状況が悪化すると、元本や利子が支払われない可能性がある
- 外国債券は為替相場の状況によっては為替差損が生じる場合がある

取引されますが、すでに発行済みの債券は投資家の間で売買され、株式と同様に価格が変動します。その特徴は、金利が上がると債券価格は下がり、金利が下がると債券価格が上がるという関係にあることです。これは新しい債券の利率と既存の債券の利率を比較して、より高い利率の債券が買われ、低い利率の債券が売られることで起こる現象です。

そして重要なのが発行体の信用力です。高利回りの債券は魅力的に見えますが注意が必要です。経営不振で信用力がない会社ほど、高い利率を提示しないとお金が集まらないからです。その逆で、日本政府が発行する国債の利率が低いのは、信用力が高いからといえます。

経済が不安定な時期には安全資産として債券価格が上がり、逆に景気がいいときは株式が値上がりする可能性が高くなるので、債券価格が下がる傾向があります。

債券価格と市場金利の関係

債券価格と市場金利の関係は逆相関の関係にあります。
市場金利が上昇すると債券価格は下落し、市場金利が下降すると債券価格は上昇します。

金利 ↗ ▶ 債券価格 ↘

金利 ↘ ▶ 債券価格 ↗

債券の種類

- **公共債**
  - **国債**　長期国債・中期国債・割引国債・個人向け国債など
  - **地方債**　公募地方債など
  - **政府関係機関債**　政府保証債など
- **民間債**
  - **社債**　NTT債・電力債・一般事業債・転換社債・ワラント債など
  - **金融債**　利付金融債・割引金融債など
- **外国債**
  - **外債**　円建て外債・外貨建て外債など

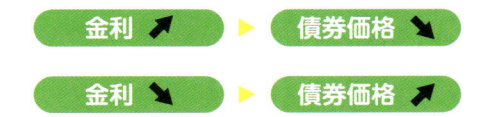

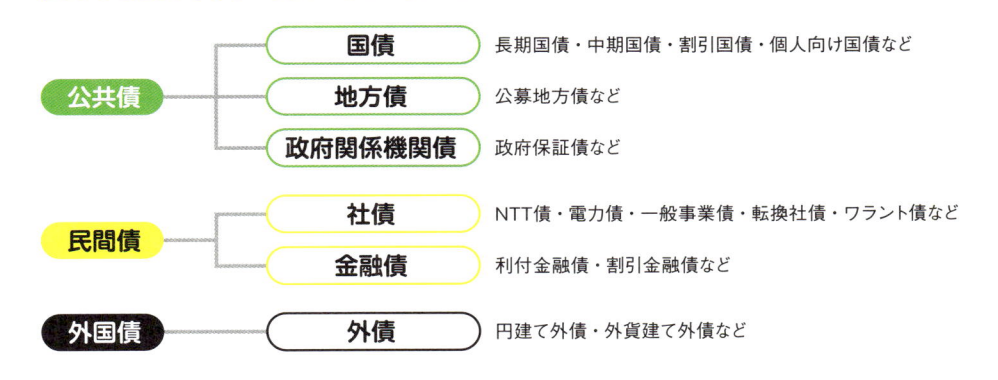

5 投資商品の基本を理解する

海外資産に投資するなら「為替」に注意を払う

株価が上がっても円高で損することもある

海外の株式、債券、通貨、不動産などに投資をする際は、「為替」に注意を払うことが重要です。

日本円と外国通貨の交換比率を示す為替レートは、投資の成績に大きな影響を与えるので、きちんと理解しておく必要があります。その際に重要になるのが「円安」「円高」という言葉です。

たとえば、1ドル＝120円から1ドル＝150円になると、「円安」が進んだことになります。120円で1ドルを買えたのに、150円出さなければ、1ドルを買えないのですから、円の価値が下がったことになります。

円安・円高とは?

外国の通貨（米ドルなど）の価値に比べて円の価値が高くなることが「円高」、反対に低くなることが「円安」です。
円高・円安がどんな影響を与えるのか確認してみましょう。

［米ドルと日本円の場合］

1ドル＝160円　↑円安（ドル高）　円の価値が下がる＝米ドルの価値が上がる

現在　1ドル＝150円

1ドル＝140円　↓円高（ドル安）　円の価値が上がる＝米ドルの価値が下がる

［海外旅行で10万円を両替するなら……］

10万円

円安 → 1ドル＝160円の場合
625ドル（＝10万円÷160ドル）

→ 1ドル＝150円の場合
約666.66ドル（＝10万円÷150ドル）

円高 → 1ドル＝140円の場合
約714.28ドル（＝10万円÷140ドル）

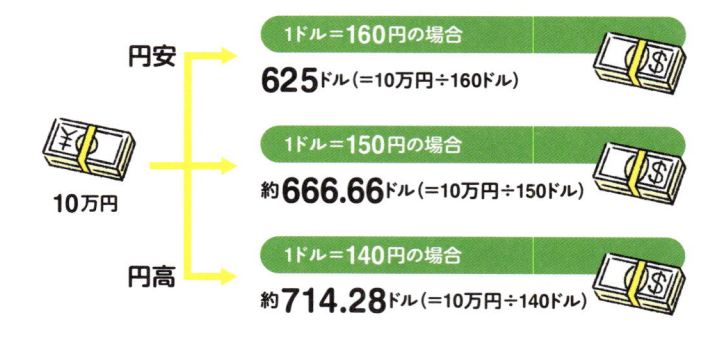

ただ、海外の株式や資産を持つ日本の投資家にとっては、外貨ベースの価値が変わらなくても、円安によって日本円での評価額が増えるのでプラスです。これは円安で輸出業者がもうかるのと同じ理屈です。

一方、1ドル＝100円から1ドル＝80円になると円高が進んだことになります。円高が進むと、円安のときとは逆に、海外株式などの資産の評価額は減少します。

海外に投資をする際は、下の図のように為替レートが損益に大きく影響します。こうした為替リスクを考慮しなければ、利益が出ているか損失が出ているかがはっきりとはわかりません。

ただ、投資の成果を大きく左右する要因となる**為替レートは専門家でもどう変動するかを予測するのは簡単ではありません。**ドルコスト平均法（86ページ）などでリスク分散を図り、できるだけリスクを抑えるようにすることは重要です。

外国株投資と為替の関係

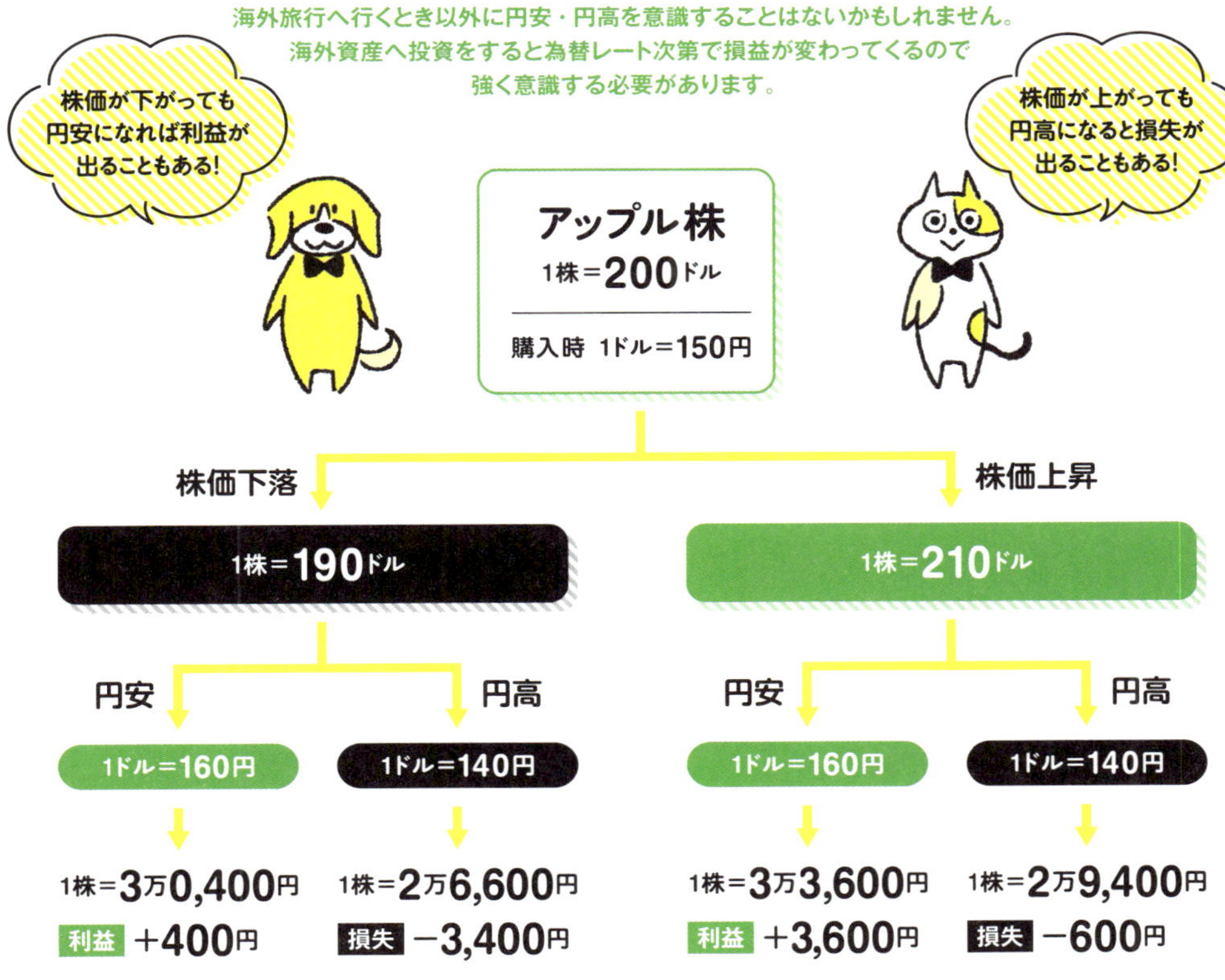

海外旅行へ行くとき以外に円安・円高を意識することはないかもしれません。
海外資産へ投資をすると為替レート次第で損益が変わってくるので
強く意識する必要があります。
株価が下がっても円安になれば利益が出ることもある！
株価が上がっても円高になると損失が出ることもある！
アップル株
1株＝200ドル
購入時 1ドル＝150円
株価下落
株価上昇
1株＝190ドル
1株＝210ドル
円安
円高
円安
円高
1ドル＝160円
1ドル＝140円
1ドル＝160円
1ドル＝140円
1株＝3万0,400円
利益 ＋400円
1株＝2万6,600円
損失 −3,400円
1株＝3万3,600円
利益 ＋3,600円
1株＝2万9,400円
損失 −600円

6 値動きを理解する

投資商品の価格は、需要と供給で変わる

投資商品の価格は、買う人が増えれば上がる

株式、不動産、金（ゴールド）、投資信託など、あらゆる投資商品の価格は、基本的に需要と供給のバランスによって決まります。

「需要」とは、ある商品やサービスを「買いたい」と考える人々の量を指します。株式投資の場合であれば、株を買いたいと考える投資家が増えれば需要が増したことになります。

たとえば、ある企業の業績が好調で将来の成長が見込まれる場合、その企業の株式を買う人の数が増え、需要が増すと株価が上昇します。逆に売る人が増えると株価は下落します。

買いたい人が多ければ価格は「上がる」

株価にかぎらず、投資信託、金、不動産、債券も買いたい人が多ければ価格が上がり、売りたい人が多ければ下がります。

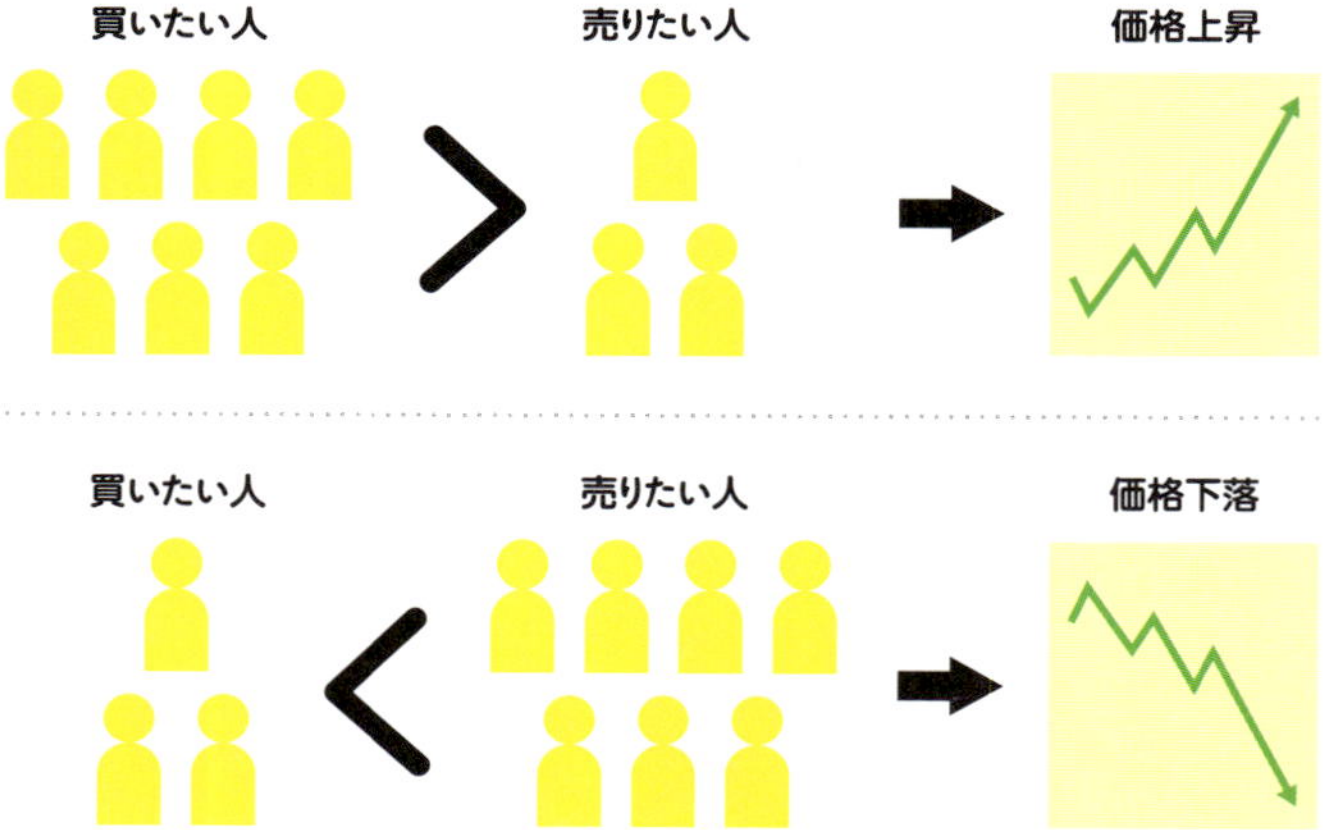
買いたい人
売りたい人
価格上昇
買いたい人
売りたい人
価格下落

簡単な理屈だね。
本当に理解しているの？

「供給」とは、市場に出回る商品やサービスの量を指します。株式投資の場合、発行済み株式数です。たとえば、株式は新株発行で株数が増えたり、企業が自社株式を買い、発行済み株式数を減少させることがあります。供給が増えると、需要が一定であれば価格は下がります。逆に株数が減るのは株価の上昇要因になります。

このように投資商品の価格も果物や自動車などと同じように需要曲線と供給曲線で示すことができます。簡単に言えば、**需要が供給を上回れば価格は上昇し、供給が需要を上回れば価格は下落するということです。**

たとえば、金価格は経済不安やインフレ懸念が高まると需要が急増して価格が上昇するのは常識になっています。しかし、もし世界中で新たな金鉱山が発見されて供給量が増えれば、金価格は下がるはずです。投資は、需給（需要と供給のこと）を意識して考えることが大切です。

投資商品もモノも価格は需給曲線で説明できる

需給曲線は、投資商品やモノの価格形成における基本的な原理を示します。
需要と供給のバランスが価格を決定するので、これを理解することで市場の動向を予測しやすくなります。

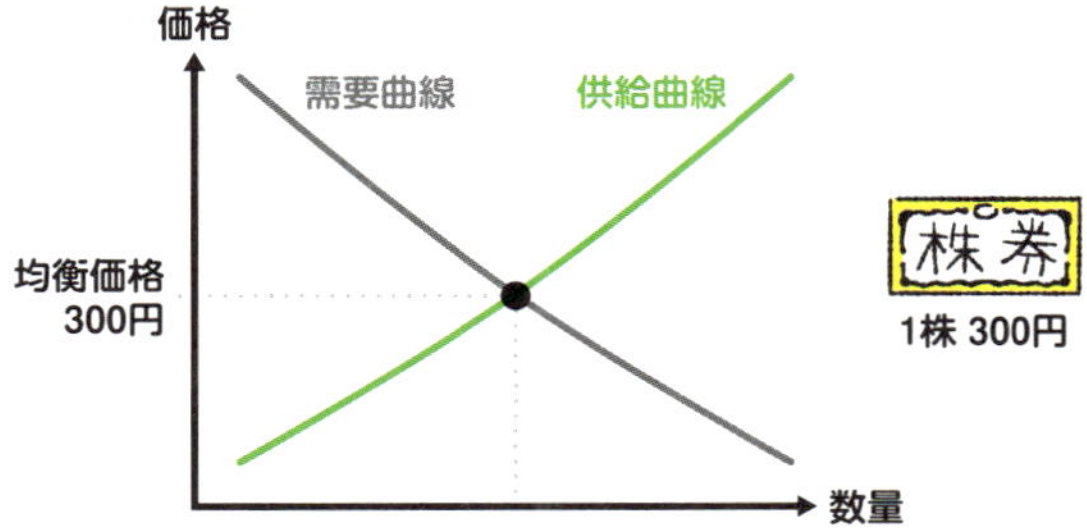

株数が増えると供給曲線が右に
株数が減ると供給曲線が左に動く

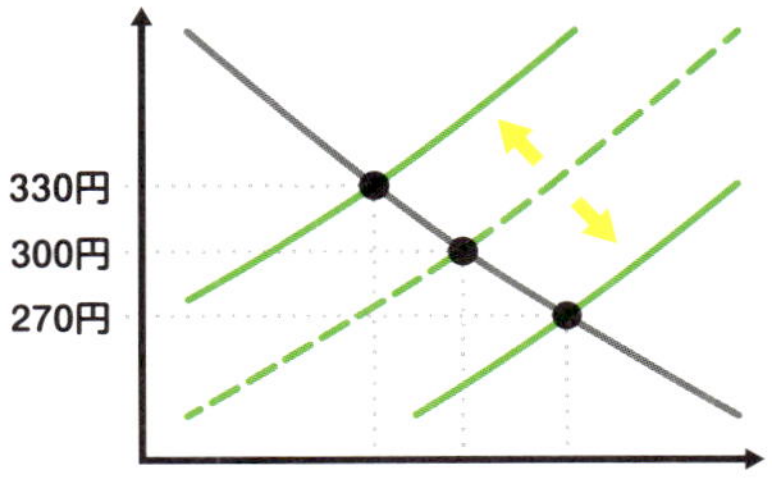

買いたい人の数が変わらなければ、株数が増えると株価は下がる。株数が減ると株価は上がる。

買いたい人が増えると需要曲線が右に
買いたい人が減ると需要曲線が左に動く

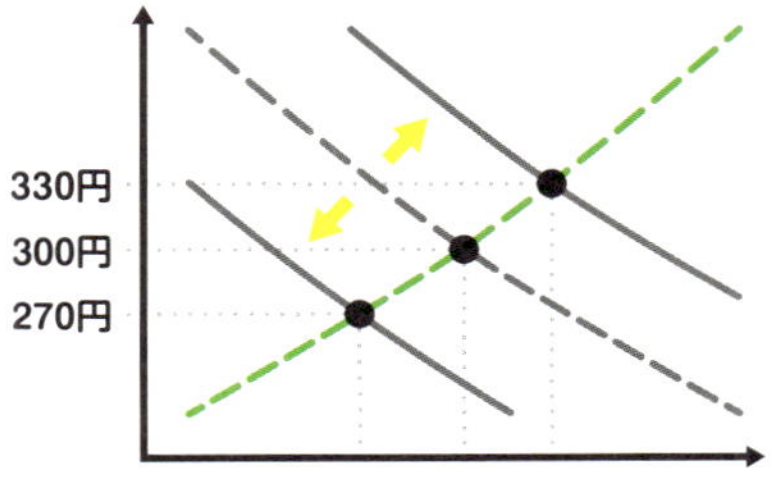

株数が変わらなければ、買いたい人が増えると株価は上がる。買いたい人が減れば株価は下がる。

7 値動きを理解する

人々の「期待」が株価や為替を動かす

株価は事実よりも予測で先回りして動く

株価や為替の変動を見ていると、経済指標や企業の業績だけでなく、人々の「期待」が大きな影響を与えていることに気づきます。**人々の「期待」は、「マーケット心理」とも呼ばれ、相場の動向に大きな影響を与えます。**

たとえば、「日本の景気がよくなりそう」とみんなが思い始めると、多くの投資家はその前に行動を起こします。景気がよくなれば、株価が上昇することが期待されるため、投資家は株式を買い始めます。この動きが実際に株価を上昇させるのです。同様に、企業の業績がよくなるという期待が高まる

期待と株価の関係

ネガティブな期待（悲観・不安）	ポジティブな期待（楽観・安心）
・不景気に対する不安（例：景気後退の予測）	・景気回復への期待（例：景気回復の予測）
・企業の業績悪化の不安（例：売上減少の予測）	・企業の業績改善の期待（例：新製品の成功）
・政策に対する不安（例：増税や規制強化）	・政策に対する期待（例：減税や規制緩和）
・国際関係の悪化に対する不安（例：貿易戦争の勃発）	・国際関係の改善の期待（例：貿易協定の締結）
↓	↓
株価の下落要因	株価の上昇要因

現実に起こっていなくても、みんなの期待や不安だけで株価は上がったり、下がったりする！

投資を始めたら、
自分がどう思うかだけでなくて、
みんながどんな期待や不安を持っているかにも興味を持ったほうがいいみたいね。

と、その企業の株を買う人が増え、株価が上がります。

ネガティブな期待も市場に大きな影響を与えます。不況の兆しが見えると、多くの投資家はリスクを避けるために資産を売却し、安全な資産に移動します。この動きが株価を下げ、為替レートにも影響を及ぼします。

また、新聞やテレビ、ネットで流れるニュースやアナリストの予測も、人々の期待を形成する重要な要素で、投資家の判断に影響を与えます。

たとえば、有名な投資家が「トヨタの株は期待できる」というと、その言葉に反応した投資家が株式を買って株価が上がったりするのです。逆にリコールなどネガティブなニュースが流れると、株価は下落したりします。

このように、株価や為替は人々の期待や感情が反映された結果といえます。相場の動きを予測するためには、人々の心理や期待を理解することも重要です。

マーケット心理を表す「恐怖指数」とは？

投資家が株価の先行きでどれくらいの振れ幅を見込んでいるかを示す指数があります。一般的に、数値が高いほど株価が乱高下するという懸念が強く、投資家が先行きに対して不安を感じているとされます。

日本では……

日経平均ボラティリティー・インデックス（日経平均VI）

日経平均株価を対象にした
「日経平均ボラティリティー・インデックス（VI）」がある。
平常時は10〜20で推移するが、金融危機や戦争、災害などが起こると、数値が急上昇する。

ここで見られる

アメリカでは……

VIX指数（Volatility Index）

シカゴオプション取引所が
S&P500種指数のオプション取引の値動きをもとに
算出・公表している指数で、別名「恐怖指数」とも
呼ばれている。

ここで見られる

えー、こんな
指数があるんだ……
いちおう見てみる。

見方の目安

10〜20：相場の先行きに不安を感じていない状態

20〜30：相場の先行きに不安を感じている状態

30以上：相場の先行きに大きな不安を感じ、混乱が予測される状態

8 値動きを理解する

「期待外れ」で大暴落することもある

期待より悪い結果だと、株価は下落する

投資の世界では、「株価は将来の期待を織り込む」とよく言われます。これは、株価が企業の現在の業績だけでなく、将来の成長や利益に対する市場の期待も反映するという意味です。投資において「期待」が重要な役割を果たすのは、すでに述べたとおりです。

投資家が株を買うときは、「将来的に企業業績がよくなって株価は上がりそう」と期待するから買うわけです。

とはいえ、多くの投資家がある企業の好決算を期待している場合、実際に公表された数字が去年よりよくても、期待された数字以下の結果なら株価は

期待外れで大暴落した事例

2024年5月16日、RIZAPグループの株価が一時前日比80円（19%）安の342円まで下落しました。その前日に発表した2025年3月期の連結最終損益が20億円の黒字になるという見通しが期待外れだったからです。

RIZAPグループの業績

2024年3月期実績		→	2025年3月期予想	
売上高	1,662億円	→	売上高	1,777億円
営業利益	▲5億円		営業利益	63億円
純利益	▲43億円		純利益	20億円

RIZAPグループが2025年3月期予想を発表すると、
その利益水準が投資家の期待に届かず、期待外れから売りが殺到！

▼

発表前日の株価 442円 → **発表翌日の株価** 378円（10%の下落）

前期の赤字から
黒字になるので株価が
上がってもよさそうだが、
期待外れで株価が
大暴落に！

下がったりします。大きな期待に基づいて過剰なまでに株価が大きく上昇していれば、投資家たちは失望して一斉に売り、場合によっては売りが売りを呼んで「ストップ安」になることもあるほどです。**投資家たちの期待と同時に、失望も大きな波乱をもたらす要因になる**ということです。

期待外れを予測するのは難しいので対策を考える

市場は常に未来を見据えて動いています。そのため、その未来が予想どおりに進まないとき、投資家たちは反応しますが、こうした「期待外れ」を予測するのは困難です（そもそも期待どおりにならないことがわかっていれば、的外れな期待をするわけはありません）。だからこそ、投資家はマーケット心理を理解するように努め、期待外れになったときのシナリオを考慮して分散投資を行うことなどでリスク管理を徹底することが求められます。

期待外れは予測不可能

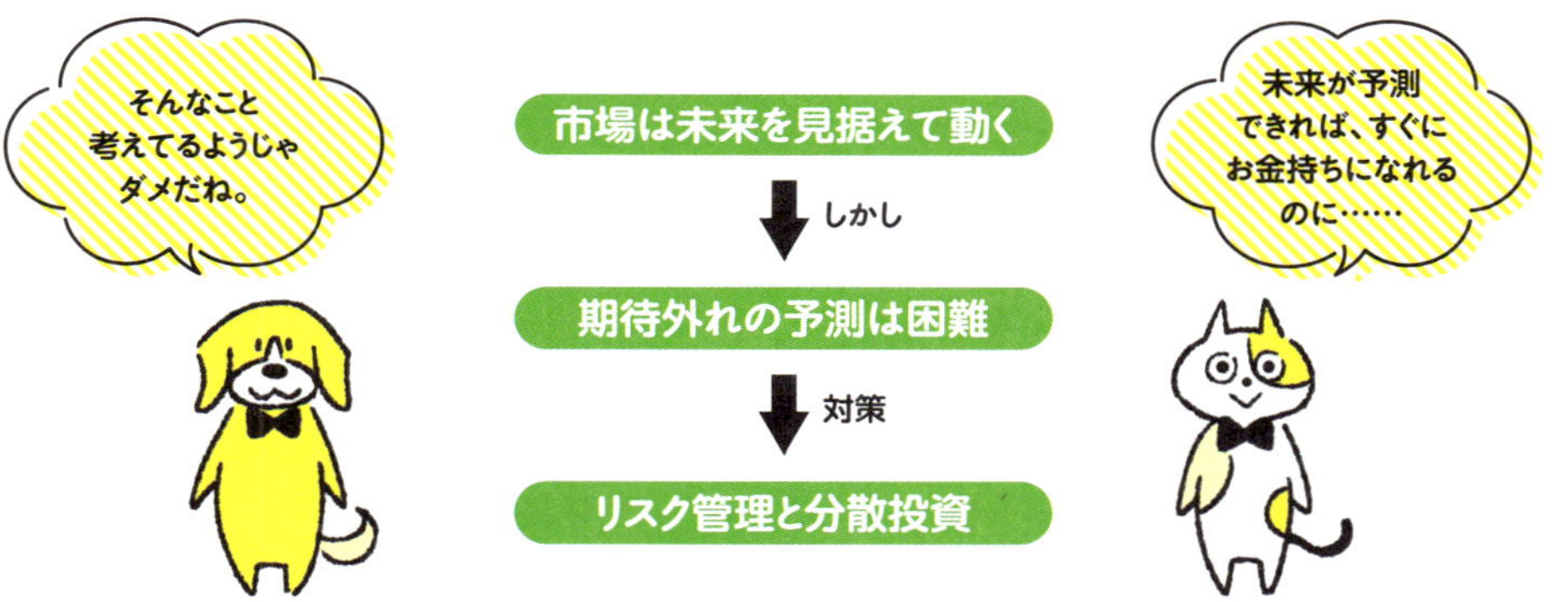
そんなこと考えてるようじゃダメだね。
市場は未来を見据えて動く
しかし
期待外れの予測は困難
対策
リスク管理と分散投資
未来が予測できれば、すぐにお金持ちになれるのに……

ONE POINT ADVICE

人々の過剰な期待が生み出すのが「バブル経済」

バブル経済とは、資産価格が実体経済を大きく上回り急上昇したあと急速に崩壊する現象です。この背後にあるのは人々の過剰な期待です。たとえば、1980年代後半の日本では株式や不動産価格が急騰しました。多くの人が「上がり続ける」と信じ、借金をしてまで投資しましたが、実体経済とのかけ離れた状態が明白になると一転して不安が広がり、一斉に売りが出されて価格は急落しました。

9 値動きを理解する

ケインズが言った「投資は美人投票」の意味

みんなが選びそうな投資先を選ぶ！

20世紀の有名な経済学者ジョン・メイナード・ケインズは、人々が投資をするときにするべき行動をわかりやすく伝えるために、次のような言葉を残しています。

「投資は美人投票のようなもの」

これは、美人投票で誰が優勝するかを当てるには、「自分が美人と思う人」を選ぶのではなく、「みんなが美人と思う人」を選ばないと当てられないという意味です。つまり、**投資をする際は、自分が考える最良の投資先ではなく、他の投資家が選ぶ投資先を選ぶこと**が重要だと言っているのです。

「ケインズの美人投票」の意味

ケインズは株式投資を「株価は美人投票のようなもの」という名言を残しています。この言葉は、「自分が好きな企業」よりも「みんなに人気がある企業に投資したほうがいい」ということを言い表しています。

ケインズの美人投票	普通の美人投票
ルール 1位になる候補者に投票した人が賞金をもらえる	**ルール** 投票数を最も多く獲得した候補者が1位になる
投票者 自分が美人だと思う人ではなく、1位になると思う人に投票する	**投票者** 自分が最も美人だと思う人に投票する

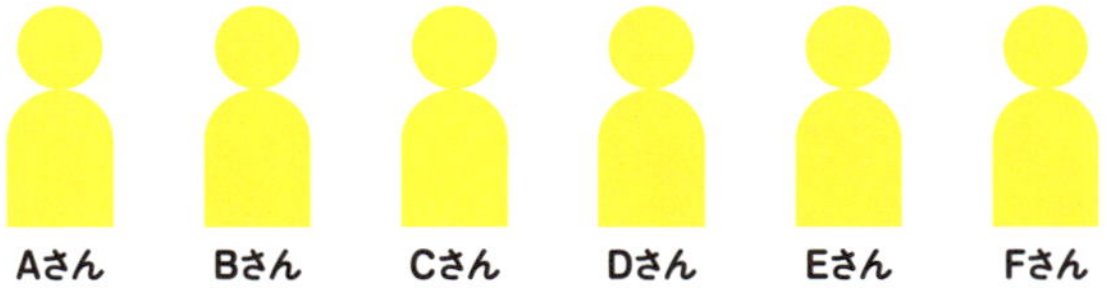

株式相場は、自分がいいと思う銘柄ではなく、みんながいいと思う銘柄を買ったほうが利益を得られるということをケインズは美人投票を例に言った。

たとえば、あなたがある会社を徹底的に分析して「この銘柄は上がる」という結論に至ったとします。その結論にいくら自信があっても、多くの人がその会社をよい会社だと思わなければ株価は上がりません。投資をする上では、他の人々が何を考えているかを理解し、その動きを予測することが重要ということです。

ケインズが生きた時代とは違い、現代社会ではSNSなどを使って他人がどんなことを考えているかをリアルタイムで把握しやすくなっています。だからこそ、ケインズが指摘した「美人投票」の要素がますます重要になってきているといえるのかもしれません。

投資を成功させるためには、投資対象となる企業や商品を分析することも必要です。しかし、それだけでは不十分です。自分以外の人々にも関心を払って、その心理やトレンドを読み解くことも必要です。

20世紀を代表する偉大な経済学者ケインズ

ジョン・メイナード・ケインズ
John Maynard Keynes
(1883年6月5日 ― 1946年4月21日)

「現代マクロ経済学の父」とされるイギリス人の経済学者で、投資家としても成功を収めた。彼は市場の短期的な動きよりも長期的な価値を重視し、分散投資と積極的なポートフォリオ管理を行ったことにより、1930年代の大恐慌を含む多くの市場混乱の中でも高いリターンを実現した。

投資の達人を目指すなら

投資家としても優秀だった経済学の大家ケインズ

20世紀を代表する経済学者ジョン・メイナード・ケインズは、投資家としても成功したことでも知られています。その投資哲学は今でも多くの投資家に影響を与えています。

ケインズは短期的な市場の動きに惑わされず、長期的な視点で投資を行いました。市場の短期的な変動は予測困難であるため、長期的なトレンドに焦点を当てるべきだと考えていたからです。また、企業の内在価値を見極め、その価値が市場価格よりも低い場合や、企業の財務状況や経営陣の質を詳細に分析し、その企業が将来的に成長する可能性が高いと判断した場合に投資しました。

ケインズは分散投資よりも集中投資を好み、莫大な利益を上げました。その投資スタイルから学べる教訓は多いので、興味があれば、その投資法を深掘りしてみましょう。

知りたい！あの機関・あの人のポートフォリオ②

科学技術振興機構「大学ファンド」のポートフォリオ

2022年３月、国立研究開発法人科学技術振興機構の「大学ファンド」の運用が開始されました。その目的は、欧米の主要大学に比べて研究論文数などで停滞を続ける日本の主要大学の財務基盤強化です。たとえば、ハーバード大学の大学基金は6兆円規模ですが、東京大学の大学基金の規模は385億円（2023年度）と大きな差があります。この現状を変えるため、国の資金を活用した10兆円規模の「大学ファンド」の運用益を活用して設備投資や人材育成を推進しようとしているのです。

大学ファンドの2023年度末時点の運用資産額は10兆9,649億円で、2023年度の収益額は＋9,934億円でした。なお、下のグラフの「オルタナティブ」とは、株式や債券以外の投資手段で、ヘッジファンド、商品（コモディティ）、不動産などへの投資を指します。

「大学ファンド」の資産構成割合（2023年度末時点）

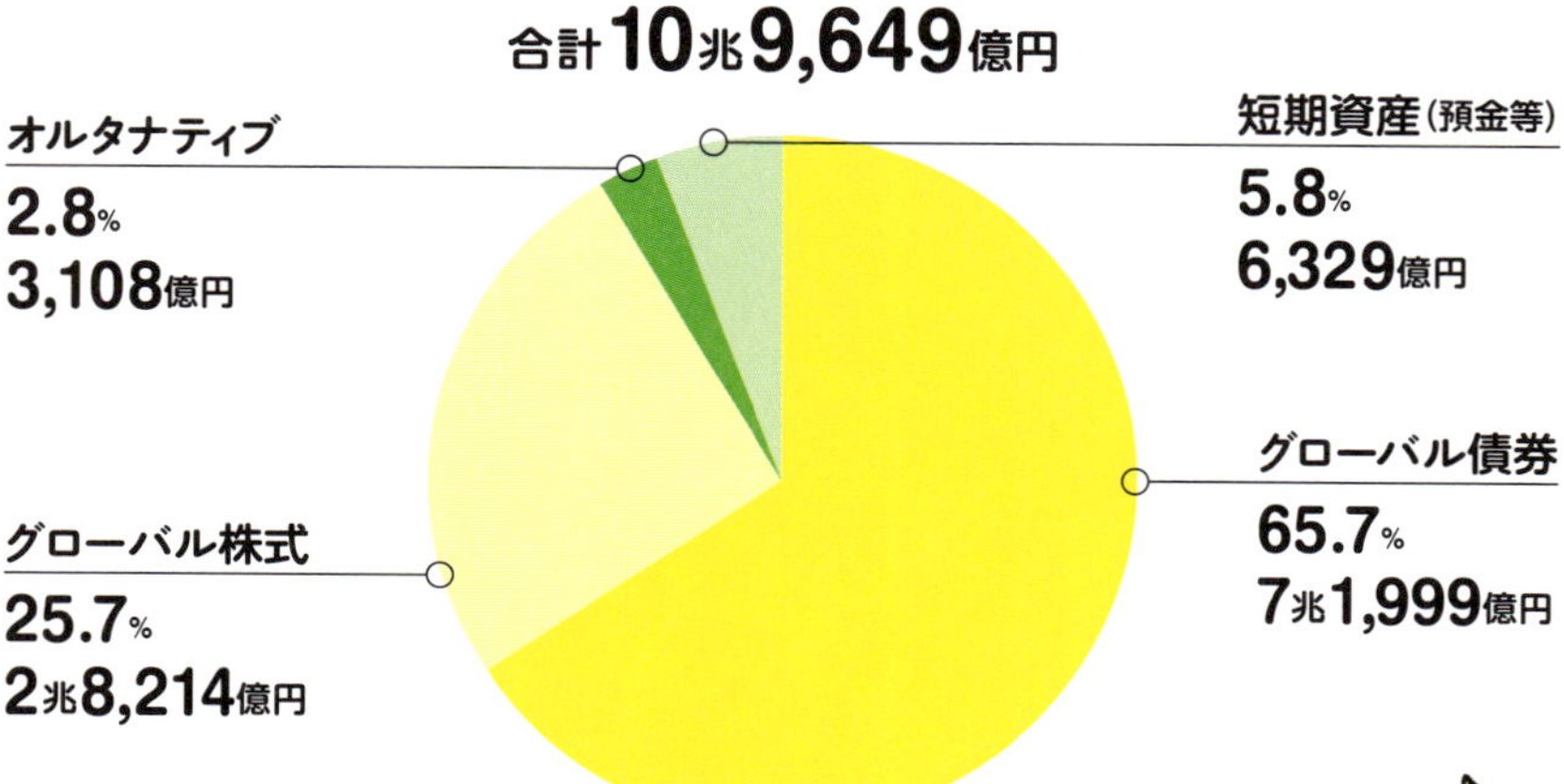
合計10兆9,649億円
オルタナティブ
2.8%
3,108億円
短期資産（預金等）
5.8%
6,329億円
グローバル債券
65.7%
7兆1,999億円
グローバル株式
25.7%
2兆8,214億円

出所：国立研究開発法人科学技術振興機構

CHAPTER 3

投資でリターンを得るためにはリスクをとる必要がある

「リスクなくしてリターンなし」という言葉は、投資の基本を示しています。高いリターンを得るためには、リスクをとる必要があります。この章では、リスクとリターンの関係を掘り下げ、賢明な投資判断のためのポイントを解説します。リスク管理の重要性とその具体的な方法についても触れ、投資の基本を再確認しましょう。

1 リスクとリターンを知る

「ハイリスク・ハイリターン」は大原則！

リスクをとらなければ、リターンを期待できない

投資を始める際に「ハイリスク・ハイリターン」「ローリスク・ローリターン」という基本原則を絶対に忘れてはいけません。

「ハイリスク・ハイリターン」は、高いリスクをとることで高いリターンを得るという考え方です。言い換えると、大きな損失を被る高いリスクをとらなければ、大きな利益は得られないということです。

一方、「ローリスク・ローリターン」は、低いリスクをとることで低いリターンを得るという考え方です。言い換えると、リスクが低い投資では大きな

高いリターンが期待できるほどリスクは高い

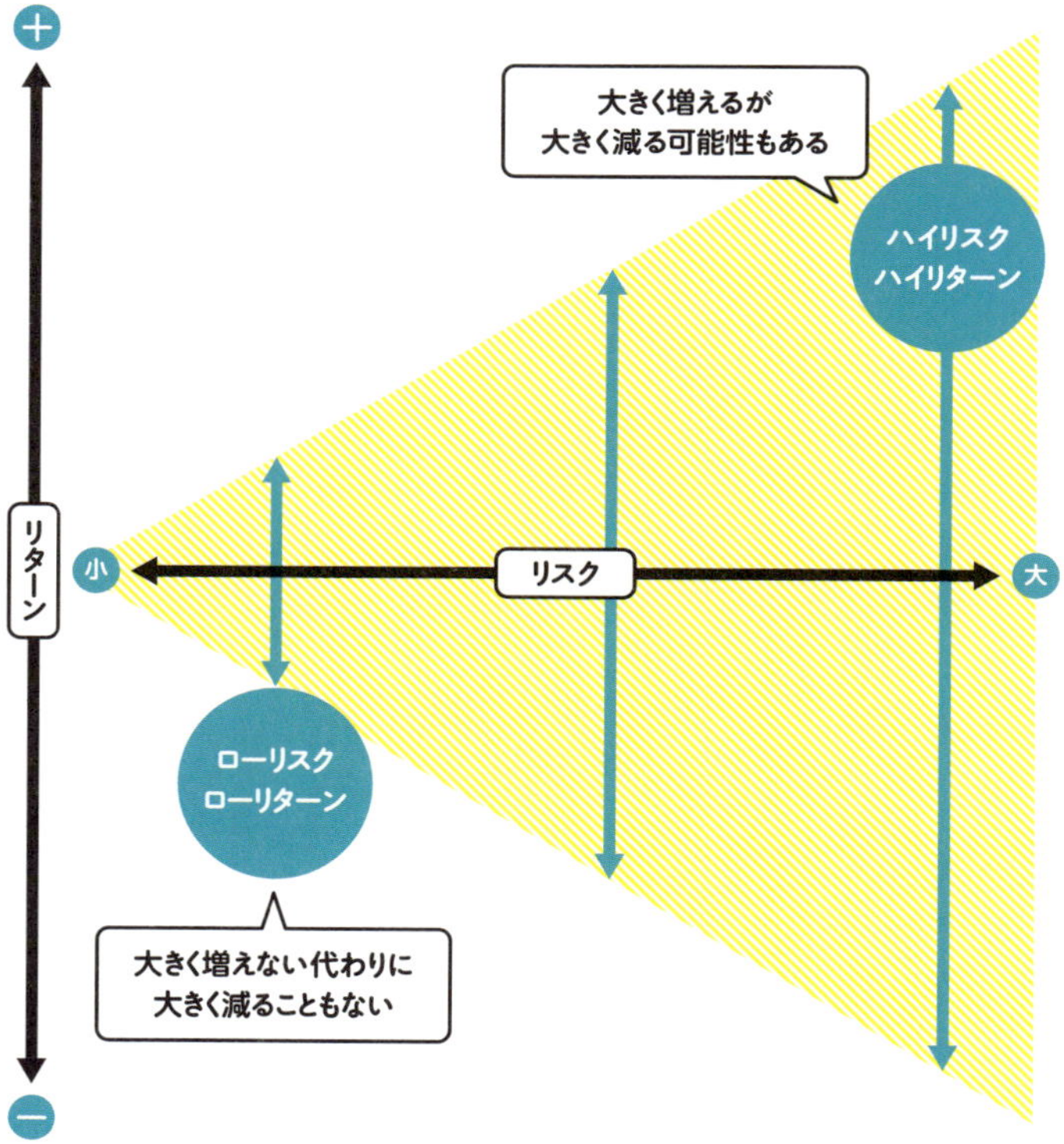

＋
－
リターン
小
リスク
大
大きく増えるが
大きく減る可能性もある
ハイリスク
ハイリターン
ローリスク
ローリターン
大きく増えない代わりに
大きく減ることもない

利益は得られませんが、大きな損失を被る可能性は低くなります。

この基本原則は投資にかぎらず、さまざまな事柄のリスク・リターンの関係にも適用できる重要な考え方です。

投資の詐欺話はローリスク・ハイリターン

投資詐欺の多くは、「リスクなく毎月20%増えます」といったような「ローリスク・ハイリターン」の魅力的な話で誘ってきます。しかし、そんなにオイシイ話は絶対にありません。たとえ**「信憑性がある」と感じても、この原則から逸脱している話には耳を傾けていけません、信じてはいけません。**「ローリスク・ハイリターンの投資商品はこの世の中にない」と強く心得ておくべきです。

当然のことながら、「ハイリスク・ローリターン」であれば、投資をする価値はありませんので、これも手を出してはいけません。

リターンとリスクの関係を理解する

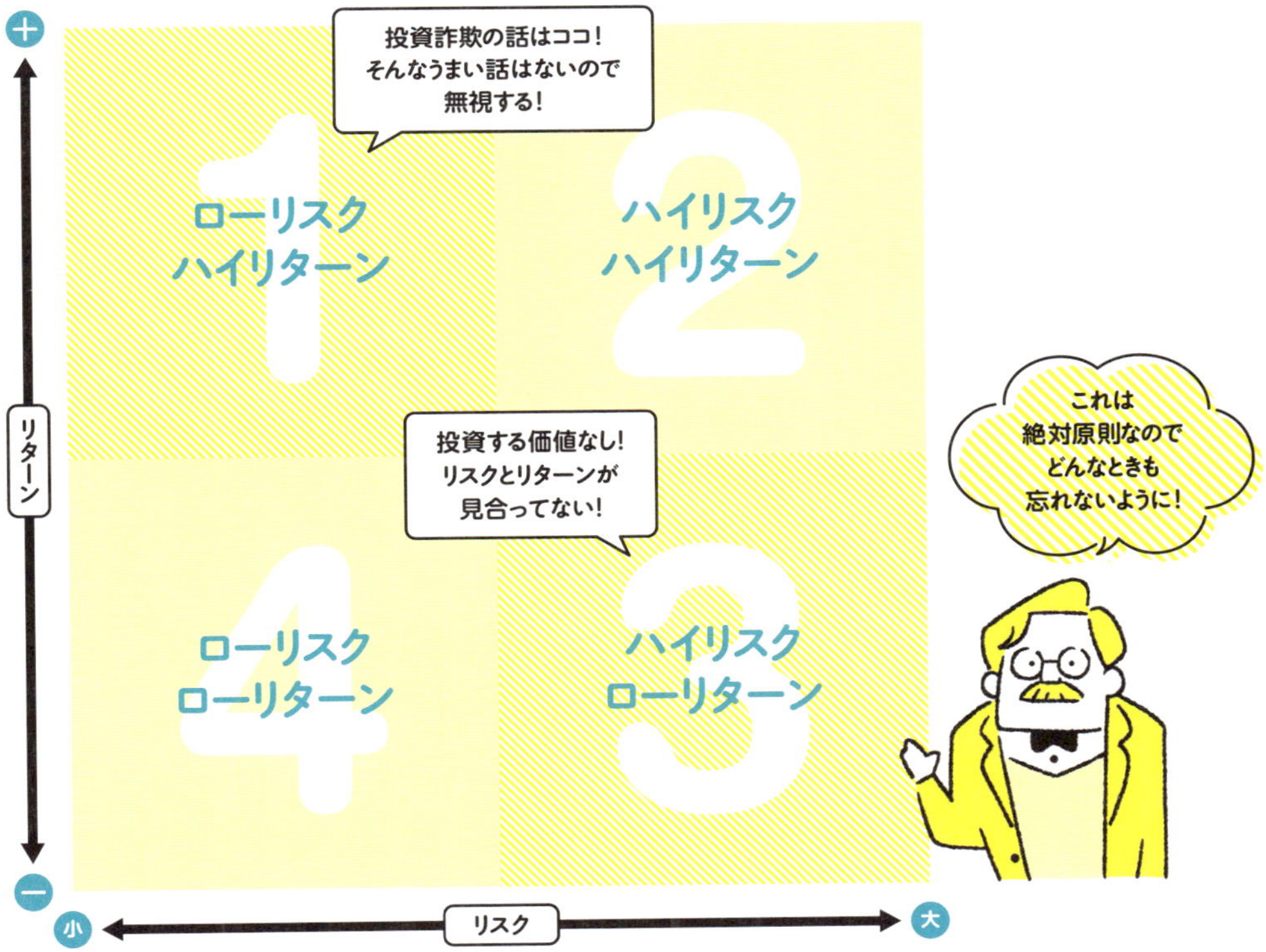

投資詐欺の話はココ！
そんなうまい話はないので
無視する！
1
ローリスク
ハイリターン
2
ハイリスク
ハイリターン
投資する価値なし！
リスクとリターンが
見合ってない！
4
ローリスク
ローリターン
3
ハイリスク
ローリターン
＋
リターン
−
小
リスク
大
これは
絶対原則なので
どんなときも
忘れないように！

「ローリスク・ハイリターン」の話は「全部ウソ」で間違いない

「楽してもうけたい」が詐欺師に隙を与える

最近、SNSをにぎわす投資詐欺が話題になっています。残念ながら被害件数、被害額は増えるばかりです。その多くは「ローリスク・ハイリターン」の投資話をエサに「楽して確実にもうけたい」と考える人の興味を引こうとします。結論からいえば、**「リスクが低いのに確実に大きな利益が得られる」ことをウリにした話はすべて「ウソ」と思って間違いありません。**

すでに述べましたが、重要なので繰り返します。**投資の世界に「ローリスク・ハイリターン」は存在しません。**

そして、簡単に儲かる話には裏があ

投資詐欺にだまされないための心得

1 ローリスク・ハイリターンのおいしい話はないことを肝に銘じる

2 投資の勧誘をされたときは第三者に相談する

3 情報の信頼性を必ずチェックするクセをつける

4 情報の真偽を見抜ける知識を身につける

5 「楽して確実にもうけたい」という気持ちを捨てる

投資詐欺に引っかかる人は、①〜⑤のすべてまたは一部ができていない！

ります。「短期間で大きな利益が得られる」といった話は、典型的な詐欺の手口です。冷静になって考えればわかることですが、もしそれが本当ならみんなが同じことをしているはずです。

そして、SNSのようなオンライン上だけでなく、実際に対面する場合でも勧誘されたときは要注意です。家族や友人からの勧めでも、慎重に調査し、専門家や投資に詳しい友人などの第三者の意見を聞くことが大切です。

そして詐欺を避けるには、いくつかの情報源から情報の信頼性をチェックするクセをつけることが大切です。世の中には誤った情報も多いので、投資の基本的な知識を学び、自分で情報の真偽を判断できる力をつけましょう。

そして、わかっていてもそう思ってしまう、**「楽して確実にもうけたい」という気持ちを捨てることです。**だます人が悪いのは当然ですが、詐欺師につけ入るスキを与えないような姿勢を身につけることです。

投資詐欺の被害は増え続けている

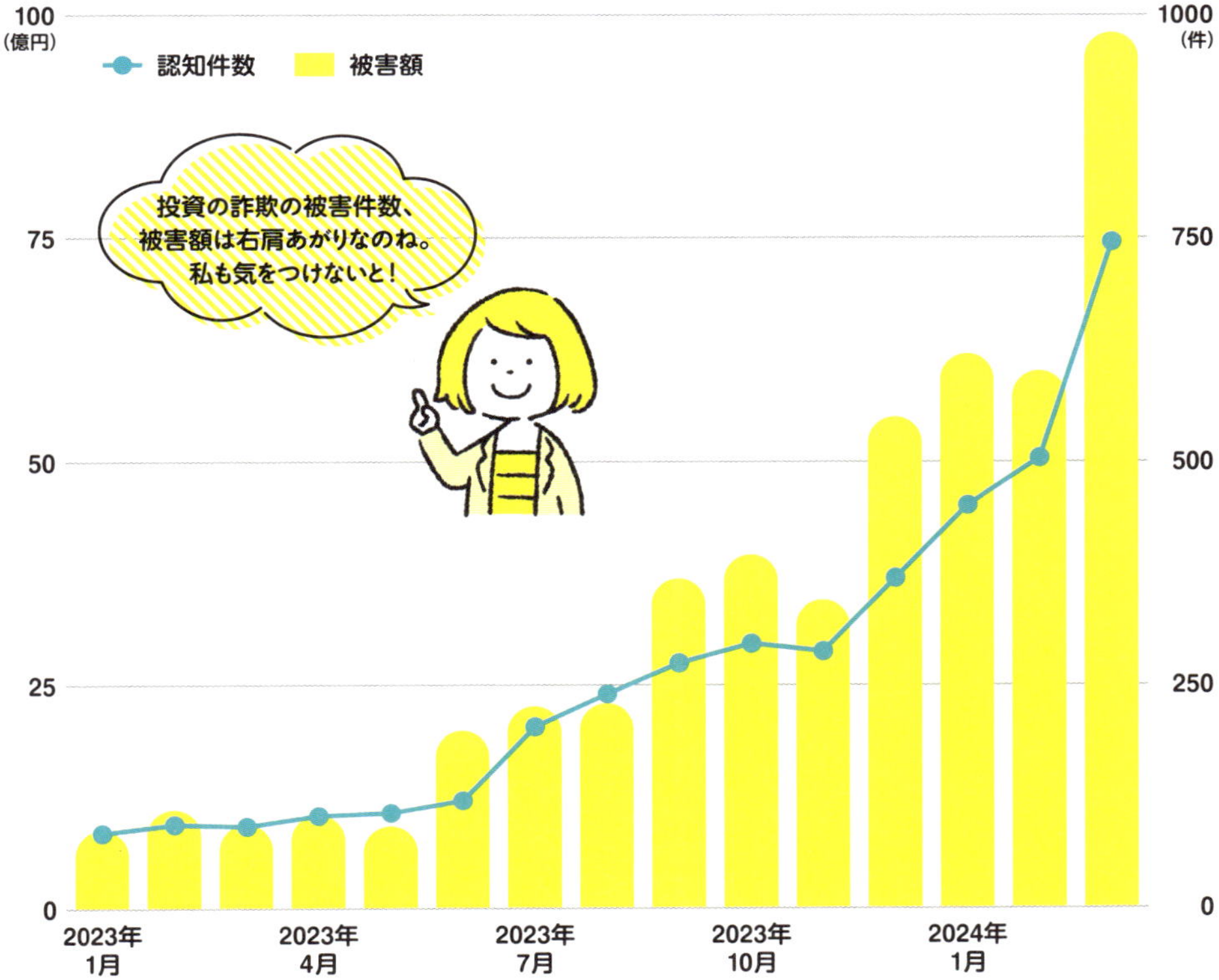
100
(億円)
75
50
25
0
1000
(件)
750
500
250
0
認知件数
被害額
投資の詐欺の被害件数、被害額は右肩あがりなのね。私も気をつけないと！
2023年 1月
2023年 4月
2023年 7月
2023年 10月
2024年 1月

出所：警視庁

おもな金融商品とリスク・リターンの関係

商品により異なるリスクとリターンの大きさ

「貯蓄」と「投資」の大きな違いは、「元本保証」の有無にあります。**貯蓄は元本保証がありますが、大きなリターンは望めません。**投資商品には元本保証はありませんが、大きなリターンを期待できます。

金融商品によってリスク・リターンの大きさは異なり、**「リターンが大きいものほど、リスクの可能性も比例して大きくなる」のが大原則です。**逆にいえば、リスクが小さい商品は期待できるリターンも必ず低くなります。つまり、大きなリターンが期待できるのにリスクが小さいものは存在しません。

投資商品のリスクとリターンのイメージ

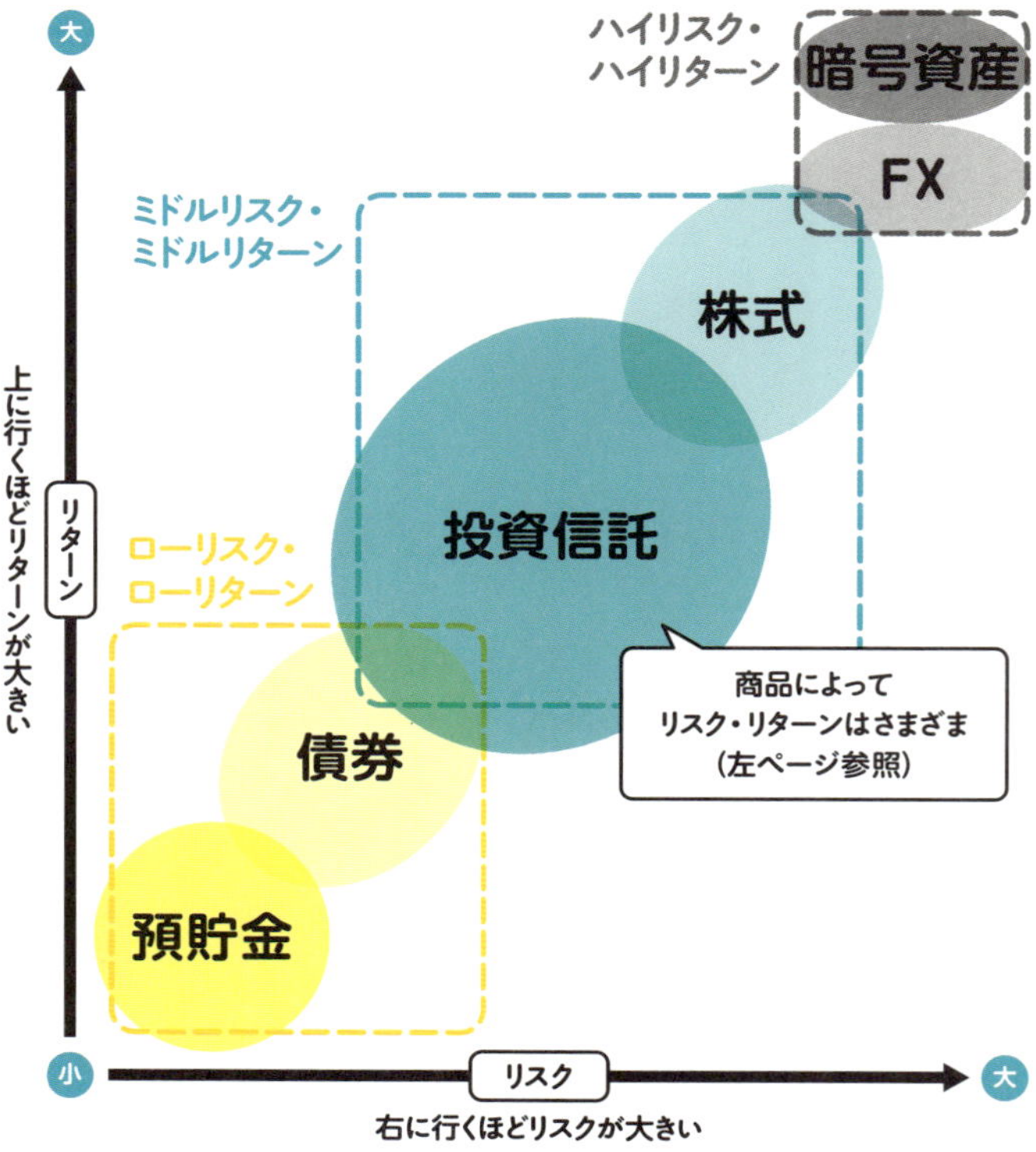
大
リターン
上に行くほどリターンが大きい
小
リスク
右に行くほどリスクが大きい
大
ハイリスク・
ハイリターン
暗号資産
FX
ミドルリスク・
ミドルリターン
株式
投資信託
ローリスク・
ローリターン
債券
預貯金
商品によって
リスク・リターンはさまざま
（左ページ参照）

投資信託のタイプ別の特徴

ひとくちに投資信託といっても、投資信託のタイプによってリスク・リターンはさまざまです。

投資をする際は、リスクとリターンの大きさを把握しておくことが大切です。

タイプ	内容
国内債券型	国債など国内の公社債を中心に運用する。
海外債券型	先進国の国債など、海外で発行される公社債を中心に運用する。
バランス型	国内外の株式と債券のバランスを重視した運用を行う。 どのようなバランスにするかは、各投資信託の運用方針により異なる。
国内株式型	国内の上場株式などを中心に運用する。
海外株式型	先進国の企業の上場株式など、海外株式を中心に運用する。
新興国株式型	グローバルサウスと呼ばれる新興国の企業の株式を中心に運用する。
不動産投資型	国内外の不動産に投資して運用する。
その他	上記に分類されない、転換社債や金、原油などの商品を投資対象に運用する。

右にあるタイプの投信信託ほど
高いリターンが期待できる一方、価格反動の幅も大きくなる。

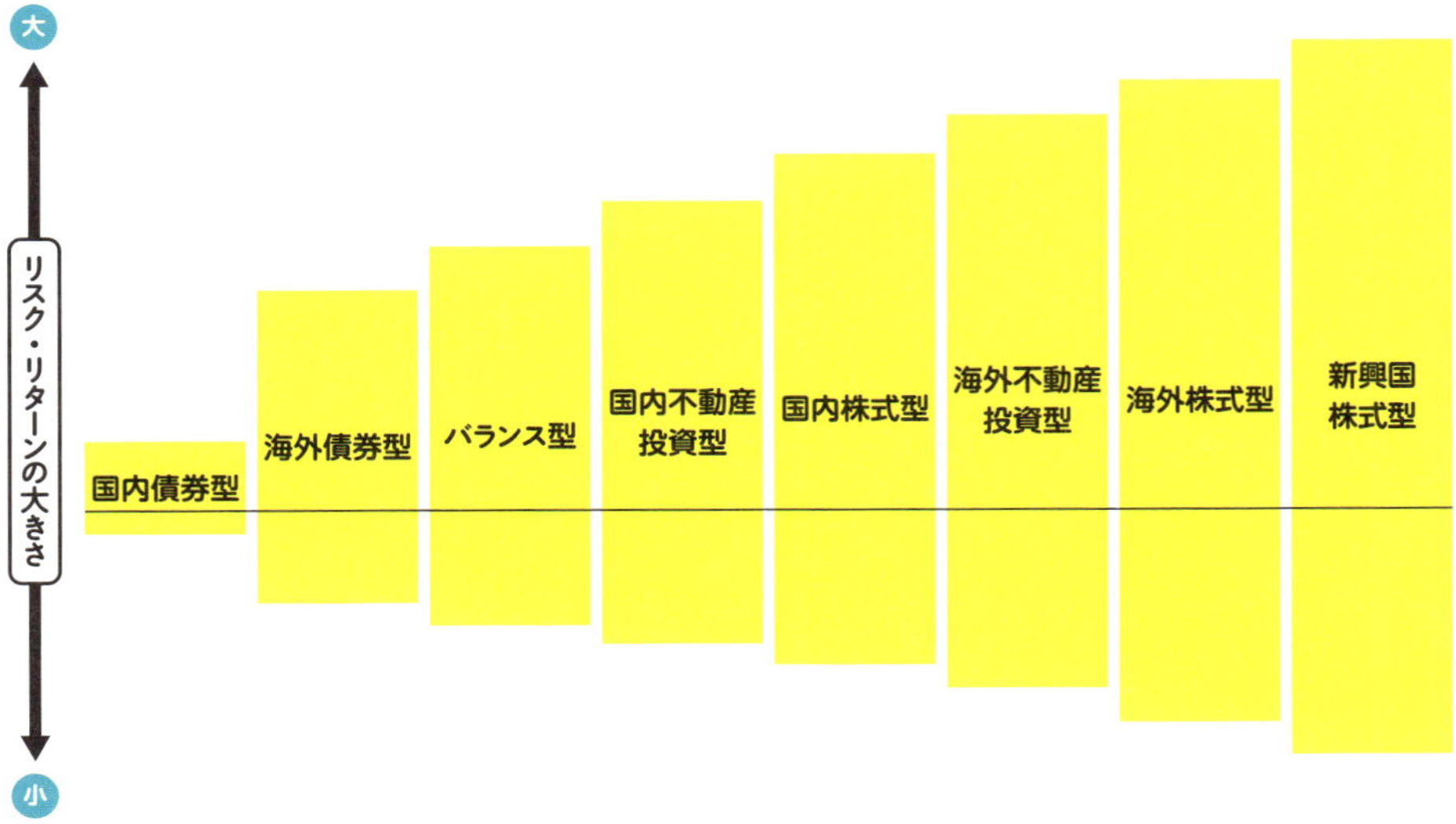

ひとくちに「リスク」といっても投資のリスクはいろいろある

世の中はリスクだらけだが、だからこそリターンがある

これまでに投資にはリスクがつきものであることを説明してきましたが、ひとくちに「リスク」といっても、さまざまなリスクがあります。価格変動リスク、為替変動リスク、信用（デフォルト）リスク、金利変動リスク、流動性リスク、カントリーリスクなど多岐にわたるリスクにさらされています。このほかにも自然災害リスクやインフレリスクなど、たくさんのリスクがあります。

このようにリスク要因を挙げていくと、「世の中はリスクだらけだ」と心配になるかもしれません。

リスクとリターンは裏返し

リスクとリターンは表裏一体の関係です。たとえば、価格変動するリスクがあると、値下がりして損をする可能性がありますが、だからこそ値上がりを期待できます。すべてのリスクはリターンとの裏返しです。

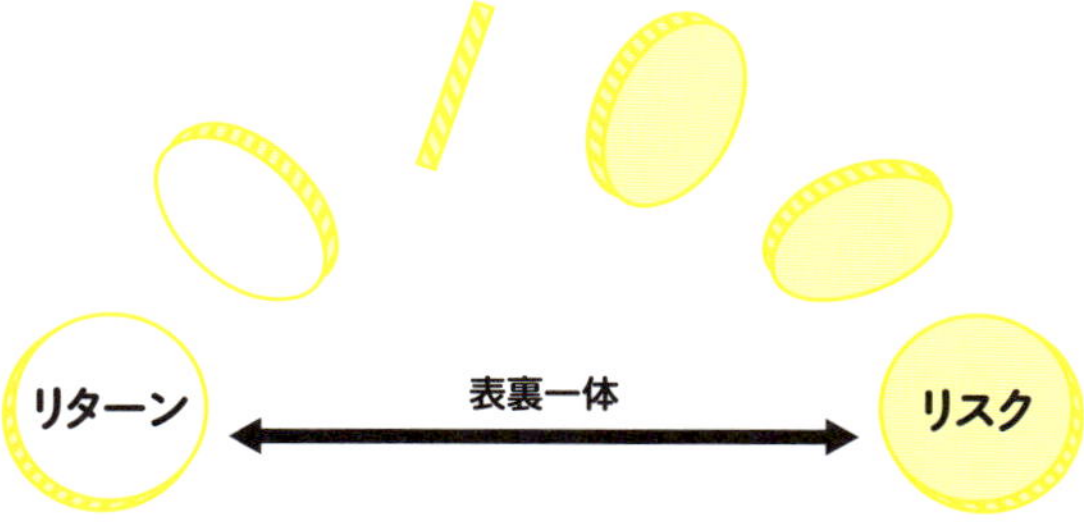
リターン
表裏一体
リスク

リスクがなければ、リターンはない

リターンを求めるということはリスクを受け入れること。裏を返せば、リスクをまったくとらないのはリターンをあきらめることです。

どんなリスクがあるかを理解しておこう

リスクを抑えて投資をするためには、まずどんなリスクがあるかを理解することが重要です。

たとえば、「価格変動リスク」は市場の需給バランスや経済状況、企業の業績などが要因となり、「信用リスク」は企業や国の財務状況の悪化によって発生します。

こうしたリスクを完全に避けることはできませんが、リスク要因を理解することでリスクに対する備えをすることはできます。

しかしリスクは、裏を返せばリターン要因でもあるということです。リスクを理解することで、**「リスクがあるからこそリターンがある」**とより強く認識することになります。**その認識をもつことが、投資で成功に近づく第一歩です。**

投資に関するおもなリスク

投資を行う際にはさまざまなリスクを理解し、適切に管理することが重要です。
以下に、おもな投資リスクの種類とその具体的な説明を示します。これらのリスクを把握することで、
リターンを最大化し、損失を最小限に抑えるための戦略を立てることができます。

信用（デフォルト）リスク

国や企業が、財政難・経営不振などの理由により、利息や償還金をあらかじめ定めた条件で支払うことができなくなる可能性のこと。

価格変動リスク

株式や債券の価格が変動する可能性のこと。株価は企業の業績や外部評価の変化、国内外の経済情勢などの影響を受ける。

為替変動リスク

異なる通貨間の為替レートの変動により、資産や収益の価値が変わるリスクのこと。海外投資すると、為替レートの変動により収益が予想外に変わる可能性がある。

流動性リスク

株式などの有価証券の流動性が低い（＝取引量が少ない）ときに、希望するタイミングで売買ができないリスクのこと。

カントリーリスク

投資の対象となる国や地域の政治経済、社会情勢などが不安定になることによって、そこに投資した資産の価値が下落するリスク。

金利変動リスク

金利変動にともなって金融資産の価値が変動するリスクのこと。株式でも金利が上がると値上がりする銘柄、値下がりする銘柄がある。

投資のリターンは2種類ある

2つの利益の性質の違いを理解しておく

投資のリターンには大きく分けて「キャピタルゲイン」と「インカムゲイン」の2種類があります。これらを理解することで、投資戦略を立てやすくなり、リスクとリターンのバランスをとることができます。

①キャピタルゲイン……株や不動産などの資産を、購入した価格よりも高い価格で売却したときに得られる利益のことを指します。株式、不動産、暗号資産など、さまざまな資産でキャピタルゲインを得ることができます。

②インカムゲイン……インカムゲインは、保有している資産から定期的に得

キャピタルゲインとインカムゲイン

投資には、「キャピタルゲイン」と「インカムゲイン」の2つの利益があります。
短期的な値上がり益を狙う場合はキャピタルゲインを、
安定した収入を求める場合はインカムゲインを重視します。

[キャピタルゲイン]		[インカムゲイン]

株の売却益 投資信託の売却益 不動産の売却益 など	具体例	配当 利息 家賃収入 など
大きい	期待できる利益	小さい
高い （損失の可能性あり）	リスク	低い （配当がなくなる可能性あり）

られる収入のことです。株式なら配当金、預貯金なら利息、不動産なら家賃収入がこれに該当します。インカムゲインは、資産を売却しなくても得られる安定した収入源になります。

自分に合った2つのゲインのバランスを考えよう

成功した投資家は、2つの利益のバランスをとってリスクを管理しながらリターンを最大化しています。この2つが目指すのは「ゲイン（利益）」ですが、その性質は異なります。

キャピタルゲインを狙う投資は、ハイリスク・ハイリターンの投資戦略で、短期的な利益を狙う場合に適しています。一方の**インカムゲインを狙う投資は、ローリスク・ローリターンの投資戦略で、長期的かつ安定した収入を求める場合に適しています。**それぞれのリスクを理解して、自分の目標に合った投資を行うことが投資で成功するためには重要です。

キャピタルゲインとインカムゲインで得られる利益の例

キャピタルゲイン

例）トヨタ自動車の株式を
株価3,000円のときに300株を
90万円で購入

▼

トヨタ自動車の株式を
株価5,000円のときに300株を
150万円で売却。
60万円の利益を得る

キャピタルゲイン

インカムゲイン

例）トヨタ自動車の株式を
株価3,000円のときに300株を
90万円で購入

▼

保有期間中、
毎年、2回支払われる
配当金を得る

▼

2023年9月	2024年3月
1株あたり30円 × 300株 = 9,000円	1株あたり45円 × 300株 = 1万3,500円

インカムゲイン

キャピタルゲインは一度きりだけど、
利益額は大きくなる可能性あり！
インカムゲインは株の保有中ずっと
もらえるけど額は小なめ！

人によって「リスク許容度」は違う

どれだけのリスクに耐えられるか考えよう

投資を始める際に「どの程度のリスクを受け入れられるか」を検討することは大事です。100万円を投資しても平気な人もいれば、1万円でも心配になる人もいます。次に挙げる要素を参考にして自分の「リスク許容度」を考えましょう。

①年齢……高齢になるほど、より安全な投資をすべきです。若い世代のように働いて損失を挽回できる余地が少なく、大失敗が致命的になりかねないからです。

②資産状況……収入が安定している人や余裕資金が多い人は高いリスクをと

リスク許容度を考えるうえでの3要素

❶年齢

若い投資家はリスクをとりやすく、高齢になるほど安定性を重視してリスクを避ける。

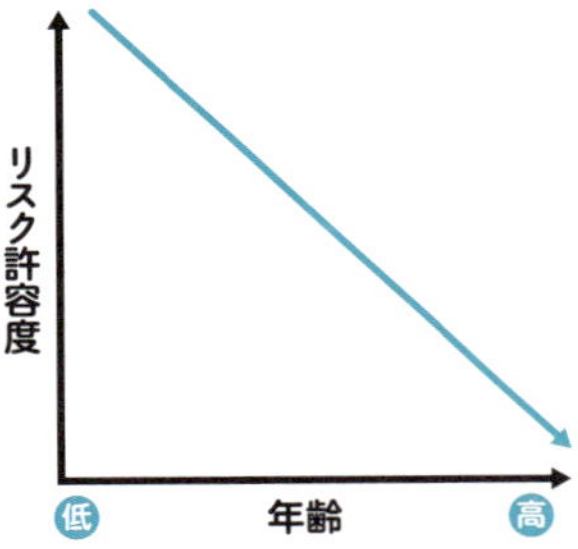

❷資産状況

資産が多いほどリスクをとれるが、資産が少ないのならリスクを抑えて慎重な投資に。

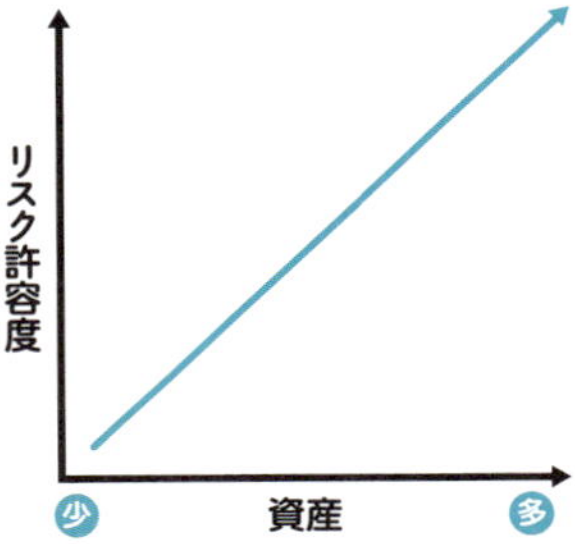

❸性格

リスクを楽しめる性格ならハイリリスク・ハイリターンの投資、慎重な性格なら安全性重視の投資が向いている。無理して性格に合わない投資をしないほうが無難。

過度なストレスを感じているなら、リスク許容度を超えている可能性が高い

れますが、収入が少なく、余裕資金が少ない人は無理に投資するべきではありません。

③性格……市場の変動に対して冷静に対応できる人は、高いリスクをとれますが、不安を感じやすい人は、リスクがともなう高いリターンを求めないほうがいいかもしれません。

無理をしてしまえば、長続きしなくなる

投資を続ければ、少しずつリスク許容度は上がるものですが、自分と他人のリスク許容度を比較しても無意味です。幸せな生活を実現するために投資しているのに、株価などに振り回され、過度なストレスを感じるようなら本末転倒です。もし「無理しているな」と思ったら、投資額を減らしたり、ひと休みすることも考えましょう。**その時点で金銭的、精神的に無理のない範囲で投資する――それを心がけることが投資を長く続けるために重要です。**

リスク許容度をチェックしてみよう!

リスク許容度を把握することは投資で成功するための第一歩です。
全国銀行協会の「あなたのリスク許容度診断テスト」で自身のリスク許容度を客観的に把握してみましょう。

全国銀行協会
あなたのリスク許容度診断テスト

https://www.zenginkyo.or.jp/article/tag-c/diagnosis/risktest/

現在の年齢と未婚か既婚かを答えたあとに、10問の質問に答えるだけで、リスク許容度を判定してくれる。

結果

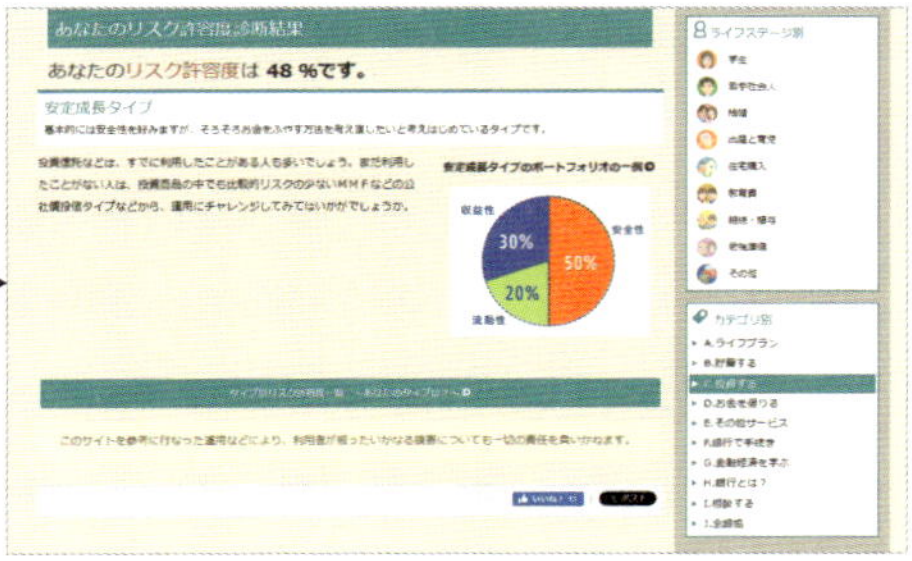

リスク許容度を「安全性重視タイプ」「安定成長タイプ」「バランス運用タイプ」「積極運用タイプ」の4タイプで診断してくれる。

リターンも大きいが、リスクも大きい「信用取引」

なかなか複雑なしくみの「信用取引」

株式投資を始めると、「信用取引」という言葉を目にするようになります。これは、その名のとおり信用をもとに取引を行うもので、自己資金以上の取引が可能です。**大きなリターンを期待できる一方で、同時に大きなリスクもともなう取引方法です。**

通常の取引（信用取引に対して「現物取引」という）では、当然のことながら、手持ち資金以上の株式は買えません。ところが信用取引は手持ちの資金や保有株式を担保にして、証券会社からお金や株を借りて取引を行います。これにより、**自己資金の最大約**

信用取引と現物取引の違い

「信用取引」と「現物取引」は、
コスト、レバレッジ、返済期限、配当金の取り扱いなどの違いがあります。

信用取引		現物取引
保証金を出して借りる	投資資金	本人が用意
売買手数料、金利（買方）、貸株料（売方）	コスト	売買手数料
最大3.3倍	レバレッジ	1倍
期限あり（6カ月など）	返済期限	なし
買方：相当額を受け取れる 売方：相当額を支払う（※）	配当金	受け取れる
権利なし	株主優待・議決権	権利あり

※制度信用取引（73ページ）の場合

なんだか、いろいろ違うんだね。投資初心者には難しそうな気がする！

3・3倍の取引が可能になり、少ない元手で大きな利益を狙えるのです。

たとえば、自己資金が30万円ある場合、30万円の最大約3・3倍の100万円分の株式を買うことができます（信用買い）。簡単に言えば、証券会社から70万円を借りるイメージです。証券会社から借りたお金には年2%程度の金利が発生します。

買った株が値上がりすれば下図で説明するように、同じ額の資金でも大きなリターンを得られます（レバレッジ効果という）。しかし、予想に反して値下がりして損失が発生すれば、大きな損失になります。この損失分は担保に差し出しているお金（委託保証金）から差し引かれます。74ページで説明しますが、損失が出て「最低保証金率」を下回ると、「追証《おいしょう》」と呼ばれる追加の保証金を差し入れる必要があります。それができないと、強制的に決済（売り注文）を出されて、損失を確定させられることになります。

信用取引のレバレッジ効果

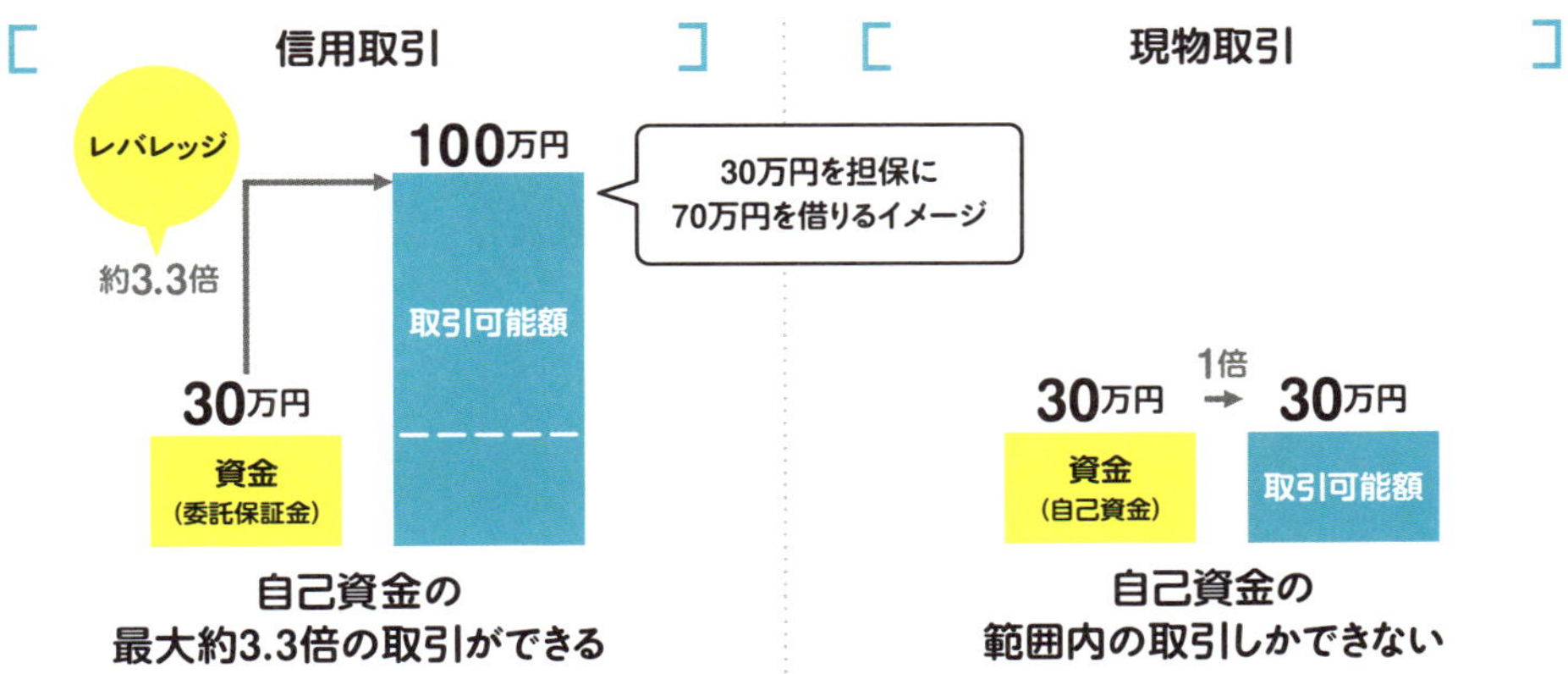
信用取引
レバレッジ
約3.3倍
100万円
30万円を担保に
70万円を借りるイメージ
取引可能額
30万円
資金
（委託保証金）
自己資金の
最大約3.3倍の取引ができる
現物取引
30万円
1倍
30万円
資金
（自己資金）
取引可能額
自己資金の
範囲内の取引しかできない

1株200円のA社株を買うとどうなるのか？

信用取引	現物取引
資金30万円で5,000株買える	資金30万円で1,500株買える

1株300円になったときに売ると……

信用取引	現物取引
300円×5,000株=150万円 → 50万円の利益	300円×1,500株=45万円 → 15万円の利益

1株180円になったときに売ると……

信用取引	現物取引
180円×5,000株=90万円 → 10万円の損失	180円×1,500株=27万円 → 3万円の損失

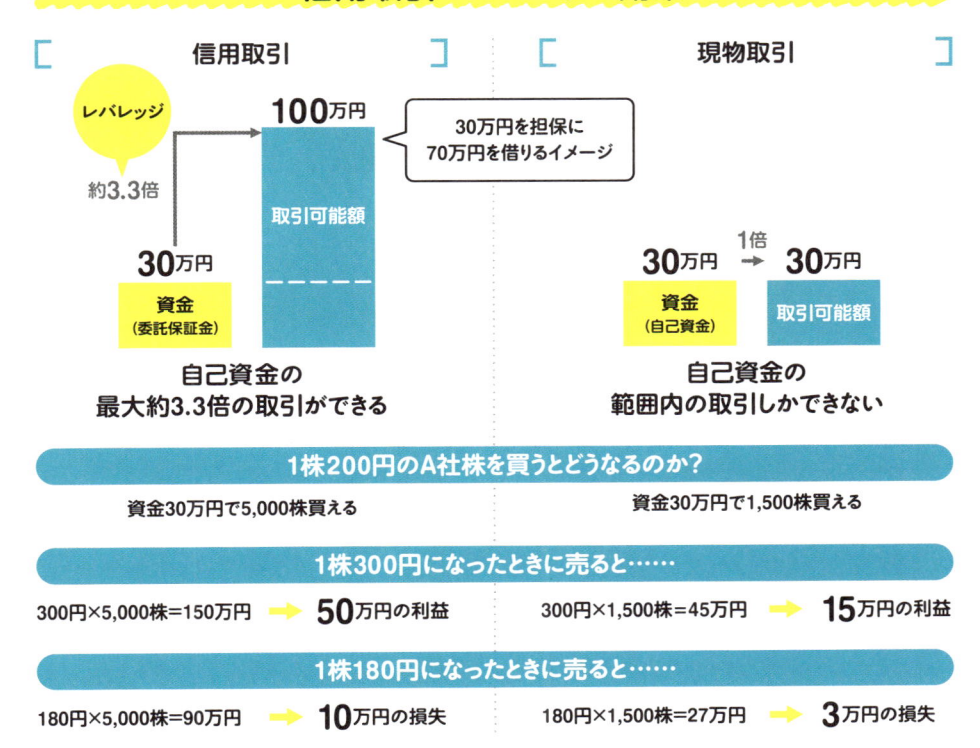

8 信用取引はリスクが大きい

信用取引は「高く売って↓安く買う」で利益が出せる

信用取引は株式を借りて「売る」ことができる

信用取引では「高く売って↓安く買う」という方法で利益を得ることができます。

「いきなり売るとはどういうこと？」と疑問に思う人も多いでしょう。

具体的には、まず証券会社から株式を借ります。その借りた株式を売却します。のちに株価が下がったときに同じ株式を買い戻して返却することで、差額分の利益を得るというしくみです。この方法は**「信用売り（空売り）」と呼ばれ、株価の下落を予測して利益を上げることを目的としているため、価格が上昇すると損失が発生します。**

空売りのしくみ

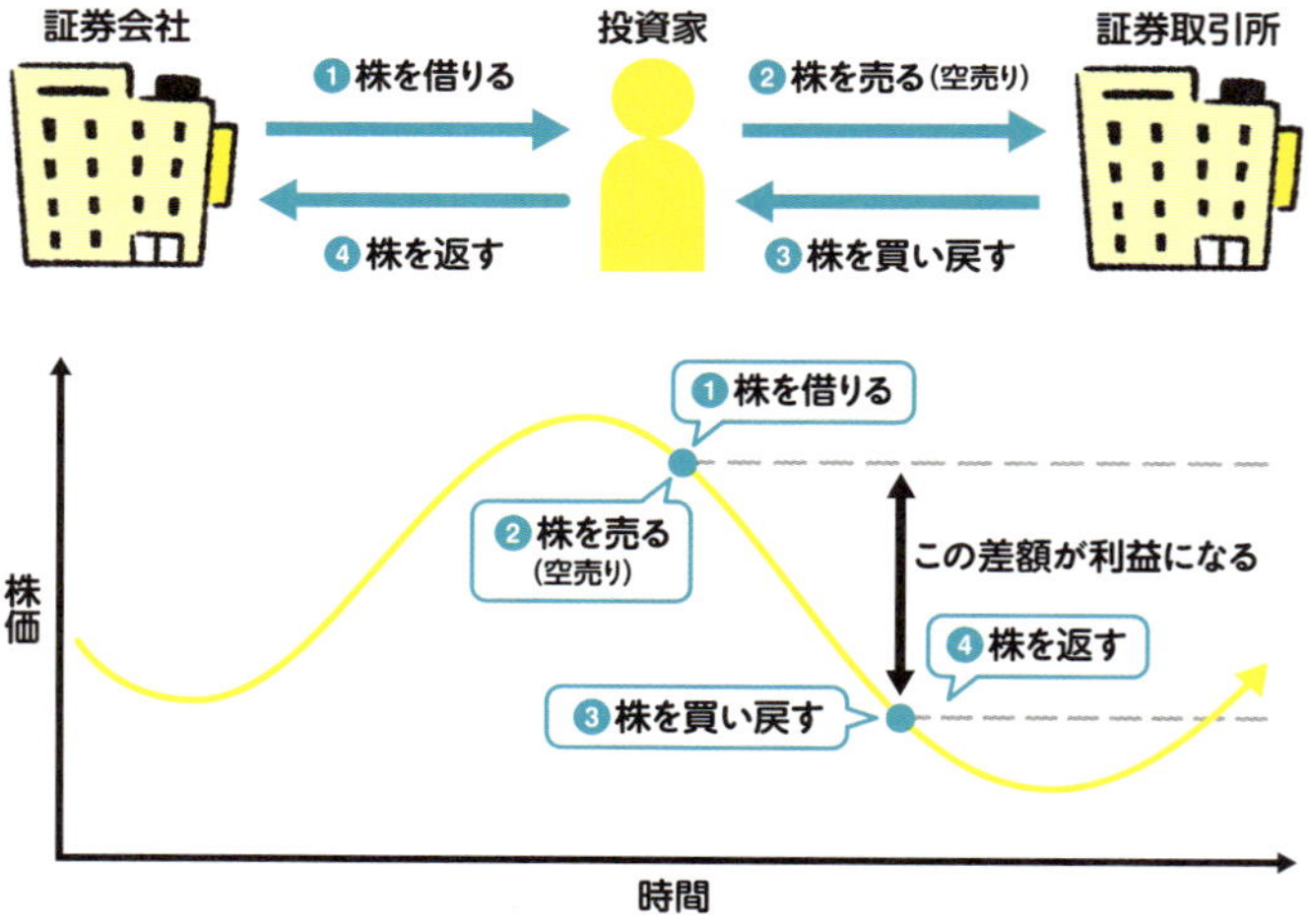

証券会社
投資家
証券取引所
①株を借りる
②株を売る（空売り）
③株を買い戻す
④株を返す
株価
時間
①株を借りる
②株を売る
（空売り）
この差額が利益になる
④株を返す
③株を買い戻す

空売りは株価が下落すると「利益」、株が上昇すると「損失」になる！

たとえば、ある株式が1株あたり1000円のときに100株を空売りするとします。その後、株価が800円に下がったときに買い戻すと、1株あたり200円の利益が生じます。つまり、100株の場合、200円×100株＝2万円の利益が得られることになります。

信用取引のもうひとつの重要なポイントは、**証券会社から株式を借り入れると、「貸株料」がかかることです。**

信用取引の空売りを行えば、株価が下がっているときでも利益を出すことができるので、とても便利に感じます。たしかに、空売りをうまく使って大きな利益を得ている人もいますが、投資初心者が手を出すには、リスクが高い取引です。

その危険性については、74ページで紹介しますが、たった一度の取引の失敗によって、現物取引ではあり得ないような、立ち直れないほどの大損失を被る可能性があります。

信用取引にかかるさまざまなコスト

信用取引には現物取引にはないコストがかかります。信用取引はレバレッジを利用して大きなリターンを狙うことができますが、その分リスクも高いため、十分な知識と準備が必要です。

	信用売りをした場合	信用買いをした場合
金利	年1〜3%程度	年2〜3%程度
売買手数料	証券会社によって異なる	証券会社によって異なる

このほかに、空売りを行った場合、借りた株を貸し出す先の需要と供給によって発生する「品貸料（逆日歩《ぎゃくひぶ》）」を支払い（逆に「信用買い」の場合は受け取る）、一部の証券会社では信用取引を維持するための維持費用などを支払う場合もあるなど、複雑な手数料体系になっている。

投資の達人を目指すなら

信用取引には2種類ある
「一般信用取引」と「制度信用取引」

信用取引には、「制度信用取引」と「一般信用取引」の2種類があります。

証券取引所が選定した特定の銘柄（制度信用銘柄）を対象とするのが「制度信用取引」で、信用買いと信用売りの両方が可能です。また、信用買いと信用売りができる「貸借銘柄」と信用買いしかできない「信用銘柄」があり、返済期限が6カ月以内に制限されています。

一方、「一般信用取引」は、証券会社が独自に選定した上場株式に対して信用取引を提供する制度です。返済期限は原則として3年ですが、一部の証券会社では無期限の場合もあります。信用取引を利用する際には、借り入れ金利や貸株料などの詳細な条件を、口座を開設している証券会社のウェブサイトなどで確認しましょう。

9 信用取引はリスクが大きい

「売り」から入る信用取引の損失は理論上無限大！

空売りは損失が青天井に膨らむ可能性がある

持っていない株を借りて売り、あとで買い戻すことで利益を狙う「信用売り（空売り）」は、どんな相場状況でも利益を出せるので魅力的に感じます。しかし結論から言うと、**投資初心者は安易に手を出さないほうが無難です。**

通常の株式取引では、株を買って価格が上昇した場合に利益を得ます。価格が下落した場合の損失は、最悪の場合でも購入した金額までです。つまり、100万円分の株を買ったら最悪の場合でも100万円を超えた損失にはなりません。

ところが、価格が上昇すると損失が

「空売り」は損失が無限大

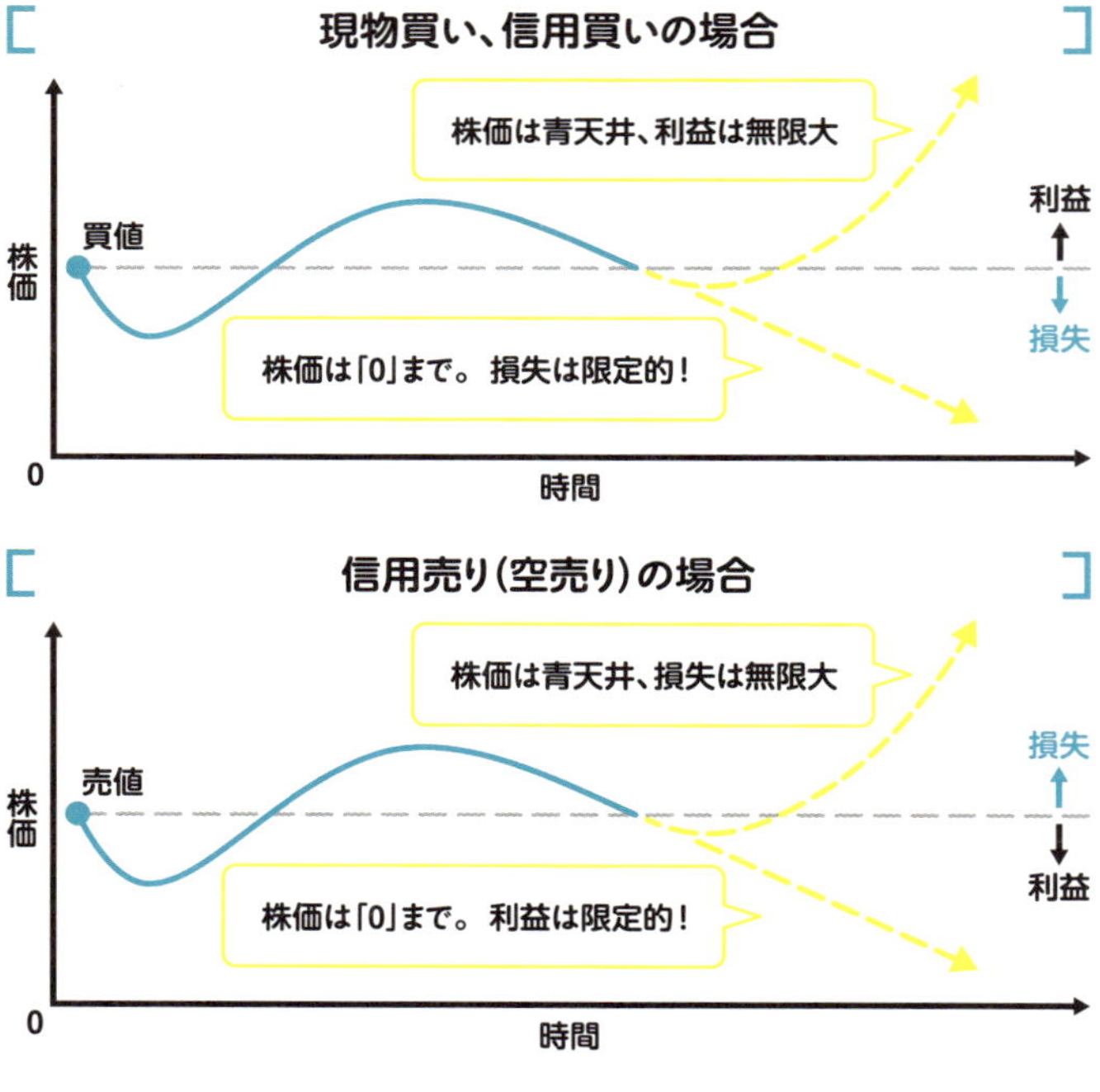

現物買い、信用買いの場合
株価は青天井、利益は無限大
利益
買値
株価
損失
株価は「0」まで。損失は限定的！
0
時間
信用売り（空売り）の場合
株価は青天井、損失は無限大
損失
売値
株価
利益
株価は「0」まで。利益は限定的！
0
時間

信用売りは利益が限定的なのに、
損失は無限大になる可能性がある！

発生する**空売りは、株価に上限はないため、損失が無限大に膨らむ可能性があります。**

たとえば、100円の株を空売りし、株価が200円になれば、損失は100円です。その株価が500円、1000円、1万円と上がり続けると、損失はどんどん増えていきます。

逆に、株価の下限は「0」で、「0」以下には下がりようがないので、リターンはそこまでに限定されます。

実際には損失が拡大して、担保として差し出すお金が不足すると強制的に決済されます。「追証《おいしょう》」と呼ばれる保証金の追加を続ければ、莫大な損失になる可能性もあります。

また、空売りには借りた株を強制的に返却しなければならない場合や、貸株料などのコストも発生します。

信用取引は大きなリターンが期待できますが、その分リスクが高く、適切なリスク管理が難しいため、投資初心者にはオススメできません。

「追証」のしくみ

信用取引で損失が発生すると、「追証」という追加入金が必要になります。
追証のしくみを理解し、適切に対応することが、信用取引でのリスク管理のカギになります。

資金30万円で信用買いする場合

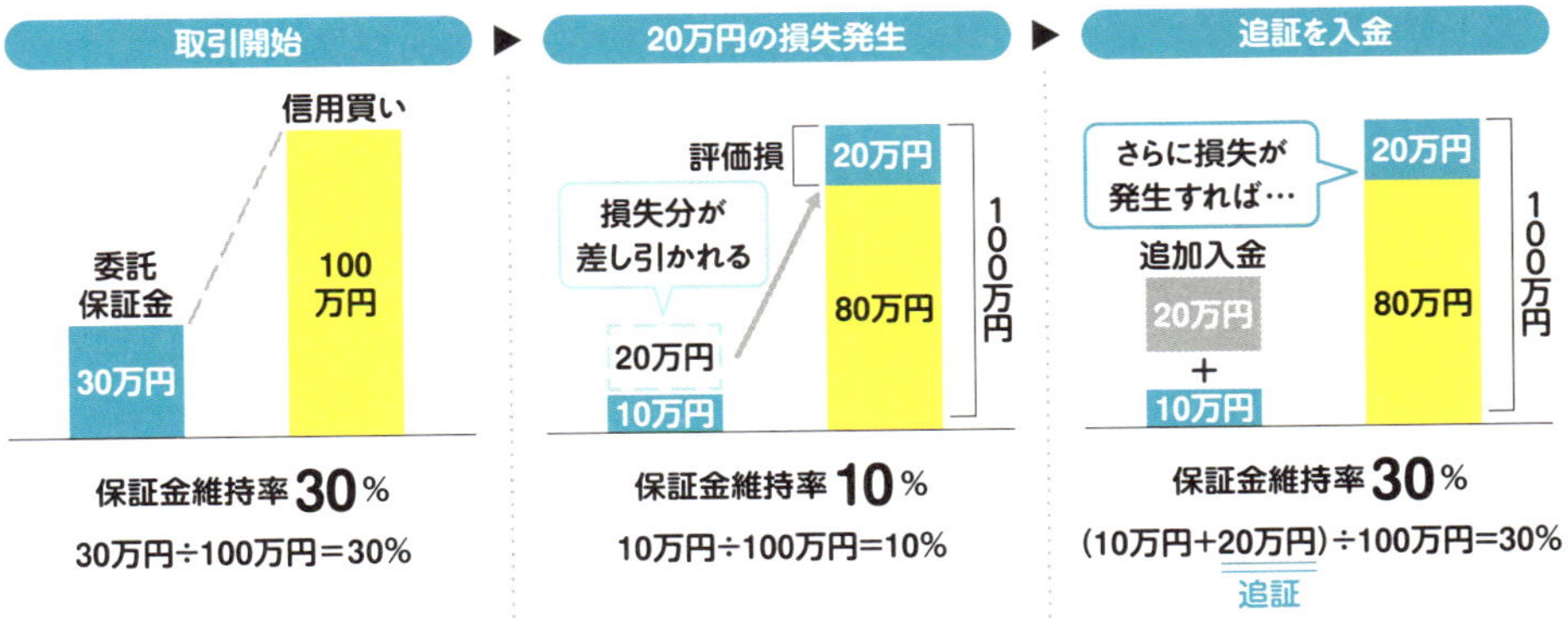

取引開始
信用買い
委託保証金
30万円
100万円
保証金維持率30%
30万円÷100万円＝30%
20万円の損失発生
評価損
20万円
損失分が差し引かれる
20万円
10万円
80万円
100万円
保証金維持率10%
10万円÷100万円＝10%
追証を入金
さらに損失が発生すれば…
追加入金
20万円
＋
10万円
20万円
80万円
100万円
保証金維持率30%
(10万円＋20万円)÷100万円＝30%
追証

信用取引を始める段階で保証金維持率が30％を下回ってはいけないと法律で決められている。60万円の信用買いなら、保証金維持率は50％（＝30万円÷60万円）になる。

損失が発生すると、委託保証金から損失分が差し引かれる。最低保証金維持率（証券会社によって基準は異なる）が30〜20％を下回ると、30％を回復するまでの保証金の追加入金（追証）が発生する。

追証として保証金維持率30％まで回復する額の入金が求められる。追証を入金後にさらに損失が発生すれば、さらなる追証が発生する。追証が入金できなければ、強制的に株式が売却されて損失が確定する。

なんだかややこしい！
頭が痛くなったよ！

知りたい！あの機関・あの人のポートフォリオ③

カルパース（カリフォルニア州職員退職年金基金）のポートフォリオ

カルパース（CalPERS: California Public Employees' Retirement System）は、アメリカのカリフォルニア州の公務員年金基金で、アメリカ最大の公的年金基金です。

カルパースの投資戦略は、長期的なリターンの最大化とリスク管理のバランスをとることを目指しており、株式、債券、不動産などの現物資産、プライベートエクイティ（非上場株式）など、多様な資産に分散投資をしています。また、近年は持続可能な投資や社会的責任投資、グリーン投資（環境問題に配慮した経済活動への投資）にも力を入れており、2030年までの6年間に1,000億ドル（約16兆円）の資金を気候変動対策に投じる方針を示しています。

カルパースの資産構成割合（2022年度）

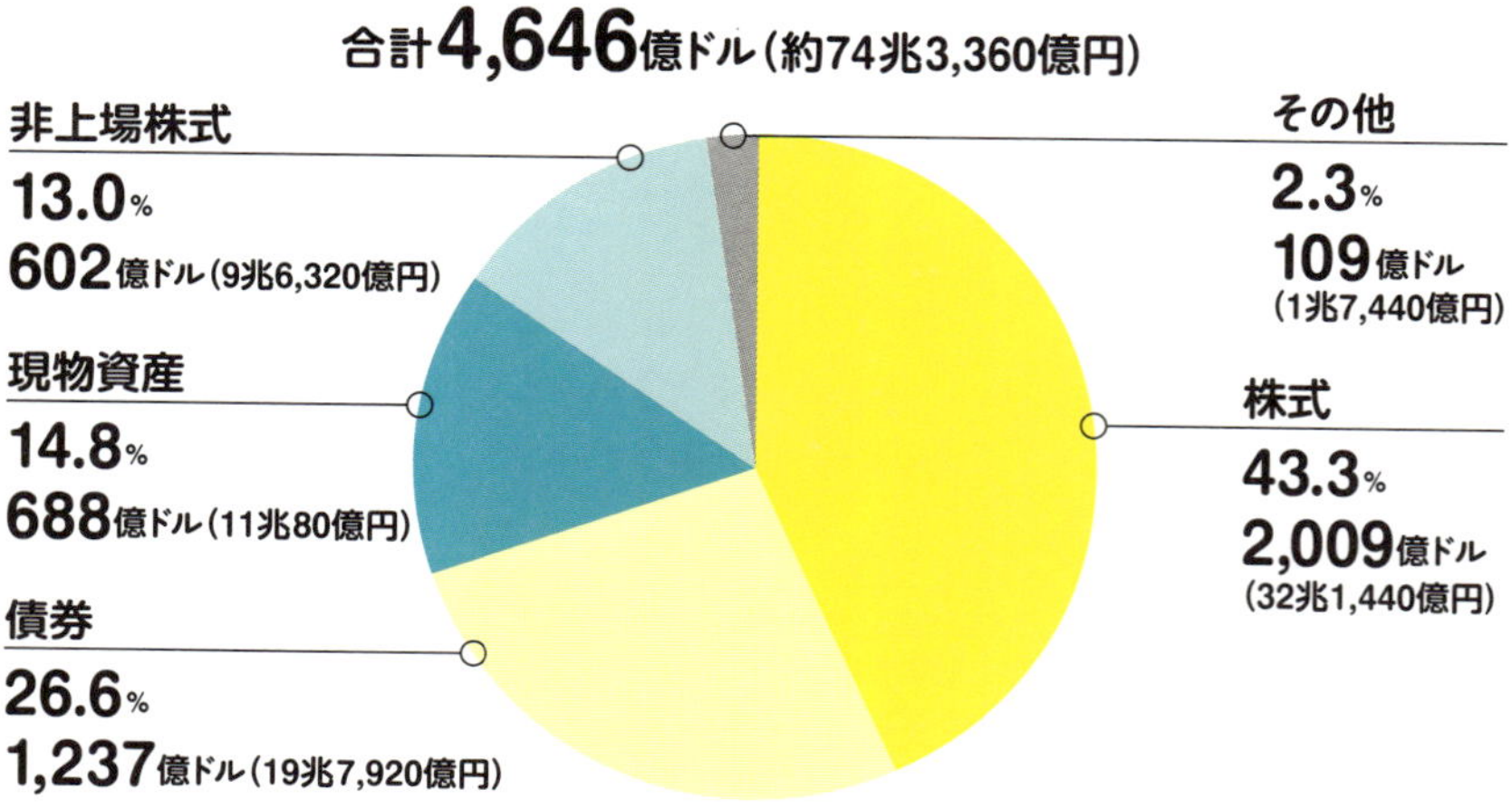

合計4,646億ドル（約74兆3,360億円）
非上場株式
13.0%
602億ドル（9兆6,320億円）
現物資産
14.8%
688億ドル（11兆80億円）
債券
26.6%
1,237億ドル（19兆7,920億円）
その他
2.3%
109億ドル
（1兆7,440億円）
株式
43.3%
2,009億ドル
（32兆1,440億円）

1ドル＝160円　出所：California Public Employees' Retirement System (CalPERS)

CHAPTER 4

分散投資を上手に活用してリスクを抑えよう！

投資でリスクを避けることが難しいなかで、リスクを最小限に抑えつつ、
安定したリターンを目指すために有効なのが分散投資です。
この章では、分散投資の基本原則とその効果的な活用方法について詳しく解説します。

1 分散投資を理解する

有名な投資格言「卵はひとつのかごに盛るな」

安全性を求めるなら分散投資は必須

「卵はひとつのかごに盛るな」という有名な投資格言があります。ひとつのかごに卵をすべて入れておくと、かごを落とすとすべて割れてしまうため、いくつかのかごに分けたほうがいい——つまり、**投資をする際には資金を分散すれば、万が一のときに全財産を失わないことの重要性を伝えています。**

株式投資の場合、特定の銘柄に全財産をつぎ込めば、株価が上昇すれば大きな利益につながります。しかし、万が一、投資した会社が倒産するなど最悪の事態が起こったときには、無一文になってしまう可能性もあるのです。

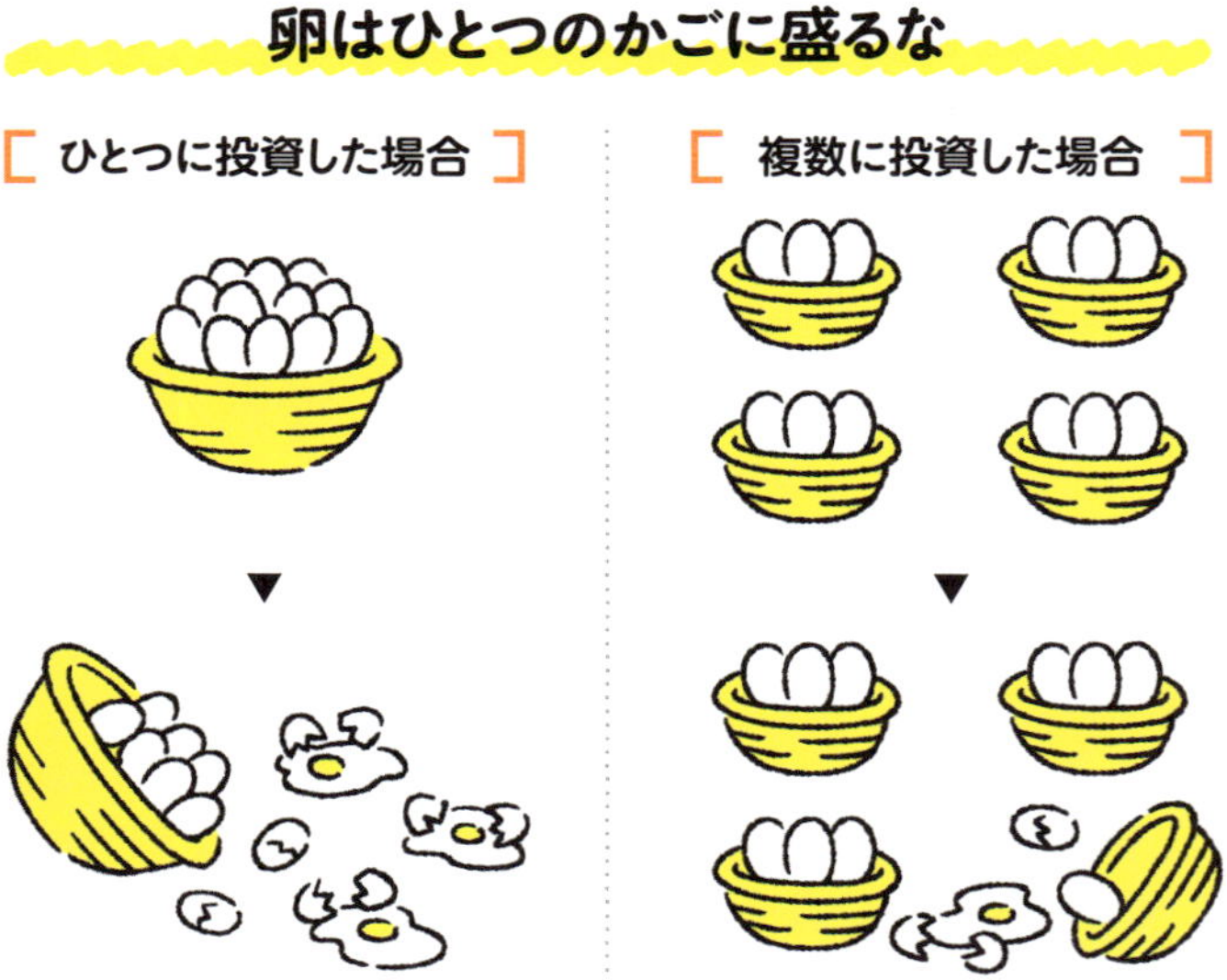
卵はひとつのかごに盛るな
ひとつに投資した場合
複数に投資した場合

いちいち分けるのは面倒くさいね。
いやいや、最悪の事態を考えないとダメだよ。

東京電力株は安定株の象徴だったが……

東日本大震災のときには、超優良安定株として人気があった東京電力の株価が大暴落しました。「電力会社はつぶれない」と考える人は多く、財産の大半を東京電力株につぎ込み、その配当金を年金代わりにしていた人もたくさんいました。しかし、「まさか」の事態が起こってしまいました。以降、株価は低迷し、配当も出ていません。

これから投資を始める人は、全財産を失う可能性があるリスクの高い投資をするべきではないでしょう。

「もしうまくいけば……」と取らぬ狸の皮算用をするのではなく、**「もしうまくいかなかったら」と最悪の場合も想定するべきです。**投資は元手がなくなれば続けることができません。そうなれば再び投資をする気力もなくなるでしょう。そうならないためにも「卵はひとつのかごに盛るな」は基本です。

東京電力ホールディングスの株価チャート（2005年1月〜2024年6月）

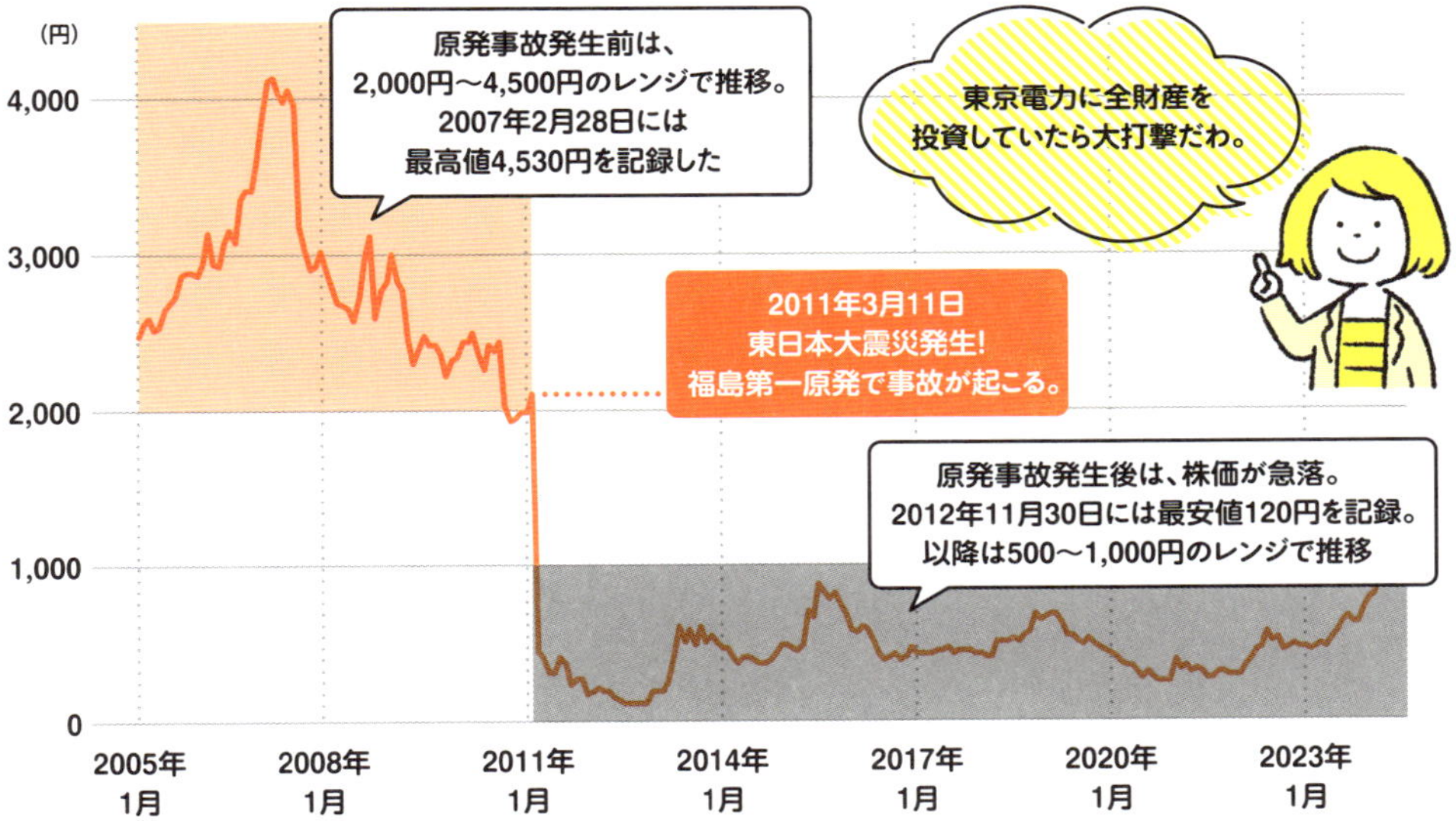
(円)
4,000
3,000
2,000
1,000
0
2005年1月
2008年1月
2011年1月
2014年1月
2017年1月
2020年1月
2023年1月
原発事故発生前は、2,000円〜4,500円のレンジで推移。2007年2月28日には最高値4,530円を記録した
東京電力に全財産を投資していたら大打撃だわ。
2011年3月11日 東日本大震災発生! 福島第一原発で事故が起こる。
原発事故発生後は、株価が急落。2012年11月30日には最安値120円を記録。以降は500〜1,000円のレンジで推移

株価の暴落だけでなく、安定した配当収入を目当てにしていた人もいましたが、事故以来、無配が続いています。

2 分散投資を理解する

分散投資のメリット・デメリット

安定的なリターン、リスク軽減がメリット

分散投資は、リスクを軽減しながらリターンを最適化するための有力な手法です。

異なる複数の資産に投資することで、ひとつの資産の価値が下がっても、他の資産のパフォーマンスがそれを補完するため、全体のリスクが軽減され、安定的なリターンが期待できるのが最大のメリットです。

大きなメリットはデメリットの裏返し!?

しかし、リスクを抑制する大きなメリットは、デメリットの裏返しという

分散投資のメリット・デメリット

デメリット	メリット
リターンの抑制	リスクの軽減
管理の複雑化	安定したリターンの期待
取引手数料・管理費用の増加	異なる資産間の補完効果
過度な分散による効果の薄れ	市場の変動に対する耐性向上
特定の高成長資産を逃す可能性	長期的な資産成長の可能性

リスクとリターンは裏返しの関係にあるということですね。
ゲームオーバーといった最悪の事態にならないように投資先を分散することが大切ですね。

側面もあります。

リスクを抑えるという最大のメリットは、一方でリターンも抑制することを意味します。98ページでも触れますが、過度に分散しすぎるとリターンが平均化されてしまい、ポートフォリオ全体のパフォーマンスが下がって、期待したリターンを得られなくなる可能性があるので注意が必要です。

また、分散投資をすれば複数の資産を管理する必要があるため、投資の管理が複雑になり、手間がかかる場合があります。

さらに投資先が多岐にわたると、取引手数料や管理費用が増加することがあるので、コストについても注意を払う必要があります。

分散投資は、リスクを管理しながら安定したリターンを狙うための有効な手段です。しかし、**むやみやたらに分散すればいいわけではありません。その実施には戦略的なアプローチと適切なバランスが求められます。**

適度な分散と過度な分散の例

過度な分散投資の例

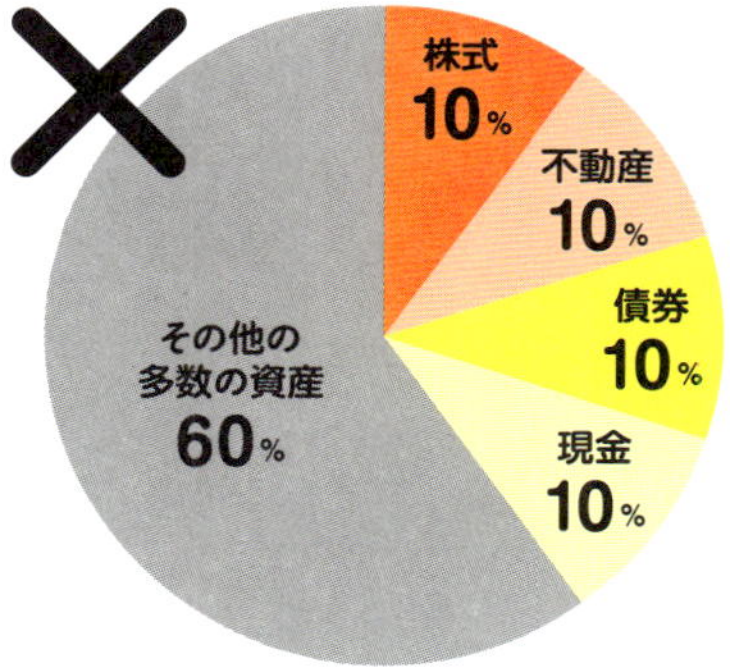
株式
10%
不動産
10%
債券
10%
現金
10%
その他の
多数の資産
60%

あまりにも多くの資産に分散しすぎると、管理が複雑になる。リターンも分散してしまうため、期待したリターンを得づらくなる。

適度な分散投資の例

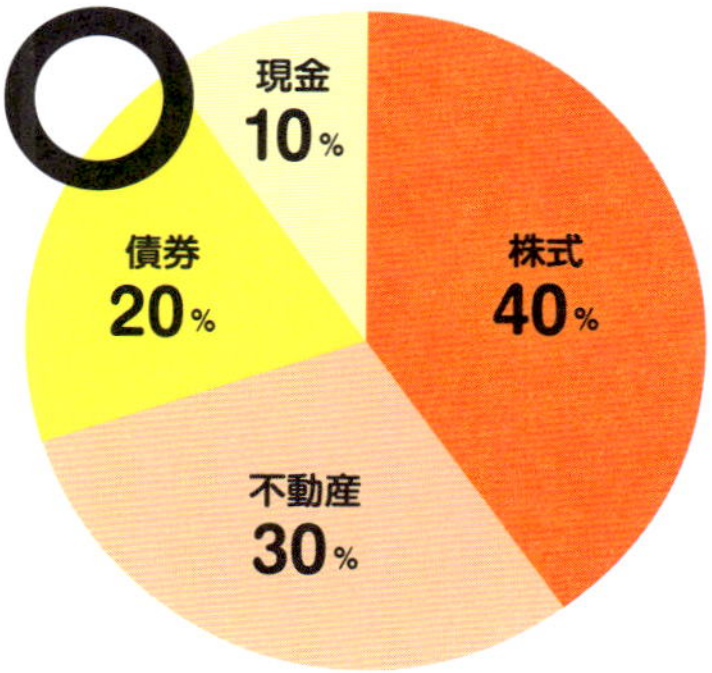
現金
10%
株式
40%
債券
20%
不動産
30%

株式のリターンが高く、不動産と債券がリスクを抑える役割を果たすので、市場の変動に対する耐性を高めている。

ONE POINT ADVICE

“書類入れ”を意味する「ポートフォリオ」

投資家が保有する複数の資産や金融商品の組み合わせを「ポートフォリオ」といいます。その目的は、リスク分散を図り、投資リターンを最適化することです。たとえば、株式、債券、不動産などを組み合わせることで、ひとつの資産が値下がりしても、ほかの資産の値上がりで損失を補えます。

投資家は、どのくらいのリスクを受け入れられるか、どのくらいの期間で投資を行うか、どのくらいの利益を目指すかなどに基づいて、ポートフォリオを考えます。

3 分散投資を理解する

分散投資といってもさまざまな方法がある

分散投資には4つの方法がある

集中投資をすると、暴落時に大きな損失を被るリスクがあります。一方で、「卵を複数のかごに盛る」と表現される分散投資は、ひとつの資産が暴落しても、他の異なる値動きをする資産がリスクを軽減してくれる効果があるため、**最悪の事態を避け、緩やかで安定した資産形成が期待できます。**

分散投資には「資産分散」「時間分散」「銘柄分散」「地域分散」の4つの方法があります。これらの分散方法を組み合わせることで、リスクをコントロールしながら投資を続けることができます。

分散投資でリスクを抑える

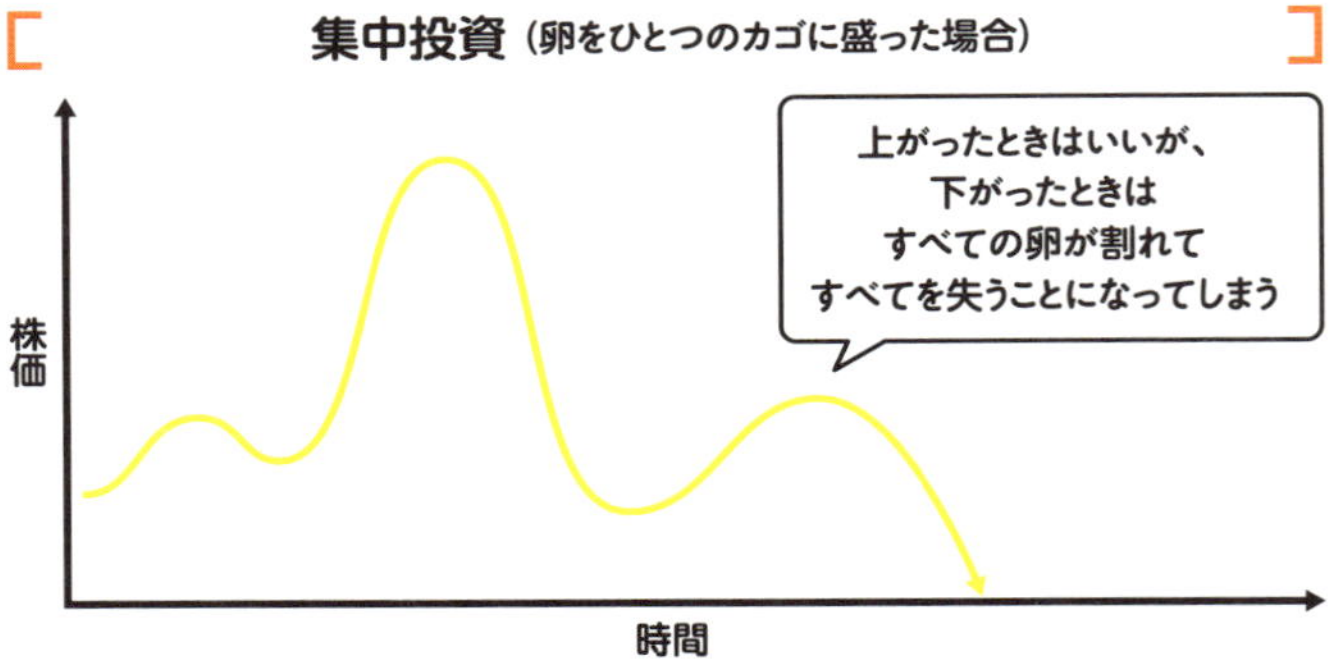
集中投資（卵をひとつのカゴに盛った場合）
上がったときはいいが、
下がったときは
すべての卵が割れて
すべてを失うことになってしまう
株価
時間

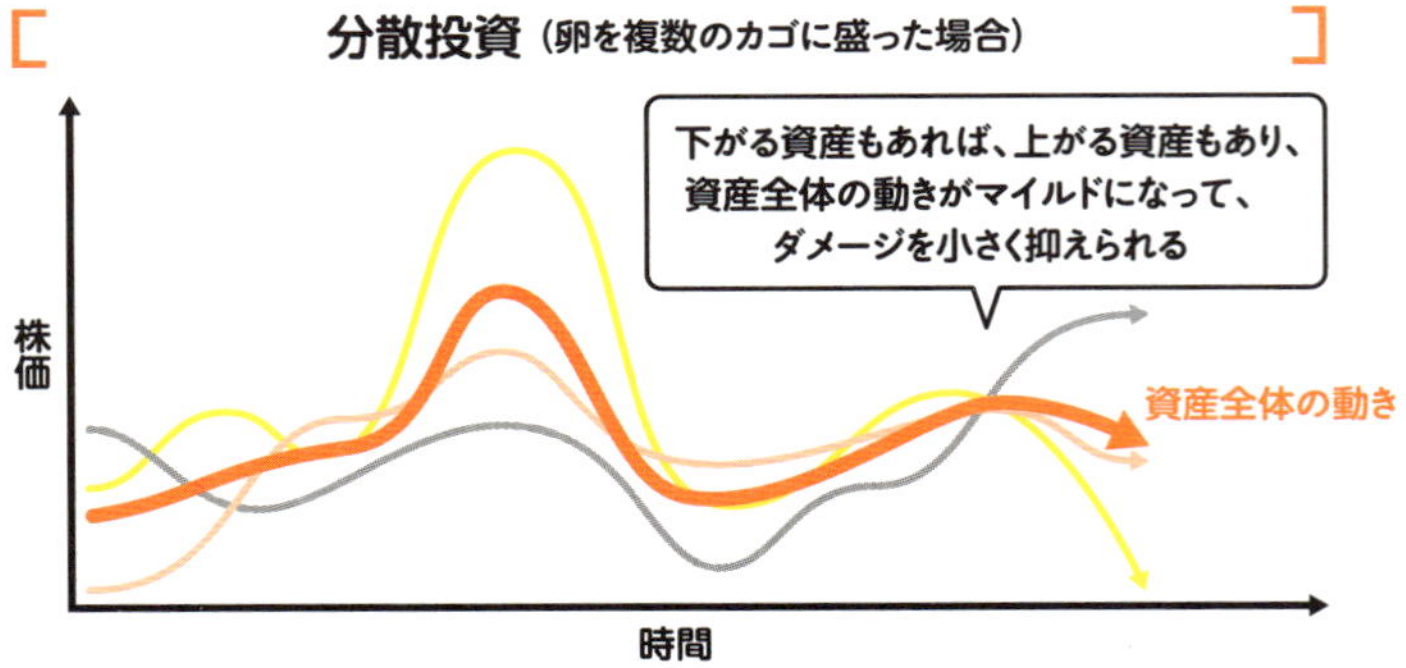
分散投資（卵を複数のカゴに盛った場合）
下がる資産もあれば、上がる資産もあり、
資産全体の動きがマイルドになって、
ダメージを小さく抑えられる
株価
資産全体の動き
時間

分散投資にはさまざまな方法がある

銘柄分散(88ページ)

同じ業界の銘柄に分散投資すると業界全体が不調になると総崩れになるかもしれない。それを避けるため、自動車会社と製薬会社といったように異なる特徴をもつ企業や投資対象に投資する。

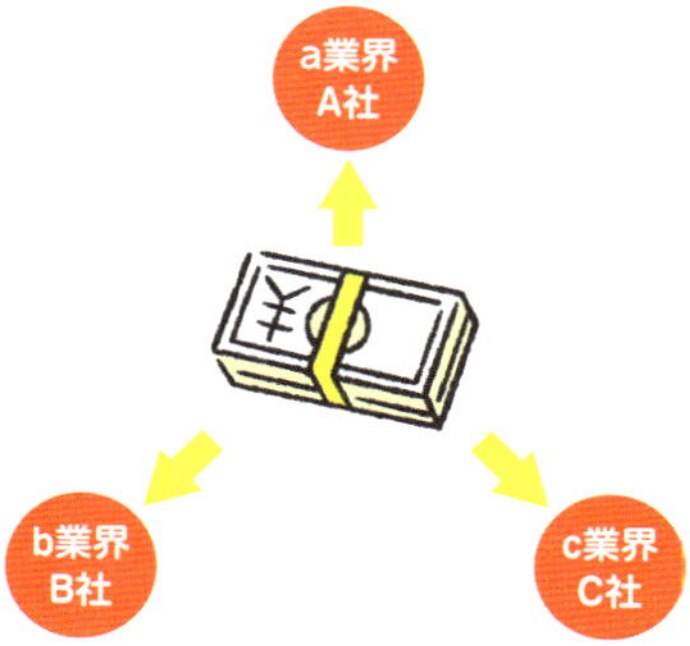

資産分散(84ページ)

株式、債券、不動産、金（ゴールド）など、異なる値動きをする資産に分散投資することでリスクを抑える。たとえば、不動産会社の株と不動産に分散投資をしてもあまり分散効果は期待できない。

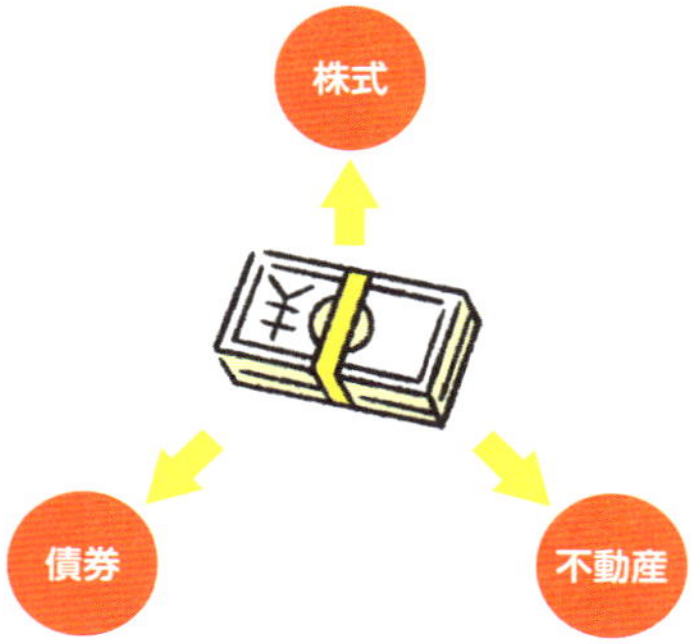

地域分散(90ページ)

日本だけでなく、欧米やアジアなどの外国を対象に分散投資をする。そうすることで、ある国が不調でも好調な国があれば、不調な国のマイナスを打ち消す効果が期待できる。

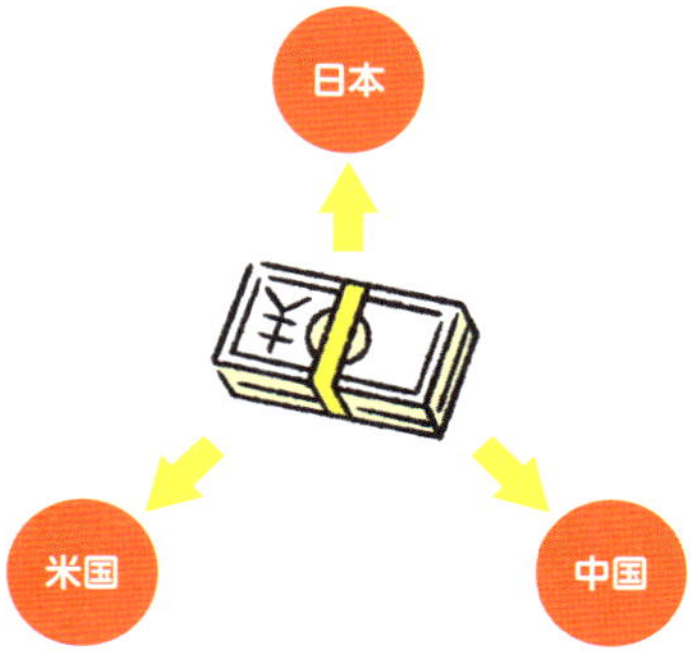

時間分散(86ページ)

将来どんな値動きをするかわからない。安いと思って買ってもその後下落が続くこともあるので、一度に投資をするのではなく、時間をずらして投資を行うことで大きな損失を避けられる。

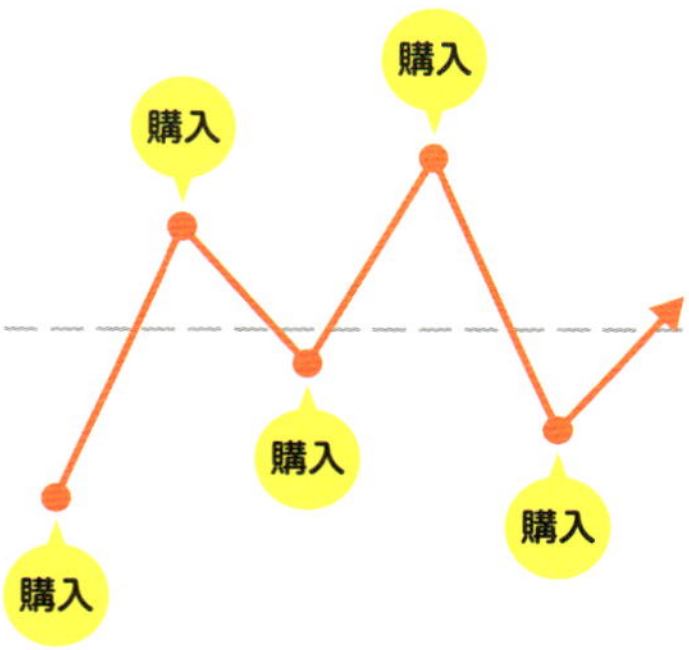

特性が異なる複数の資産を組み合わせる「資産分散」

異なる動きをする資産を組み合わせる

たとえば、株式市場が下落した場合、株式に全額を投資していると大きな損失を被る可能性があります。しかし、株式だけでなく債券や不動産、金など異なる特性を持つ資産にも投資していると、一部の資産の損失を他の資産の利益で補うことができます。こうして全体のリスクを抑える効果を狙ったのが「資産分散」です。

各資産の特性も理解しながら、多様な資産への分散投資を考えることが大切です。その際にヒントになるのが、相関係数を使って相関性を確認することです。**分散したつもりでも正の相関**

相関関係の低い資産の組み合わせの例

相関性が低い資産の組み合わせは、リスク分散と安定したリターンを目指すために重要です。以下に、一般的に相関性が低いとされる資産の組み合わせをいくつか紹介します。

［金(ゴールド)×株式］

金はインフレや市場不安時に価値が上がることが多く、株式市場が不安定なときに避難先として選ばれることがある。

［株式×債券］

株式と債券は一般的に逆相関関係にある。株式市場が下落する際、投資家は安全資産とされる債券に資金を移動するため、債券価格が上昇する傾向がある。

［外国通貨×国内株式］

株式市場が下落すると、安全な通貨に避難する投資家が増える。とくに米ドルは「有事のドル買い」が進み、価値が上がることがある。

［不動産×株式］

一般的には中程度の相関関係があるが、株式市場が極端に不安定な時期には、まれに不動産が避難先になって逆相関になることもある。

性が高いと、思ったような分散効果が得られません。

なお、そのときどきの投資環境によって各資産の相関性は変動するため、日ごろから経済ニュースなどにアンテナを張っておくことが必要です。

目標や目的に応じて資産を選ぶ

とはいえ、必ず資産分散をすればいいわけではありません。自分の投資目標やリスク許容度を明確にして、自分に合った資産分散を心がけましょう。

すでに目標の資産額に到達しているなら、リスクのある株式に投資をする必要はないかもしれませんし、目標の資産額の達成が厳しいときは、リスクを覚悟で大きなリターンが期待できる資産への投資が必要かもしれません。

また、自分がどれだけのリスクを許容できるかを考え、リスクの高い資産と低い資産のバランスをとることも大切です。

おもな資産の相関性（2023年9月末時点）

資産どうしの値動きの連動性を示す指標が「相関係数」です。相関係数は＋1～－1の範囲で表されます。相関係数がプラス1に近づくほど連動性が強く、資産価格が同じ方向に動きます。一方、マイナス1に近づくほど、逆の方向に動きます。－1はまったく逆の動きをすることを意味します。

相関関係の見方

－1 ←――――――――――→ ＋1

強い負の相関（真逆の動きをする）　　相関がない　　強い正の相関（同じ動きをする）

相関係数	国内債券	外国債券	国内株式	外国株式
国内債券	1.000			
外国債券	0.290	1.000		
国内株式	－0.158	0.060	1.000	
外国株式	0.105	0.585	0.643	1.000

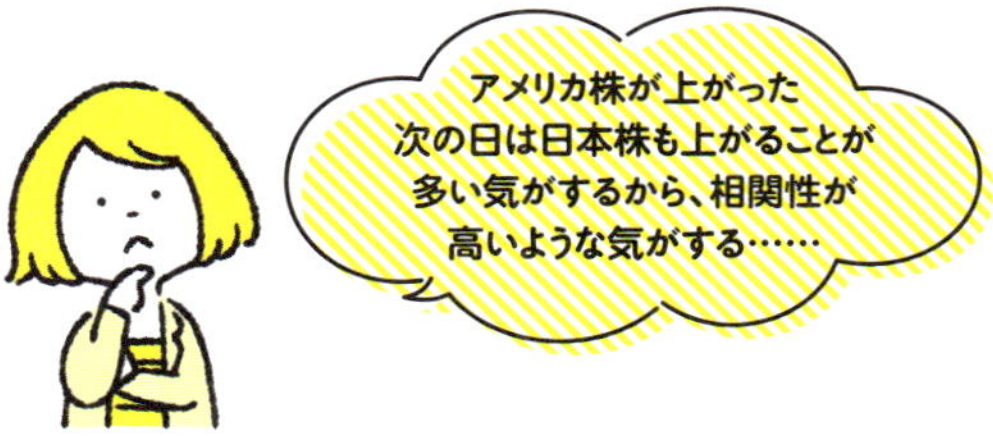
アメリカ株が上がった
次の日は日本株も上がることが
多い気がするから、相関性が
高いような気がする……

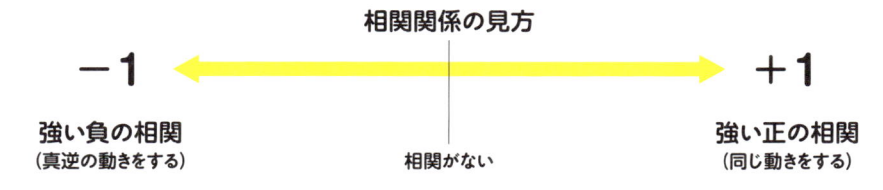

5 分散投資の方法を知る

「時間分散」をするドルコスト平均法の効果

一度に大金を投じるのはリスクが高い

「どのタイミングで買うか」で悩み、**自信満々に「今が安い」と思って株を買ったとしても、未来の株価がどうなるかはわかりません。**買った直後に下落することがあるのが投資です。そんな不安を抑えつつ、着実に資産を積み上げるのに有効なのが、タイミングをずらして投資する「時間分散」です。

もし一度に大金を投資して現在値から下がり続ければ、目も当てられない大損失を被り、最悪の場合、再起不能になるかもしれません。投資をやめざるを得ない最悪の事態を、投資初心者はなんとしてでも避けるべきです。

時間分散しないと大惨事になるかも！

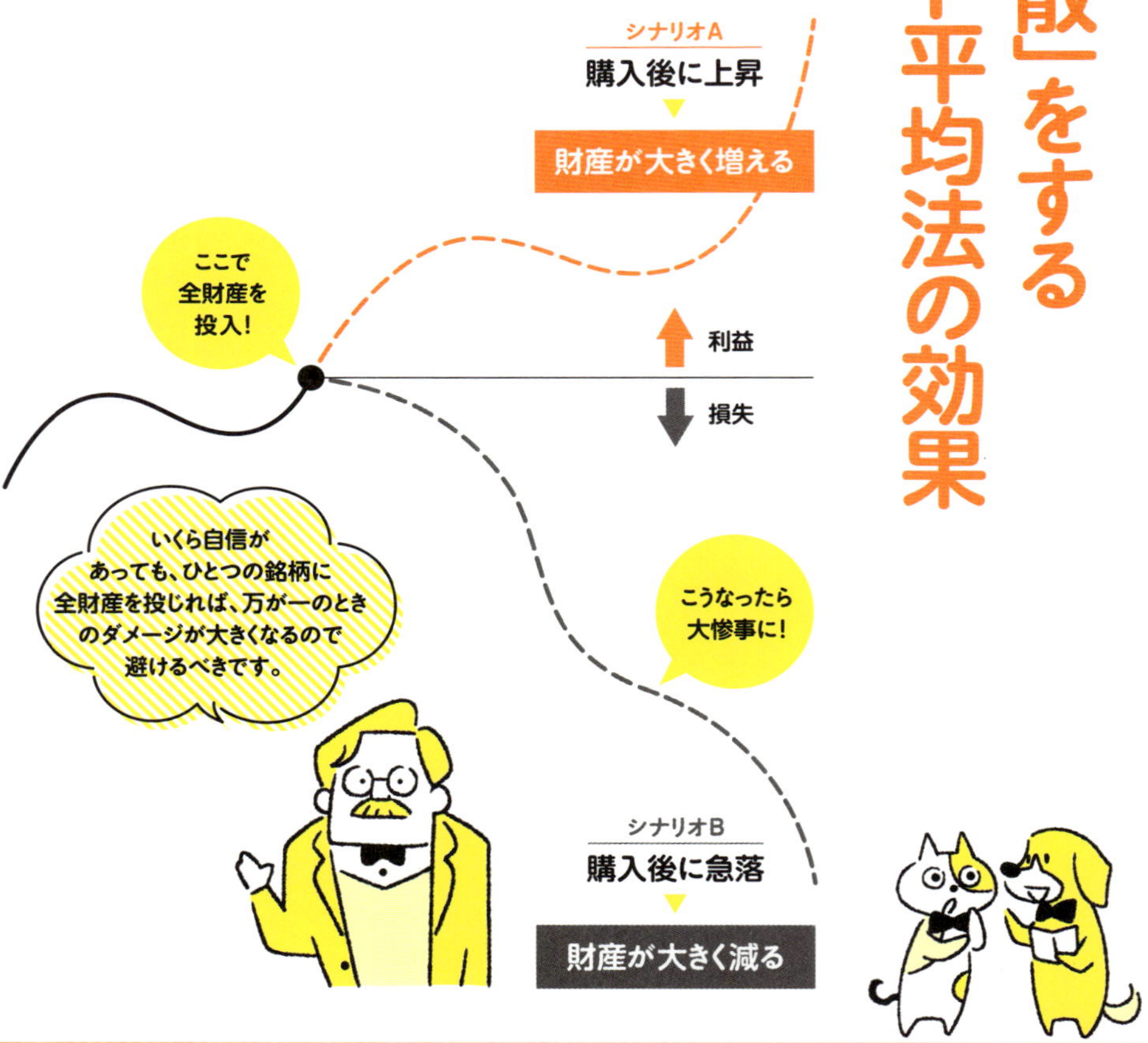

シナリオA
購入後に上昇
財産が大きく増える
ここで全財産を投入！
利益
損失
いくら自信があっても、ひとつの銘柄に全財産を投じれば、万が一のときのダメージが大きくなるので避けるべきです。
こうなったら大惨事に！
シナリオB
購入後に急落
財産が大きく減る

時間分散を実現する「ドルコスト平均法」

一度に買わずに適度に時間をずらして小分けに買うだけでも時間分散によるリスク分散の効果は期待できますが、「いつ買うか」「どれだけ買うか」いちいち考えなければならないので、実際にやろうとすると思ったほど簡単ではありません。

そんなときに便利なのが、時間分散の代表的な手法として知られる**「ドルコスト平均法」**です。「毎月1回、1万円ずつ」といったルールを決め、それに従って投資していきます。

この方法は、価格が低いときには多く、価格が高いときには少なく買うことになるため、平均購入単価を抑える効果が期待できるのがメリットです。

とくにこの方法は**投資初心者にオススメです。感情のブレに左右されずに淡々と投資しやすくなるので着実に資産を形成できるからです。**

ドルコスト平均法のしくみ

ドルコスト平均法は、定期的に定額で積み立てることで、買付単価を引き下げる効果のある投資手法です。

毎月積み立てた場合

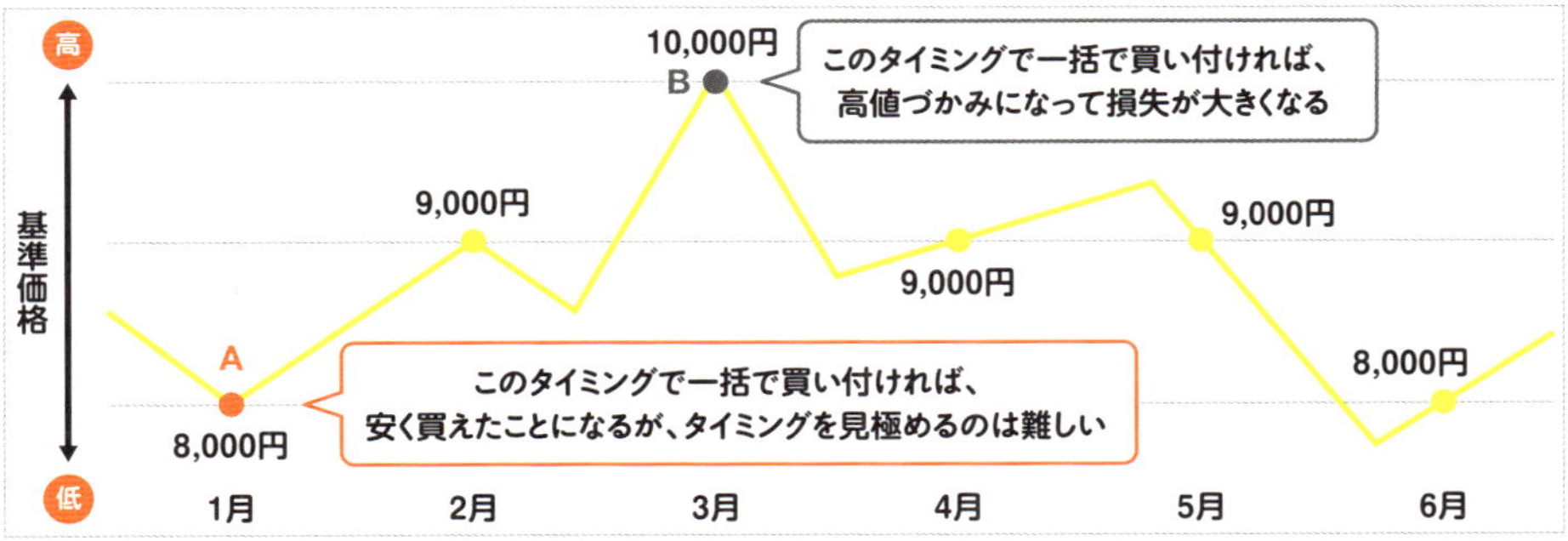

6万円分を一括で購入した場合

Aで6万円分を買い付け＝7万5,000口 ▶ 1万口あたりの買付単価＝8,000円

Bで6万円分を買い付け＝6万口 ▶ 1万口あたりの買付単価＝1万円

1カ月1万円ずつ6カ月積み立てた場合（ドルコスト平均法）

	1月	2月	3月	4月	5月	6月	合計
買付金額	10,000円	10,000円	10,000円	10,000円	10,000円	10,000円	60,000円
買付口数	12,500口	11,111口	10,000口	11,111口	11,111口	12,500口	68,333口

1万口あたりの買付単価＝8,780円

分散投資の方法を知る

6 動きの異なる銘柄を組み合わせる「銘柄分散」

異なる動きをする業種や企業規模を組み合わせる

「銘柄分散」は、異なる動きをする複数の銘柄を組み合わせることで、リスクを分散させる投資戦略です。

銘柄分散を行うことで、特定の銘柄が値下がりした場合でも、他の銘柄が値上がりすることで損失を相殺し、全体のポートフォリオの安定性を高めることができます。

いくつかの考え方があるので説明していきます。

①業種の分散

異なる業種の銘柄を組み合わせることで、特定の業界に依存しないポートフォリオを構築します。たとえば、I

効果的な業種分散の組み合わせの例

例）ソフトウェア開発会社×飲料メーカー
理由：IT業界は技術革新に依存し、飲料業界は日常の消費に依存する。

例）家電メーカー×通信会社
理由：消費財は景気変動に影響され、通信は安定した需要がある。

例）鉄道会社×映画制作会社
理由：鉄道業界は安定した需要があり、映画業界は流行に左右される。

例）建設機械メーカー×スーパーマーケット
理由：建機業界に比べ、必需品を扱うスーパー業界は景気の影響が小さい。

例）食品メーカー×航空会社
理由：食品業界は日常的な消費に、航空業界は景気や旅行需要に依存する。

これらの組み合わせは、
異なる経済要因に影響されるため、
全体のリスクを効果的に分散させる
ことができます。

T企業と食品企業といったように関連性のない業界の銘柄を組み合わせることで、一方の業界が不調でも他方が好調であれば全体のリスクが軽減されるようにします。このとき、旅行業界と航空業界といったような**関連性が高い業界で分散しても、同じような値動きをするので分散効果を得られません。**

②企業規模の分散

大企業とまだ規模の小さいベンチャー企業など中小企業の銘柄を組み合わせることで、企業規模によるリスクを分散させます。

大企業は安定性が高い反面、成長率が低い場合が多いといえます。一方ベンチャー企業は高い成長率が期待できる反面、経営が不安定でリスクも高い場合が少なくありません。

どんな銘柄を分散投資すればいいか迷ったときは、この2つの視点からリスクとリターンのバランスを考えながら検討するといいでしょう。

TOPIXと業種別指数の騰落率(2024年6月14日)

2024年6月14日時点で、TOPIXと東証株価指数33業種が3カ月前と1年前に比べて、どれだけ値動きしたかを表したのが下表です。業種によって異なる動きをしていることがわかります。

業種	3カ月前比(%)	前年比(%)
TOPIX	1.76	21.56
水産・農林業	-3.56	11.64
鉱業	10.38	47.80
建設業	-0.08	22.74
食料品	3.72	11.11
繊維製品	2.28	3.13
パルプ・紙	-11.62	7.88
化学	1.66	14.40
医薬品	-2.42	-4.16
石油・石炭製品	18.64	75.41
ゴム製品	3.12	14.16
ガラス・土石製品	0.68	22.81
鉄鋼	-6.54	21.95
非鉄金属	19.28	38.05
金属製品	1.10	22.17
機械	7.02	26.52
電気機器	3.43	17.91

業種	3カ月前比(%)	前年比(%)
輸送用機器	-8.03	31.03
精密機器	-1.02	10.07
その他製品	7.36	29.28
電気・ガス業	17.80	40.20
陸運業	-11.90	-9.12
海運業	4.81	59.24
空運業	-8.99	-8.7
倉庫・運輸関連業	8.56	22.62
情報・通信業	-4.64	7.43
卸売業	8.44	34.25
小売業	-3.66	12.21
銀行業	5.70	56.23
証券、商品先物取引業	4.01	64.3
保険業	14.93	59.96
その他金融業	0.32	33.71
不動産業	3.99	28.39
サービス業	1.21	13.11

国・地域を分散して投資をする「地域分散」

高成長が期待できる国・地域にも投資する

特定の国や地域に偏らず、複数の国や地域に資産を分散させると、ひとつの国・地域で発生するリスクを他の国・地域で補うことが期待できます。

たとえば、2000年以降の日米の代表的な株価指数の推移を見ると、米国株に投資していれば、日本株では実現できないリターンを得ることができました。ただし、日米経済は密接に関連しており、株価の連動性が高い期間もあるので、異なる動きを期待した分散効果が得られるとはかぎりません。

また、一般的に先進国ほど成長率は鈍化するので、成長が期待される地域

日米の株価指数の推移（2000年1月〜2024年6月）

2000年1月から2024年にかけて日経平均株価は約1.99倍でしたが、ダウ工業平均株価は約3.57倍、NASDAQは約4.49倍と大きく差がついています。

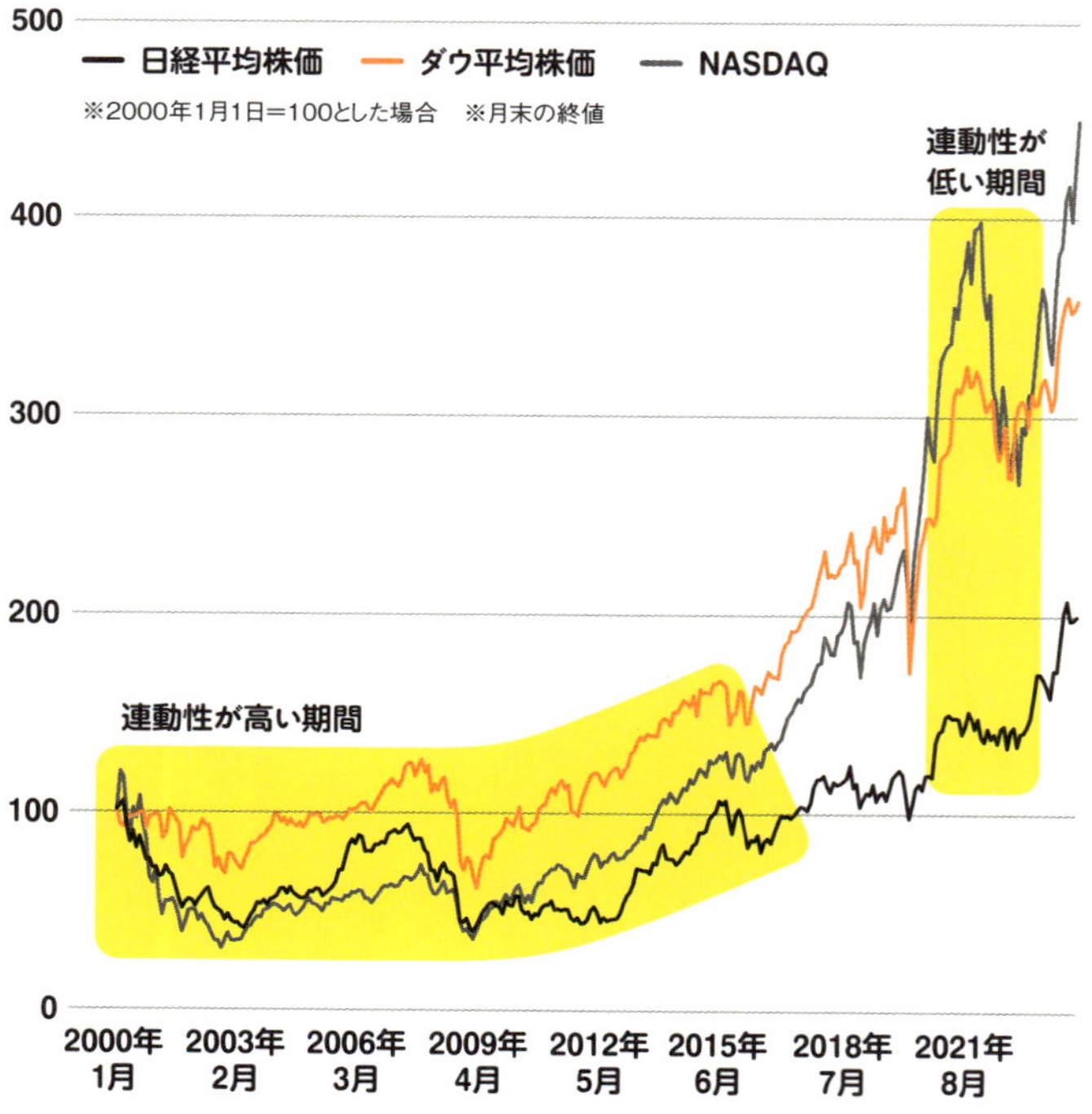
500
400
300
200
100
0
日経平均株価
ダウ平均株価
NASDAQ
※2000年1月1日＝100とした場合　※月末の終値
連動性が低い期間
連動性が高い期間
2000年1月
2003年2月
2006年3月
2009年4月
2012年5月
2015年6月
2018年7月
2021年8月

への投資機会を広げるのもひとつの手です。高い成長率が見込める新興国はリスクも大きいですが、長期的に高いリターンが期待できます。

地域分散ならではの注意すべき点もある

地域分散は、投資ポートフォリオのリスクを軽減するための有効な手段ですが、注意点もあります。

外国に投資する場合、それぞれの国・地域の企業や経済情勢について情報を収集し、分析するのが難しくなります。とくに新興国は情報収集が難しいため、個別株ではなく、プロが運用してくれる国際分散投資を行う投資信託を購入するのが無難でしょう。

また、**為替リスクを考慮しなければいけない点にも留意する必要があります。**外国の通貨が日本円に対して円高・円安になった場合の資産に与える影響を理解しておくことが重要です。

世界各国の経済成長率（2024年4月）

経済成長率が高い国・地域のほうが株価上昇が期待できます。とはいえ、むやみに見知らぬ国・地域に投資をするのはリスクが高いので、情報を入手しやすい国を選びましょう。

	2023年	2024年（予測）	2025年（予測）
世界GDP	3.2%	3.2%	3.2%
先進国・地域	1.6%	1.7%	1.8%
アメリカ	2.5%	2.7%	1.9%
ドイツ	−0.3%	0.2%	1.3%
フランス	0.9%	0.7%	1.4%
日本	1.9%	0.9%	1.0%
イギリス	0.1%	0.5%	1.5%
新興市場国と発展途上国	4.3%	4.2%	4.2%
中国	5.2%	4.6%	4.1%
インド	7.8%	6.8%	6.5%
ブラジル	2.9%	2.2%	2.1%
メキシコ	3.2%	2.4%	1.4%
南アフリカ	0.6%	0.9%	1.2%

（実質GDP、年間の変化率）
出所：IMF「世界経済見通し（WEO）2024年4月」

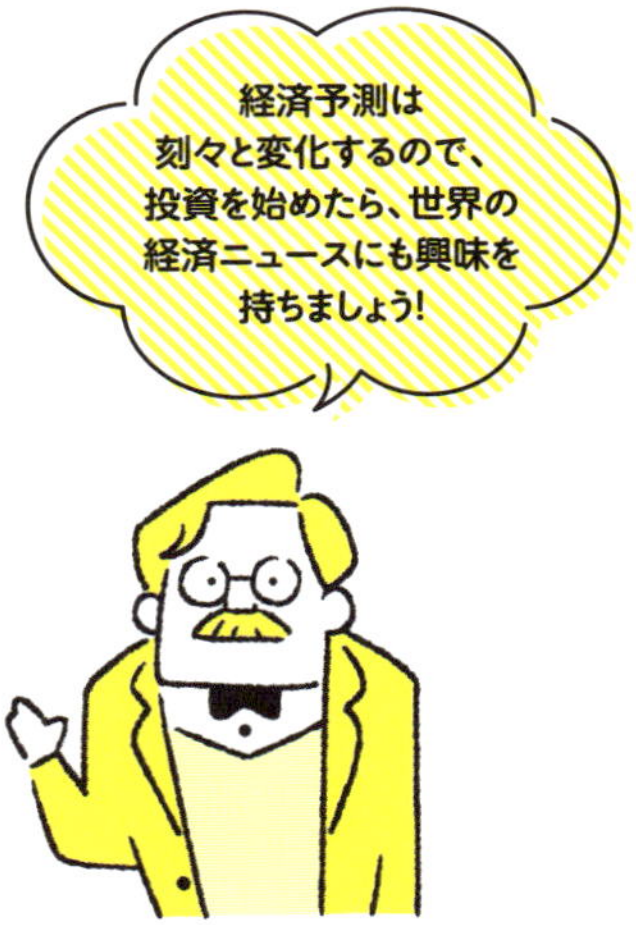
経済予測は
刻々と変化するので、
投資を始めたら、世界の
経済ニュースにも興味を
持ちましょう!

8 効果的に分散する

分散投資するなら「積立投資」がオススメ

積立投資なら負担なく始められる

分散投資を考える際に、一定額を定期的に投資する「積立投資」は、リスクを軽減しながら資産を増やすためにとても有効な手段です。積立投資のメリットは以下のように5つあります。

①時間分散によるリスク軽減

最大の利点は、時間をかけて少しずつ投資を行うことで、市場の変動リスクを抑えられることです。株価は短期間に大きく変動することはありますが、定期的に一定額を投資することで、平均取得単価を平準化できます。これにより、高値づかみのリスクを減らせます。

積立投資の始め方と続け方

資産を長期的に増やすための効果的な手段として注目される「積立投資」の始め方と、長く続けるためにやるべきことを見ていきましょう。

❶初期設定

開始時期の決定：積立投資を開始する時期を決める。
投資額の設定：毎月の投資額を決める。

❷定期的な投資

自動積立の設定：証券会社や金融機関の自動積立サービスを利用して、定期的に一定額を自動的に投資する。
毎月の投資：決めた額を毎月、決まった日に投資する。

❸投資状況の確認

定期的な確認：定期的に投資状況を確認する。例えば、半年ごとに投資結果をチェック。
リバランスの検討：必要に応じてポートフォリオのリバランス（資産の再配分）を行う。

❹継続的な学習

投資知識の習得：投資に関する知識を継続的に学習し、自分の投資判断力を高める。
市場の動向の把握：市場の動向や経済ニュースを定期的にチェックし、情報をアップデートする。

❺習慣化

自動化による習慣化：自動積立により、投資が日常の一部となり、習慣化される。
長期視点の定着：定期的に投資を続けることで、短期的な変動に惑わされず、長期的な資産形成の視点が定着する。

❻長期的な資産形成

資産の増加：積立投資の継続により、資産が長期的に増加する。
目標達成：最終的に、設定した資産形成の目標に到達する。

②感情に左右されない投資

市場の変動に対して感情的に反応しがちですが、積立投資は自動的かつ定期的に投資を行うため、感情に左右されずに投資を続けることができます。

③少額から始められる

少額から始められるため、投資初心者や資金が限られている人でも、無理なく資産を増やすことができます。

④継続的な投資習慣の形成

定期的に投資を行うことで、投資習慣が自然と身につきます。これにより、長期的な視点で資産形成を考えることができますし、計画的な資産運用が可能になります。

⑤複利効果の恩恵

長く積立投資をすると、再投資の複利効果（24ページ）を最大限に活用できます。早く始めれば始めるほど、この効果は大きくなります。

金銭的にも精神的にも負担が少なく済む積立投資を活用して、安定した資産形成を目指すのはいい方法です。

積立投資と一括投資の未来の結果を見てみよう!

相場が順調に右肩上がりなら最初から高い複利効果を得られる一括投資が有利です。しかし、いつ大暴落がやってくるかはわかりません。積立投資、いつくるかわからない大暴落に備える意味でも効果を発揮します。

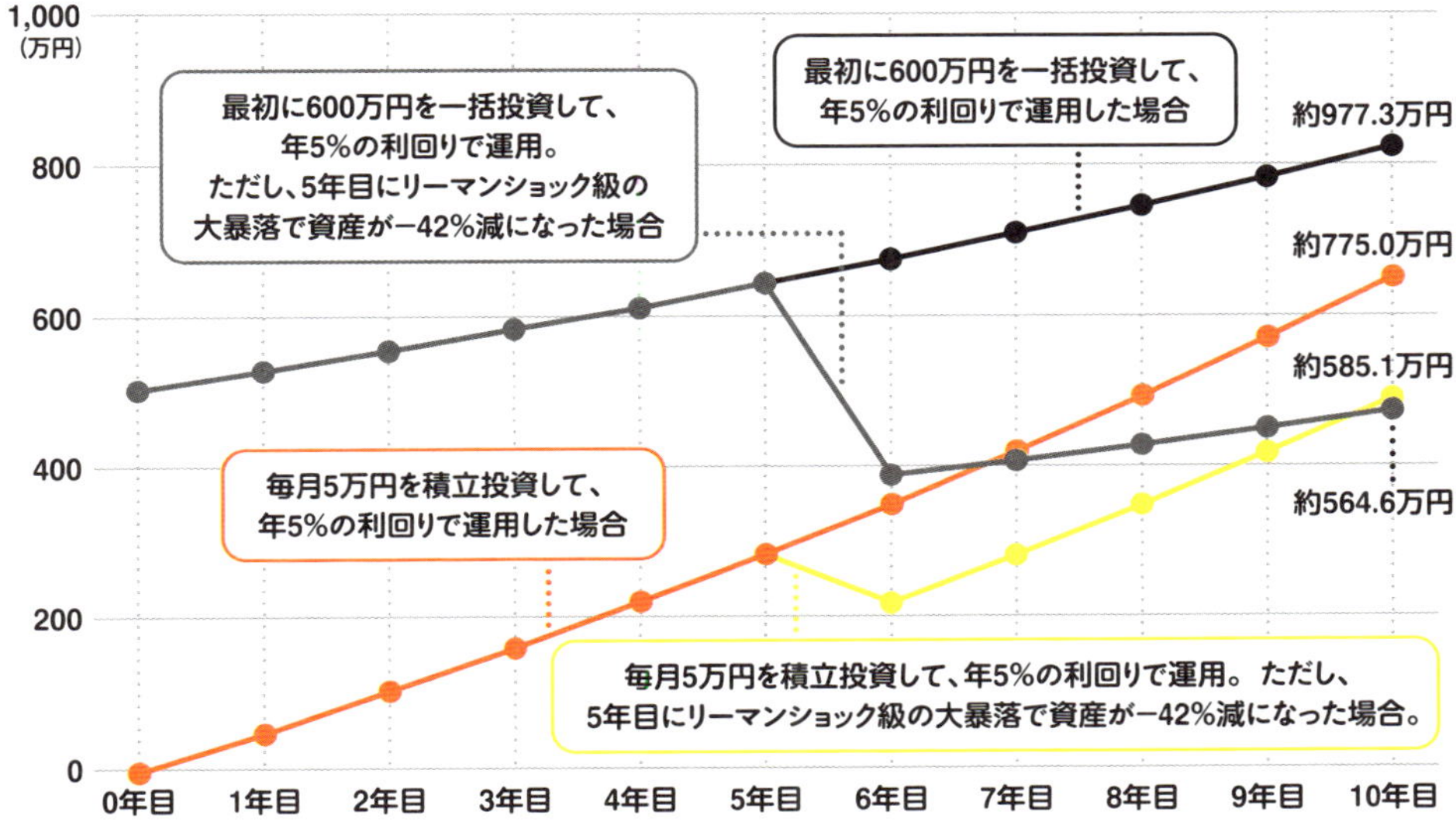

1,000（万円）
800
600
400
200
0
0年目
1年目
2年目
3年目
4年目
5年目
6年目
7年目
8年目
9年目
10年目
最初に600万円を一括投資して、年5%の利回りで運用。ただし、5年目にリーマンショック級の大暴落で資産が−42%減になった場合
最初に600万円を一括投資して、年5%の利回りで運用した場合
約977.3万円
約775.0万円
約585.1万円
約564.6万円
毎月5万円を積立投資して、年5%の利回りで運用した場合
毎月5万円を積立投資して、年5%の利回りで運用。ただし、5年目にリーマンショック級の大暴落で資産が−42%減になった場合。

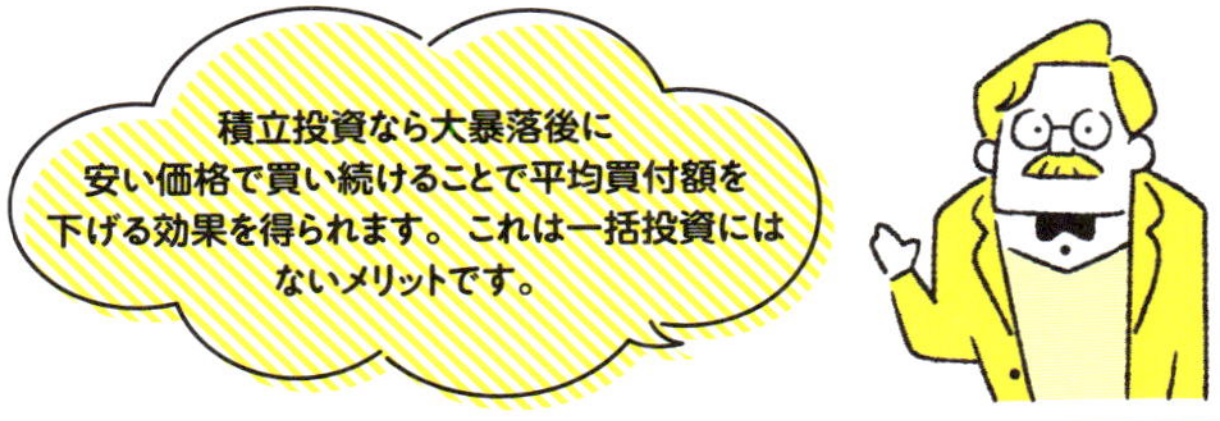

積立投資なら大暴落後に安い価格で買い続けることで平均買付額を下げる効果を得られます。これは一括投資にはないメリットです。

9 効果的に分散する

分散投資をしたらリバランスをすることも大事

分散投資後は定期的なリバランスが必要

分散投資は、投資リスクを軽減するための有効な手法ですが、分散投資をしただけで安心してはいけません。**長期投資を成功させるためには、定期的なリバランスにも気を遣う必要があります。**

リバランスとは、ポートフォリオ内の各資産の割合を再調整することです。市場の変動によって、最初に設定した資産配分が崩れることがあります。たとえば、株式の価格が上昇し、ポートフォリオ全体に占める株式の割合が高くなると、ポートフォリオ全体のリスクが高くなってしまいます。そ

リバランスとは?

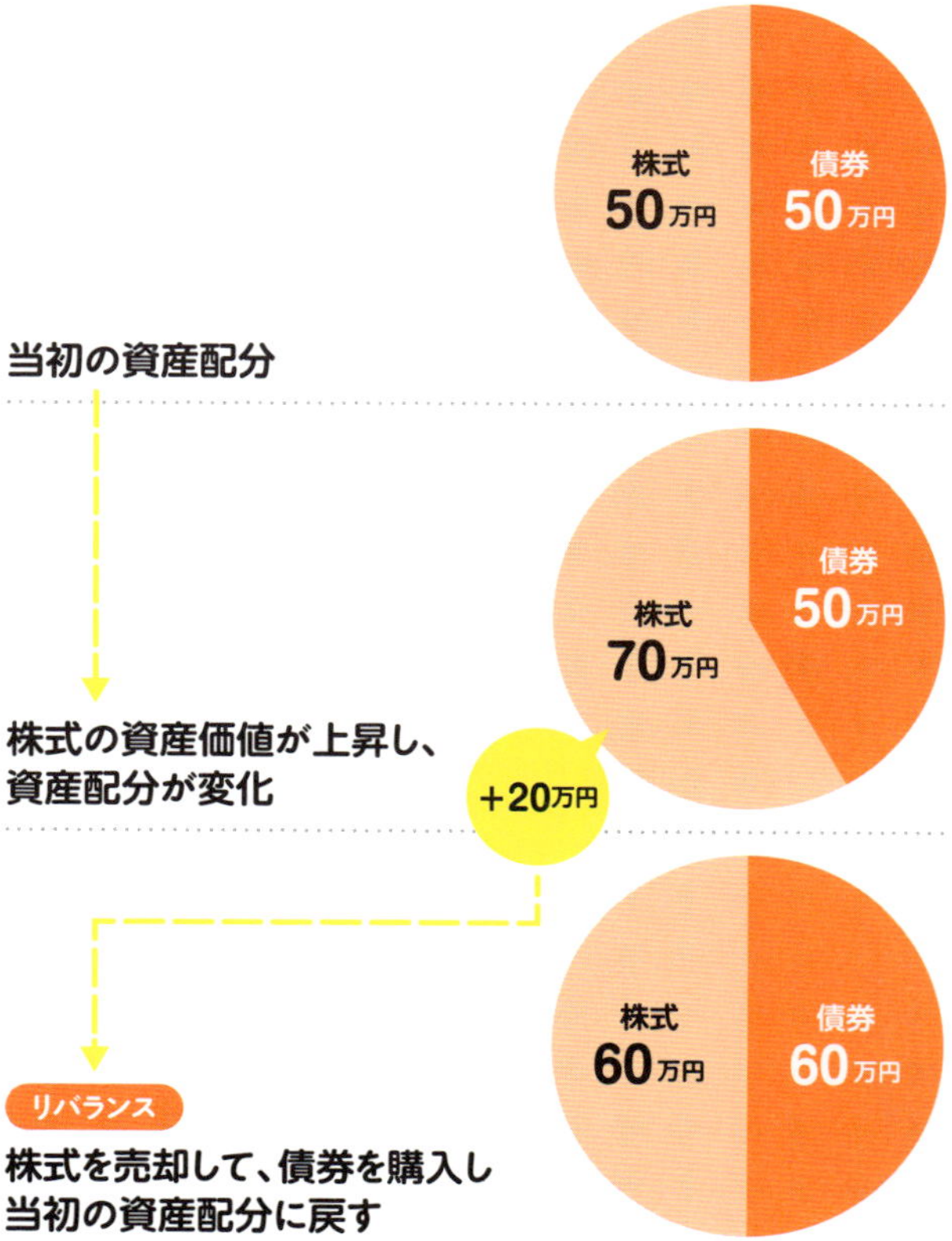
株式 50万円
債券 50万円
当初の資産配分
株式 70万円
債券 50万円
+20万円
株式の資産価値が上昇し、資産配分が変化
株式 60万円
債券 60万円
リバランス
株式を売却して、債券を購入し当初の資産配分に戻す

こで、元々の目標配分に戻すために一部の株式を売却し、他の資産に投資することでリスクとリターンのバランスを維持します。

リバランスする基準は2種類ある

資産の割合を厳密に維持する必要はありません。その方法にはおもに2つの方法があります。

ひとつは**「年1回」や「半年に1回」と決めて、定期的にリバランスを行う方法です。**もうひとつは、**各資産の配分比率が一定の閾値（たとえば、±5%）を超えた場合にリバランスする方法です。**

いずれにせよ、長期にわたって投資をする場合、分散投資を効果的に活用するためにはリバランスが不可欠です。人が健康のために定期的に検診を受けるように、ポートフォリオもメンテナンスする必要があることを忘れないようにしましょう。

リバランスすると、ボーナスがある!?

リバランスを定期的に行うことで得られる利益を「リバランスボーナス」といいます。
投資家はリバランスの重要性を理解し、計画的に実行することでポジティブな効果があるといわれています。

リバランスボーナスの効果

❶利益確定の効果

株式が高くなったときに売ることで、利益を確定させる。
そのお金で安くなった債券を買うことで、将来のリターンを増やす可能性がある。

❷リスク管理の効果

リバランスを行うことで、ポートフォリオのリスクが一定に保たれる。
株式の割合が高くなりすぎるとリスクも高まるが、
リバランスによってこれを抑えることができる。

リバランスって面倒そうだけど、
ちゃんとしたほうがよさそうね……

10 効果的に分散する

「長期投資」を続ければ果実は大きくなる可能性大

ダウ平均株価の歴史から学ぶ

1945年から2023年までのダウ平均株価の推移を見てみましょう。この期間には、さまざまな経済危機や市場の変動がありました。しかし、長期的には株価が大きく成長しています。たとえば、2008年9月に世界を揺るがす大暴落になったリーマンショックでさえ、その後の回復と成長を見ると、長期的な視点では一時的な下落程度に見えてきます。

ダウ平均株価は、1945年には約190ドルでしたが、2023年には3万9000ドルを超え、約200倍の成長を遂げています。これは経済全

長期的には右肩上がりが続くダウ平均株価

アメリカのダウ平均株価の超長期の推移を見ると、おおむね右肩上がりになっています。ただし、長期投資の果実を手に入れるためには、長期保有し続ける忍耐が必要です。

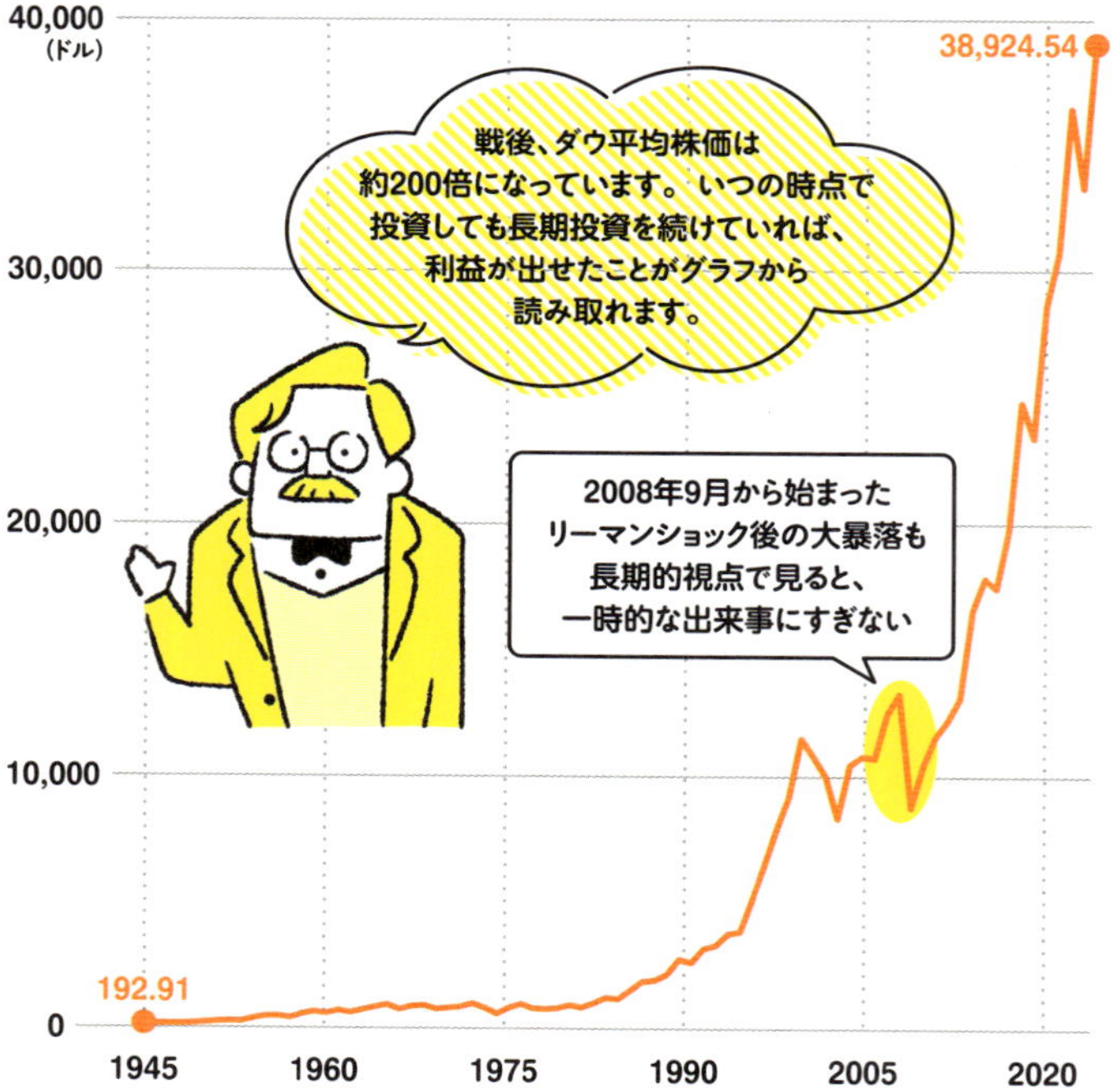
40,000
(ドル)
30,000
20,000
10,000
0
38,924.54
192.91
1945
1960
1975
1990
2005
2020
戦後、ダウ平均株価は約200倍になっています。いつの時点で投資しても長期投資を続けていれば、利益が出せたことがグラフから読み取れます。
2008年9月から始まったリーマンショック後の大暴落も長期的視点で見ると、一時的な出来事にすぎない

体の成長と企業の価値向上を反映しています。

時間を味方につけることで得られる、このような安定した成長が「長期投資」の魅力です。短期的な市場の変動はありますが、歴史を振り返ると、株式に投資すれば、長期的にはその価値が上がる可能性が高いのです。

しかし長期投資は言うほど簡単ではない

長期投資は、長く保有することで利益を得ることを目指します。しかし、言うほど簡単ではありません。

短期的に株価が大幅に下落することもあります。そんな状況でも冷静に対処し、投資を続けるためには強い精神力が必要です。また、**目先の利益にとらわれてばかりいると、長期的な視野での投資は続けられません。**将来の市場動向や経済の発展性を見極めるために、常に知識と情報のアップデートをしていく努力も必要です。

投資初心者のための長期投資3つの心得

❶ 市場の変動を恐れない
短期的な下落や暴落に惑わされず、長期的な視点で投資を続ける。

❷ 定期的な投資
時間をかけて少しずつ投資することで、リスクを分散し、安定した成長を目指す。

❸ 経済の成長を信じる
経済が長期的に成長し続ければ、企業価値も上がり、株価も上昇する。

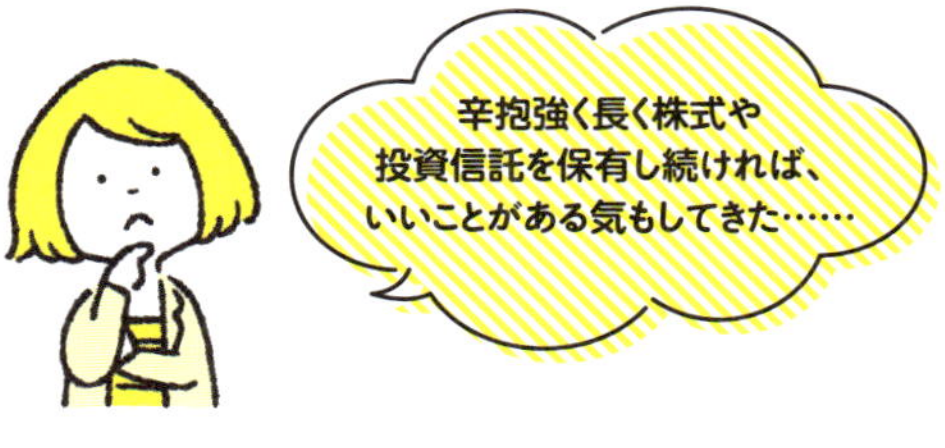
辛抱強く長く株式や
投資信託を保有し続ければ、
いいことがある気もしてきた……

ONE POINT ADVICE

バブル崩壊後の日本は世界的に見ても異例

1989年のピークから長らく低迷していた日経平均株価は、2024年になってようやくバブル期の最高値を突破しました。バブル崩壊後、長期低迷に陥った日本経済は世界的にも異例でした。

一方、ダウ平均や他の主要な株価指数は同期間に大きく成長し、史上最高値を更新し続けました。今後、日本のような国が現れないとはかぎりませんが、アメリカをはじめとする世界の多くの株式市場は長期的に見て右肩上がりの傾向です。

11 効果的に分散する

少ない投資額で分散しすぎるのも問題

リスク分散しすぎると、リターンが小さくなる

分散投資はリスクを減らすための基本的な戦略ですが、むやみに分散すればいいわけではありません。

とくに**投資額が少ない段階であまりにも多くの銘柄に分散しすぎるのは問題です。**一つひとつの投資先に対する影響力が薄れるからです。たとえば、10万円の投資額を10銘柄に均等に分散すると、各銘柄には1万円ずつしか投資されません。もしそのうちのひとつが大きく値上がりしても、全体のリターンに対するインパクトは小さくなります。投資の目的は「リターンを得ること」のはずなのに、「リスクを小さく

1銘柄集中、5銘柄、10銘柄分散投資の比較

ここでは実際に分散投資をするとどのようにリターンが変わるかの傾向をつかんでおきましょう。下記の条件を前提に1銘柄集中投資、5銘柄分散投資、10銘柄分散投資を比較してみます。

シナリオの前提条件

- 投資額：10万円
- 投資対象：株式
- 投資期間：1年
- 仮定（期待リターン）：

テクノロジー企業のリターン：+20%
製薬会社のリターン：+10%
消費財企業のリターン：+5%
エネルギー企業のリターン：-5%
金融企業のリターン：+8%
通信企業のリターン：+12%
ヘルスケア企業のリターン：+6%
工業企業のリターン：+3%
公益事業企業のリターン：+4%
素材企業のリターン：+7%

エネルギー企業に集中投資したら、結果は大きく変わりますね。集中投資はうまくいけばリターンは大きいですが、うまくいかないときの痛手も大きくなります。

すること」が目的かのような本末転倒な分散にならないようにしましょう。

また、管理の煩雑さも問題です。それぞれの銘柄の情報を追いかけ、定期的に評価するには時間と労力がかかります。とくに初心者にとっては負担が大きくなります。

少額の投資を繰り返し行うと売買手数料が相対的に高くなり、手数料によって実際のリターンが大きく削られるリスクがあります（売買手数料を無料化に踏み切った証券会社もあります）。

では、少ない投資額でどのように分散投資を行うべきでしょうか。まずは、自分が理解しやすく、成長が期待できる数銘柄に絞ることが重要です。3~5銘柄程度に分散することで、適度なリスク管理と効率的な運用が可能になります。また、インデックスファンドやETF（上場投資信託）を活用する方法もあります。これらは少額から分散投資ができ、手数料も低いため、初心者に適しています。

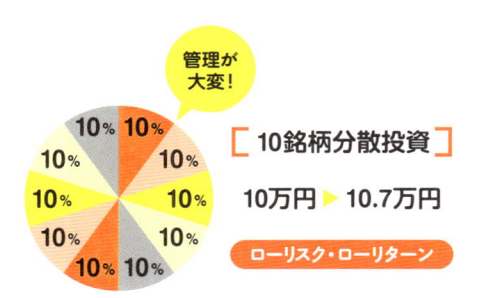

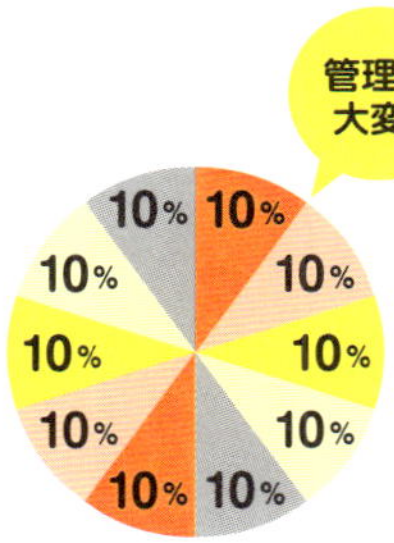
管理が大変！
10%
10%
10%
10%
10%
10%
10%
10%
10%
10%

【10銘柄分散投資】

10万円 ▶ 10.7万円

ローリスク・ローリターン

銘柄選定：テクノロジー企業、製薬会社、消費財企業、エネルギー企業、金融企業、通信企業、ヘルスケア企業、工業企業、公益事業企業、素材企業

投資額：各銘柄に1万円ずつ投資

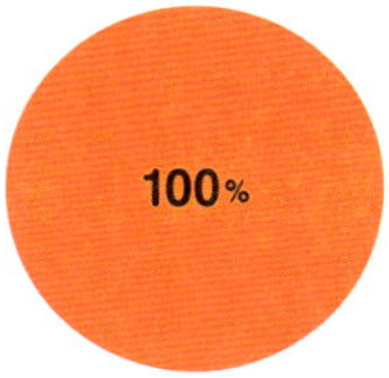
100%

【1銘柄集中投資】

10万円 ▶ 12万円

ハイリスク・ハイリターン

銘柄選定：高成長が期待されるテクノロジー企業

投資額：10万円を1銘柄に集中投資

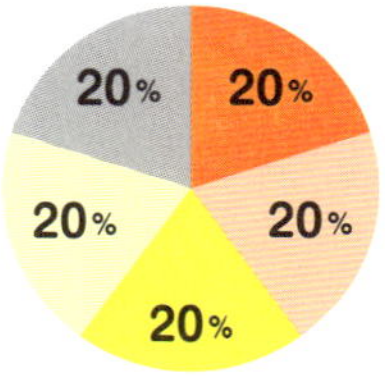
20%
20%
20%
20%
20%

【5銘柄分散投資】

10万円 ▶ 10.76万円

ミドルリスク・ミドルリターン

銘柄選定：テクノロジー企業、製薬会社、消費財企業、エネルギー企業、金融企業

投資額：各銘柄に2万円ずつ投資

自分なりに
適度な分散を
考えてみる！

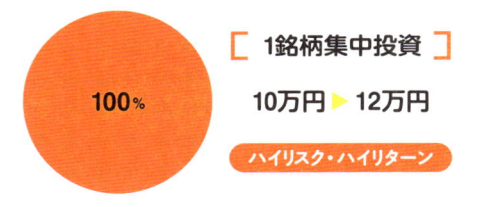

12 効果的に分散する

どれだけ投資に回すかは年齢によって変わる

年齢を重ねるにつれ、安全性重視にシフト

「どう分散するか」を考える際に「年齢」によってどう分散するかの考え方は変わってきます。若い世代なら仮に投資で失敗しても、まだ長い残りの人生で働いて挽回できます。しかし、**高齢になるほど投資で失敗すると労働で挽回するのが難しくなるので、安全性を重視するのが基本的な考え方です。**

現金と投資の比率に迷ったときは、「100ー年齢」を目安にするといいでしょう。つまり現在、30歳なら「70%を投資に回して30%は現金・預貯金」、65歳なら「35%を投資に回して65%を現金・預貯金」といった具合です。

現金と投資の比率を考える

年齢に応じてリスクを管理しつつ、投資の目的や生活状況を踏まえながら、定期的にポートフォリオを見直し、最適なバランスを保つことが大切です。

投資する比率(%) ＝ 100 － 年齢

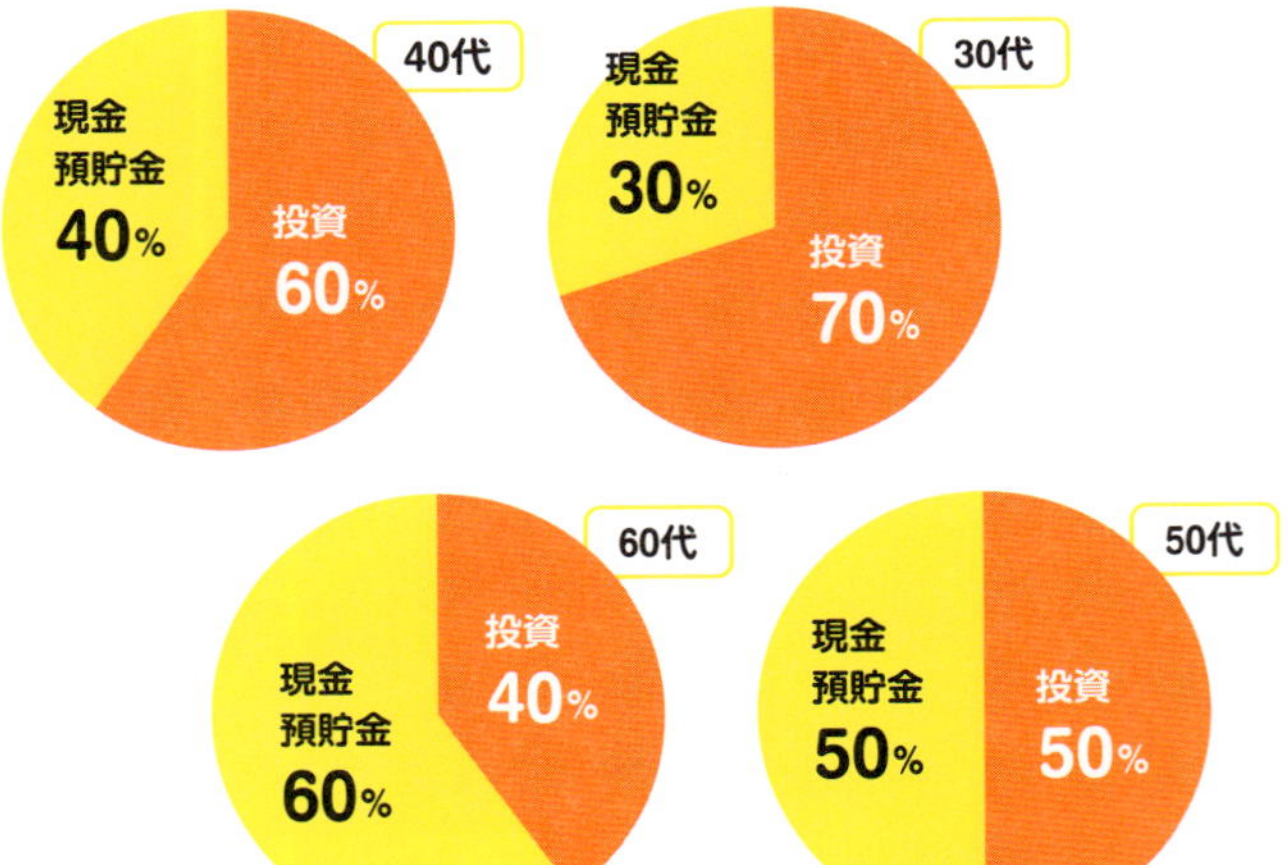
30代
現金 預貯金 30%
投資 70%
40代
現金 預貯金 40%
投資 60%
50代
現金 預貯金 50%
投資 50%
60代
現金 預貯金 60%
投資 40%

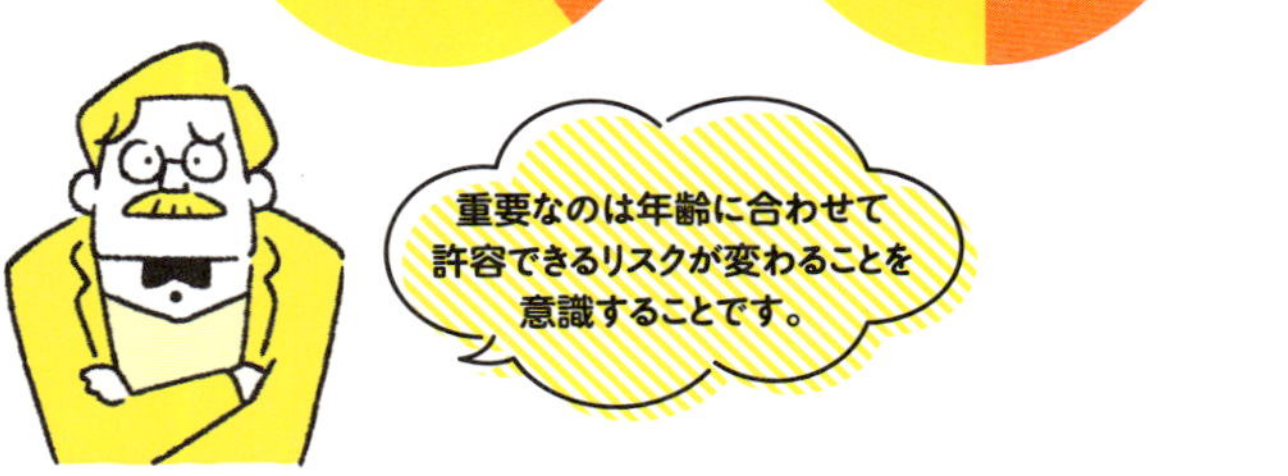
重要なのは年齢に合わせて許容できるリスクが変わることを意識することです。

年齢別の分散投資の基本的な考え方

20〜30代の若い世代は、リスクの高い資産に多く投資し、残された長い時間を味方につけた投資が可能です。高いリターンを期待できる株式に多くの割合を配分し、現金の比率を下げてもいいでしょう。

40〜50代の現役世代は、リスクとリターンのバランスを考えた分散投資が重要です。株式と債券をバランスよく配分することで、リスクを抑えつつ、一定のリターンを狙います。

60代以上の高齢世代は、退職後の生活を考えると、安全性が重視されます。低リスクの債券や安定した配当を提供する株式に重点を置いた分散投資が適しているといえます。

もちろん、人の性格や投資目的、財務状況によって許容度は異なるので、年齢に応じつつ自分に合った分散投資を考えていくことが重要です。

ライフステージ別の考え方

年代	内容	おもな投資対象
20代	**リスク許容度が高い時期** 時間的余裕があるため、リスクをとって高いリターンを狙うことが可能。この時期は、成長株や新興国株式、暗号資産などのハイリスク・ハイリターンな資産に多くの割合を配分してもOK。積極的にスキルや知識を磨くなど、将来のための自己投資も積極的に。	株式(成長株) 株式(新興国株式) 暗号資産 など
30代	**バランスを考慮した分散** 結婚や住宅購入など大きな支出もあるため、資産運用のバランスが重要に。株式の割合を維持しつつも、投資信託や債券など、比較的安定した資産に配分を広げることを検討し、リスクとリターンのバランスを考えます。	株式 投資信託 債券 など
40代	**リスク管理の強化** こどもの教育費や老後資金の準備が具体的になってくる時期。このため、値動きが激しい新興企業よりも大企業や配当の安定した企業の株式を中心にするなど、リスク管理を強化し、資産をより安定したものにシフトしはじめる。	大型株 高配当株 債券 など
50代	**資産保全とリタイア準備** 定年退職が近づくなかで、資産の減少リスクを抑えるため、「資産を増やす」から「資産を守る」の意識を高めていく。債券や預金などの安定資産に重点を移しつつ、こどもの独立や住宅ローンの完済など、経済状況の変化に応じて資産配分を調整する。	債券 高配当株 預貯金 など
60代	**安定した収入の確保と資産の維持** リタイア後の生活を支えるために、安定した収入源の確保と資産の維持が最重要。リスクを避けるために、株式の比率を下げて債券の比率を高めるなど、より安全な資産へシフトしながら安定した収入をもたらす保守的なポートフォリオを検討します。	預貯金 債券 高配当株 など

13 分散を助ける投資商品

分散投資が簡単にできる投資商品①投資信託

長期投資をするならインデックスファンド

分散投資をする投資初心者にとって、「投資信託（ファンド）」は少額からでも広範に分散投資ができる優れた商品です。多くの投資家から集めた資金をひとまとめにしてファンドマネジャーと呼ばれるプロが株式や債券、その他の資産など、ファンドの特性に合わせた運用を行います。このしくみにより一人では難しい広範な分散投資が可能になります。

投資信託には、その運用方法の違いにより大きく分けて「インデックス（パッシブ）運用」と「アクティブ運用」の2種類があります。

投資信託のメリットと注意点

投資信託は、投資初心者からベテラン投資家まで、幅広い層に支持されている金融商品です。多くのメリットとともにいくつかの注意点を理解しておきましょう。

注意点

手数料
運用管理費や購入手数料、信託報酬などの手数料がかかります。たとえば、運用管理費が年1%かかる場合、リターンが5%であっても実質的なリターンは4%になるため、手数料の低い商品を選ぶことが重要。

市場リスク
市場の変動に影響を受けるため、元本が保証されていない。投資する際にはリスクを理解し、長期的な視点で運用することが求められる。

選択の難しさ
多数の投資信託が存在するため、自分の投資目的やリスク許容度に合った商品を選ぶことが難しいことも。たとえば、ファンドの過去のパフォーマンスや運用方針を確認したり、専門家の意見を参考にするのもひとつの方法。事前に十分な情報収集と比較検討が必要になる。

メリット

リスク分散
複数の銘柄や資産クラスに投資するため、ひとつの投資先が不調でも他の投資先がそのリスクを補完することができる。これにより、投資リスクを効果的に分散できる。

少額からの投資が可能
証券会社によっては月々100円からでも積立できる。少ない資金で分散投資を始めたい投資初心者でも手軽に始めることができる。

プロの運用
ファンドマネジャーが市場分析や投資判断を行うため、自分で銘柄選定やタイミングを考える手間が省ける。専門知識がなくても、プロの運用によるリターンを期待できる。

透明性と情報提供
定期的に運用報告書で運用状況やリターンが明らかにされるので、投資家は自分の投資がどのように運用されているかを把握できる。

インデックスファンドは、市場全体の動きを反映することを目指して運用される投資信託です。具体的には、日経平均株価やS&P500といった特定の市場指数（インデックス）に連動して値動きするように運用されます。

一方の**アクティブファンドは、市場平均を上回るリターンを目指して運用される投資信託です。**ファンドマネジャーが積極的に銘柄を選定し、ポートフォリオを構成します。ただし、市場平均を上回るリターンを目指したからといって、必ずしも達成できるわけではなく、インデックスファンドに比べハイリスク・ハイリターンです。

一般的に**長期投資には、低コストのインデックスファンドが向いている**といわれていますが、国内で買える投資信託は6000本以上あるので、自分の投資目的やリスク許容度を勘案して選びましょう。迷ったときは証券会社のサイトにある投資信託の検索機能を使うと便利です。

インデックスファンドとアクティブファンドの違い

低コストで手数料の負担が少なく、市場全体の成長に連動し、安定したリターンが期待できるインデックスファンドのほうが、一般的に長期投資向きとされています。

インデックスファンド		アクティブファンド
市場全体の平均的な成績を目指す。特定の株価指数に連動する。	目標	市場平均を上回るリターンを目指す。ファンドマネジャーが個別銘柄を選択する。
低コスト。手数料は通常0.1%～0.5%。	手数料	高コスト。手数料は通常1%～2%以上。
パッシブ運用。株価指数（例：日経225、S&P500）に連動するように投資する。	運用方法	アクティブ運用。市場分析を行い、ファンドマネジャーが投資判断を行う。
市場全体のリスクと同じ。市場が下落すればファンドも下落。	リスク	市場リスクに加え、ファンドマネジャーの判断によるリスクもある。
市場平均と同じ。長期的には安定したリターンが期待できる。	リターン	市場平均を上回ることを目指すが、下回る可能性もある。
高い。投資対象が明確で、運用方針もわかりやすい。	透明性	低い。個別銘柄の選択理由が不透明な場合がある。
向く。低コストと安定したリターンが期待できるため。	長期投資に向くか	向かない。高コストとリスクが高いため。

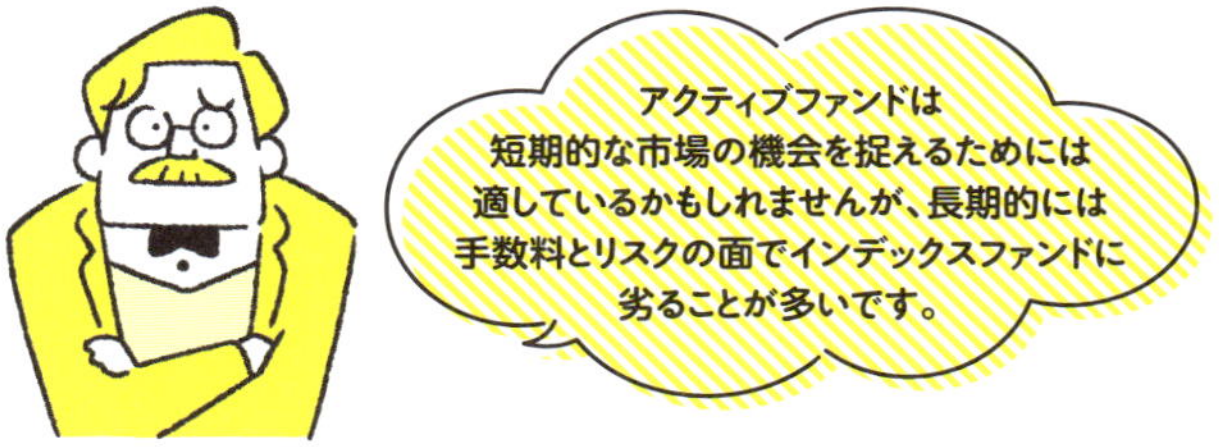
アクティブファンドは
短期的な市場の機会を捉えるためには
適しているかもしれませんが、長期的には
手数料とリスクの面でインデックスファンドに
劣ることが多いです。

14 分散を助ける投資商品

分散投資が簡単にできる投資商品②ETF

上場する投資信託が「ETF」

分散投資を簡単にできる投資商品のひとつが「ETF（上場投資信託）」です。株式のように取引できる手軽さなど、いくつかのメリットがあります。

①銘柄分散によるリスク軽減

ETFは、複数の銘柄に分散投資をするため、「銘柄分散」によってリスクを軽減できます。日経平均株価やS&P500といった国を代表する株価指数に連動するものも多く、簡単に代表的な銘柄に分散投資ができます。

②低コストで投資可能

ETFは取引所に上場しているため、証券会社によっては売買手数料を

ETF（上場投資信託）とは？

Exchange	取引所で
Traded	取引される
Fund	投資信託

ETFと投資信託の違い

	投資信託	ETF（上場投信）
取引時間	証券会社が決める時間内（1日1回）	取引所の立会時間内（リアルタイム）
取引価格	当日の基準価額（申し込み時点では未定）	市場価格（リアルタイムで変動）
注文方法	市場で発注はできない	市場で指値・成行で発注
信用取引	できない	できる
商品数	約6,000本	約300本
取得時コスト 解約時コスト	販売・解約手数料（ファンド・販売会社により異なる）	売買手数料（証券会社により異なる）
信託報酬	比較的高い	比較的低い

支払う必要がありますが、投資信託に比べて信託報酬などの手数料は低いのが一般的です。

③流動性の高さ

ETFは投資信託と異なり、**株式市場で取引される**ため流動性が高く、必要なときにすぐに売買できるのがメリットです。また、株式と同様にリアルタイムで価格が変動するため、投資判断も迅速に行えます。

④種類の豊富さ

ETFは株式、債券、不動産など、投資対象が多岐にわたります。自分の投資目的やリスク許容度に応じて選べるのはメリットです。

⑤少額から始められる

ETFは少額から投資できるので初心者や資金が少ない人でも無理なく始められます。また、少額の積立投資にも向いています。

このように、ETFは分散投資を簡単に実現する有効な選択肢です。

投資初心者にオススメのETF

2024年7月現在、ETF銘柄数は329本です。投資対象が異なるさまざまなETFがあるので証券会社や日本取引所グループのウェブサイトなどで興味があるETFについて調べてみましょう。

銘柄コード	ETF名	連動する指標
1306	NEXT FUNDS TOPIX連動型上場投信	TOPIX
1320	iFreeETF 日経225（年1回決算型）	日経平均株価
1321	NEXT FUNDS 日経225連動型上場投信	日経平均株価
1326	SPDRゴールド・シェアーズ	金
1343	NEXT FUNDS 東証REIT指数連動型上場投信	東証RIET指数
1540	純金上場信託（現物国内保管型）	金価格
1655	iシェアーズ S&P500米国株ETF	S&P500
2080	PBR1倍割れ解消推進ETF	―
2244	グローバルX USテック・トップ20ETF	米テック企業の株価
2621	iシェアーズ 米国債20年超ETF（為替ヘッジあり）	米国債価格

●日本取引所グループの「銘柄一覧（ETF）」
https://www.jpx.co.jp/equities/products/etfs/issues/01.html

ETFは証券会社によって
NISAのつみたて投資枠を使えたり、
使えなかったりするみたいね。

15 分散を助ける投資商品

分散投資が簡単にできる投資商品③ロボアドバイザー

AIに任せたほったらかし投資も可能に

「ロボアドバイザー」は、分散投資を簡単に実現できる投資商品のひとつです。これは人工知能（AI）やアルゴリズムを活用して、自動的にポートフォリオを構築し、管理してくれるサービスです。投資初心者でも手間をかけずに分散投資を実現できる点が魅力で、メリットはおもに3つあります。

①自動でポートフォリオを構築・管理

はじめに簡単な質問に答えるだけで、リスク許容度や目標に基づいて最適なポートフォリオを自動的に構築してくれるので、知識がなくても分散投資によるリスク管理ができます。ま

ロボアドバイザーには2種類ある

ロボアドバイザーには大きく分けて2種類あります。自動運用型のタイプと、金融商品の提案だけに留まるものです。前者を「自動運用型（投資一任型）」、後者を「アドバイス型（助言型）」と呼びます。

自動運用型（投資一任型）		アドバイス型（助言型）
自動取引	売買方法	利用者が購入手続き
自動	運用	自分で行う
自動	ポートフォリオ作成	自動
自動	入金	手動
自動	リバランス	自分で行う
アドバイス型より高い	手数料	安い

いろいろ面倒だし、
自分の判断力にも自信がないから、
私は自動運用型がいいかな〜。

た、資産の状況に応じて、定期的にポートフォリオのリバランス（資産配分の調整）を自動で行ってくれます。手間を大幅に削減できるので、忙しい人でも無理なく投資を続けられます。

②少額から低コストで利用できる

少額から低コストで利用できるので投資初心者も利用しやすくなっています。個々の投資家のリスク許容度に応じてポートフォリオを構築するため、リスクを抑えつつリターンを狙うことができます。

③最新の投資理論に基づく運用

ロボアドバイザーは、最新の投資理論やデータ分析を活用して運用されるのもメリットです。素人には難しい運用を自動で行ってくれるので、情報収集や分析する必要はなく、忙しい人でも無理なく続けることができます。

このように、多くのメリットがあるロボアドバイザーで積立投資を行えば、ほったらかしでも効率的かつ効果的に分散投資が可能になります。

おもなロボアドバイザー

楽ラップ

運営会社	楽天証券
タイプ	自動運用型
運用コスト	最大年0.715％（税込）
最低投資額	1万円
積立額	月1万円〜
NISA対応	×
投資対象	投資信託

WealthNavi

運営会社	ウェルスナビ
タイプ	自動運用型
運用コスト	年1.1％（税込）
最低投資額	1万円
積立額	月1万円〜
NISA対応	○
投資対象	ETF（株、債券、金、不動産）

投信工房

運営会社	松井証券
タイプ	アドバイス型
運用コスト	最大年0.16％（税込）
最低投資額	100円
積立額	毎日、毎週、毎月100円〜
NISA対応	○
投資対象	投資信託

ROBOPRO

運営会社	FOLIO
タイプ	自動運用型
運用コスト	年1.1％（税込）
最低投資額	10万円
積立額	月1万円〜
NISA対応	×
投資対象	ETF（株、債券、金、不動産）

知りたい！ あの機関・あの人のポートフォリオ ④

GPFG（ノルウェー政府年金基金）の ポートフォリオ

ノルウェー政府年金基金（GPFG）は、北海油田から得られる石油や天然ガスの収入を元手に、国民の年金資産を増やすために設立された世界最大の政府系ファンドです。リスクを抑えながら資産を育てることを目標に世界中の株式や債券、不動産に幅広く分散投資しています。

2015年に保有する石炭関連株式をすべて売却する方針を決めたように、SDGsなどサステナビリティの実現に反する取り組みを行う企業から資金を引き揚げる「ダイベストメント」にも積極的です。2023年末、ミャンマーで戦争または紛争の状況下における個人の権利の重大な侵害に加担しているという理由で、KDDIと住友商事がダイベストメント観察対象に指定されたことが報じられました。

GPFGの資産構成割合（2023年12月末現在）

合計15兆7,650億SEK（約236兆4,750億円）

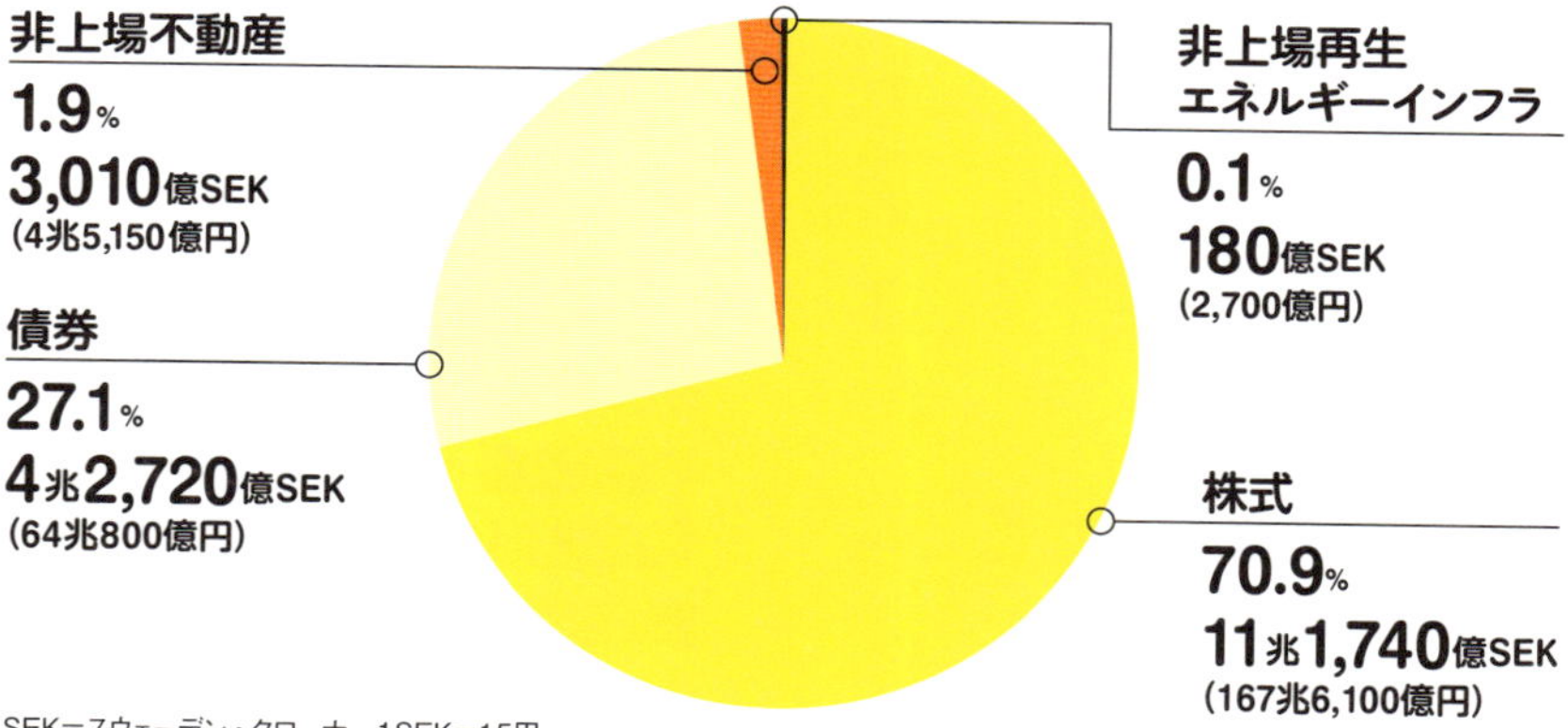
非上場不動産
1.9%
3,010億SEK
(4兆5,150億円)
債券
27.1%
4兆2,720億SEK
(64兆800億円)
非上場再生エネルギーインフラ
0.1%
180億SEK
(2,700億円)
株式
70.9%
11兆1,740億SEK
(167兆6,100億円)

SEK＝スウェーデン・クローナ　1SEK＝15円
出所：Norges Bank Investment Management「Government Pension Fund Global Annual report 2023」

CHAPTER 5

チャートと指標の基本を理解してリスクを抑えよう！

株式投資では、正しい情報とツールを活用することで、リスクを大幅に減らすことが可能です。
この章では、とくに株式投資において重要なチャートとテクニカル指標の基礎を学びます。
これにより、リスク管理を効果的に行いながら、資産を増やすための知識を身につけることができます。

1 分析方法の基本を理解する

「ファンダメンタルズ分析」と「テクニカル分析」

投資の分析法は大きく分けて2種類ある

投資の王道ともいえる株式投資を始めると、将来値上がりしそうな銘柄を選び、値下がりしそうな銘柄を避けることでリスクを抑えることを考えなければいけません。

その投資判断を行うために、多くの投資家が使っているのが「ファンダメンタルズ分析」と「テクニカル分析」という2つの分析手法です。

ファンダメンタルズ分析は、企業の売上高、利益、負債の水準、成長率、競合他社との比較などから、企業の長期的な成長性や価値を評価します。

たとえば、売上高と利益が伸びてい

ファンダメンタルズ分析とテクニカル分析

ファンダメンタルズ分析 企業情報から分析・予想	テクニカル分析 チャートから分析・予想
売上高・利益といった財務諸表の情報など、企業の本質的な価値に注目する。	**過去の株価の動きや取引量、投資家の行動パターンに注目する。**
主な指標 PER（株価収益率、112ページ） PBR（株価純資産倍率、114ページ） ROE（自己資本利益率、116ページ） PSR（株価売上高倍率） 売上高 純利益 など	**主な指標** 移動平均線（126ページ） ボリンジャーバンド（130ページ） MACD（132ページ） RSI（134ページ） ストキャスティクス（136ページ） 移動平均乖離率（138ページ） など

こっちは長期的な分析に向いているんだって！
こっちは短期的な分析が強いらしいよ！

れば、「株価が上がるだろう」と判断したり、逆に売上高と利益が落ちていれば、「株価が下がるだろう」といったように評価したりします。

これから紹介するPER（株価収益率、112ページ）やPBR（株価資産倍率、114ページ）など、会社の財務諸表や株価から計算できる指標で株式の価値を評価します。

一方のテクニカル分析は、過去の株価の動きや取引量のパターンを分析して、将来の価格動向や売買サインを見つけ出す方法です。

たとえば、「この銘柄はここ数日で値上がりしすぎたから、そろそろ下がるだろう」「過去の値動きを見ると、このあたりの株価で上昇に転じるだろう」といったような兆候を見ます。

移動平均線（126ページ）、ボリンジャーバンド（130ページ）、MACD（132ページ）などがあります。

分析するときにどう調べる？

ファンダメンタルズ分析

企業のホームページ内のIR
上場企業はホームページ内にIR（投資家情報）を掲載している。ここを見れば決算情報、業績ハイライトなど詳しい経営状況がわかる。

会社四季報
年4回（3月、6月、9月、12月）に発売される出版物。口座開設した証券会社のホームページでも同じ内容を閲覧できる。

テクニカル分析

証券会社のホームページ
証券会社に口座を開くことでチャートやさまざまなテクニカル指標を無料で見ることができる。

Yahoo! ファイナンス
Yahoo! ファイナンスを使えば証券口座がない人でもチャートや基本的なテクニカル指標を見ることができる。

ONE POINT ADVICE

ネット証券のスクリーニング機能は便利

ネット証券のウェブサイトには「スクリーニング機能」と呼ばれるものがあります。この機能を使うことで、個々の投資条件に合致する銘柄を簡単に絞り込めます。たとえば、特定の業界や財務指標を基準に検索を行うことで、自分の投資スタイルに適した銘柄を効率的に見つけられます。

ネット証券に口座を開いたら、「スクリーニング機能」で、どのような検索条件があって、どんな結果が出るのかを試してみることをオススメします。

ファンダメンタルズ分析の指標①「PER」

倍率が大きいほど割高 小さいほど割安

ファンダメンタルズ分析の代表的な指標のひとつが、株価が割安か割高かを判断するために用いられる「PER（株価収益率）」です。

下の式を見るとわかるように、株価が1株あたりの純利益（EPS）の何倍かを示します。**その一般的な見方は、「倍率が小さいほど割安、大きいほど割高」と判断します。**

たとえば、株価が同じ1000円のA社とB社があったとして、A社の1株あたり利益が50円、B社が100円だったとします。PERを計算すると、A社は20倍、B社は10倍です。

PER（株価収益率）の見方

$$\text{PER（株価収益率）} = \frac{\text{株価}}{\text{EPS（1株あたり利益）}}$$

株価がEPSに対して何倍かを示す

A社　$\frac{\text{株価1,000円}}{\text{EPS50円}} = 20$倍　割高

B社　$\frac{\text{株価1,000円}}{\text{EPS100円}} = 10$倍　割安

ちなみに
PERは「Price Earnings Ratio」の略、
EPSは「Earnings Per Share」の略ですよ。

この場合だとB社のほうが割安、つまり「買いやすい」と判断できます。

ちなみに2024年6月末時点の東京証券取引所プライム市場の単純平均PERは17・6倍ですが、下表のように**業種によって大きく水準が異なるので、同業種企業の水準も調べて比較することが大切です。**

PERの特徴として、これから成長が期待できる企業のPERは倍率が大きくなる傾向があります。

たとえば、半導体関連装置を製造するレーザーテックのPERは2024年7月10日時点で55倍を超えています。PERだけを見ると割高ですが、株価は上昇傾向です。なぜなら、今後も成長して1株あたり利益が増えると期待する人が多いからです。

PERはそのときの株価水準を判断する材料にはなりますが、これだけに頼ると投資判断を見誤る可能性があるので、ほかの指標も併せて見ることも必要です。

東証プライム市場の主要業種別単純平均PER（2024年6月末）

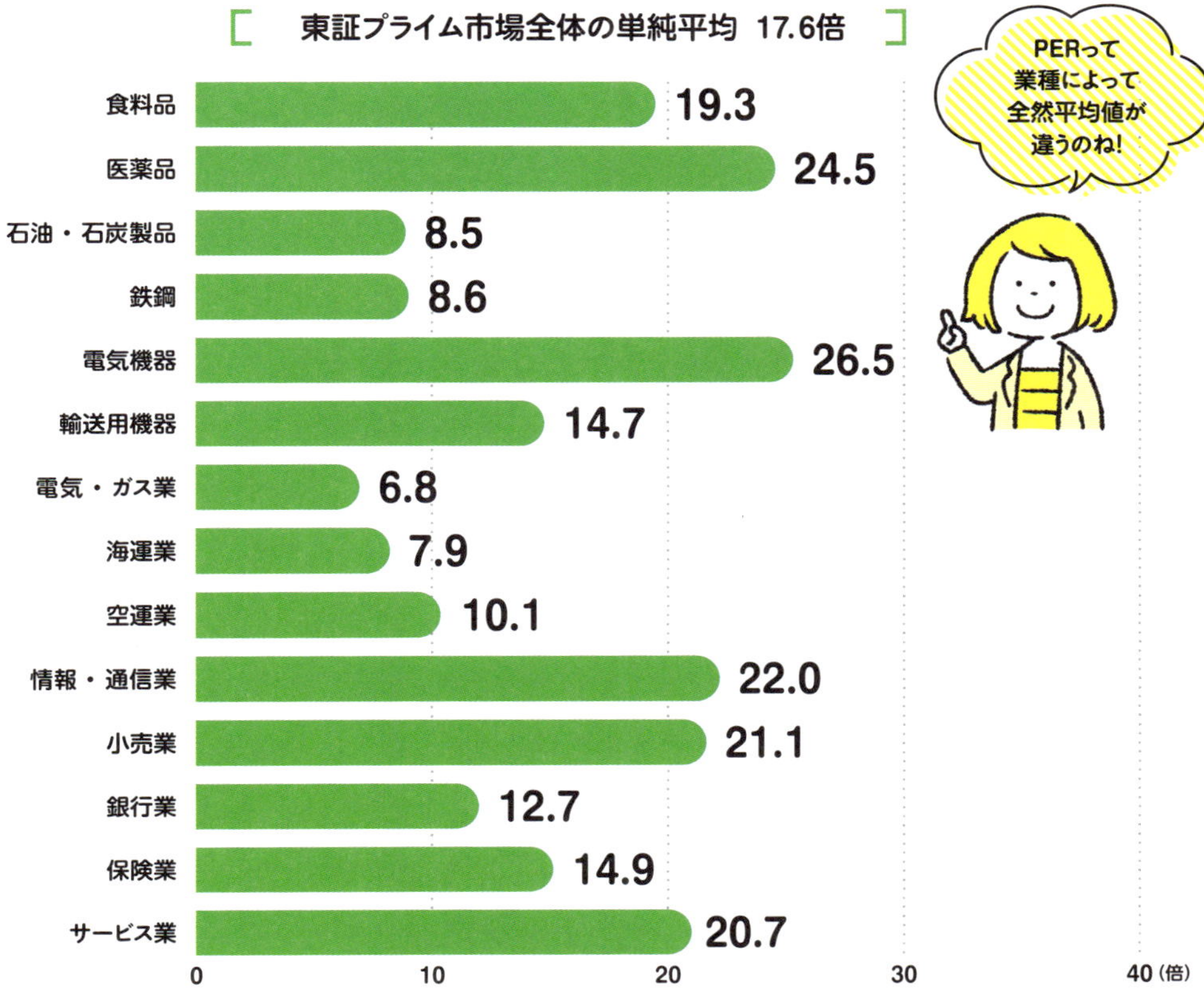

［ 東証プライム市場全体の単純平均 17.6倍 ］
食料品 19.3
医薬品 24.5
石油・石炭製品 8.5
鉄鋼 8.6
電気機器 26.5
輸送用機器 14.7
電気・ガス業 6.8
海運業 7.9
空運業 10.1
情報・通信業 22.0
小売業 21.1
銀行業 12.7
保険業 14.9
サービス業 20.7
0
10
20
30
40（倍）
PERって業種によって全然平均値が違うのね！

ファンダメンタルズ分析の指標②「PBR」

「1倍」より大きいか小さいかが重要

PERと並ぶ代表的な指標がPBR（株価純資産倍率）です。PBRは、企業の株価が「1株あたり純資産（BPS）」に対してどれくらいの倍率であるかを示します。これもPERと同様に、現在の株価が割安か割高かを判断する目安として使われます。

PBRで重要なのは「1倍」という数字です。PBRが「1倍より小さければ割安」と判断できるからです。逆に「1倍より大きい」場合は、投資家が企業の将来の成長性や収益性に期待して株価が上昇した結果、高倍率になることが少なくありません。

PBR（株価純資産倍率）の見方

$$\text{PBR（株価純資産倍率）} = \frac{\text{株価}}{\text{BPS（1株あたり純資産）}}$$

株価がBPSに対して何倍かを示す

A社　$\frac{\text{株価1,000円}}{\text{BPS500円}} = 2$倍　割高

B社　$\frac{\text{株価450円}}{\text{BPS500円}} = 0.9$倍　割安

ちなみに
PBRは「Price Book-value Ratio」の略、
BPSは「Book-value Per Share」の略ですよ。

ただし、PBRが1倍を切っているからといって単純に割安と判断するのは危険です。計算式を見るとわかるように、業績が悪化して株価が暴落すれば、PBRは低下します。そのため、事情を知らずに1倍を切っている銘柄に「やった！割安だ！」と飛びつくと、痛い目にあう可能性があります。

また、PBRもPERと同様、業種によって平均値が異なります。たとえば、銀行や不動産などではPBRが低め、テクノロジー企業などの成長産業では高めになる傾向があります。

最近では、PBRへの注目度が高まっています。これは、東京証券取引所がPBRが1倍以下の上場企業に対して、1倍を上回るよう株価が上昇する努力を促す「PBR改善要請」を出したためです。

トヨタ自動車やメガバンクなどのPBRは長らく1倍割れの状態が続いていましたが、2024年に入り株価が上昇し、その状態を脱出しています。

東証プライム市場の主要業種別単純平均PBR（2024年6月末）

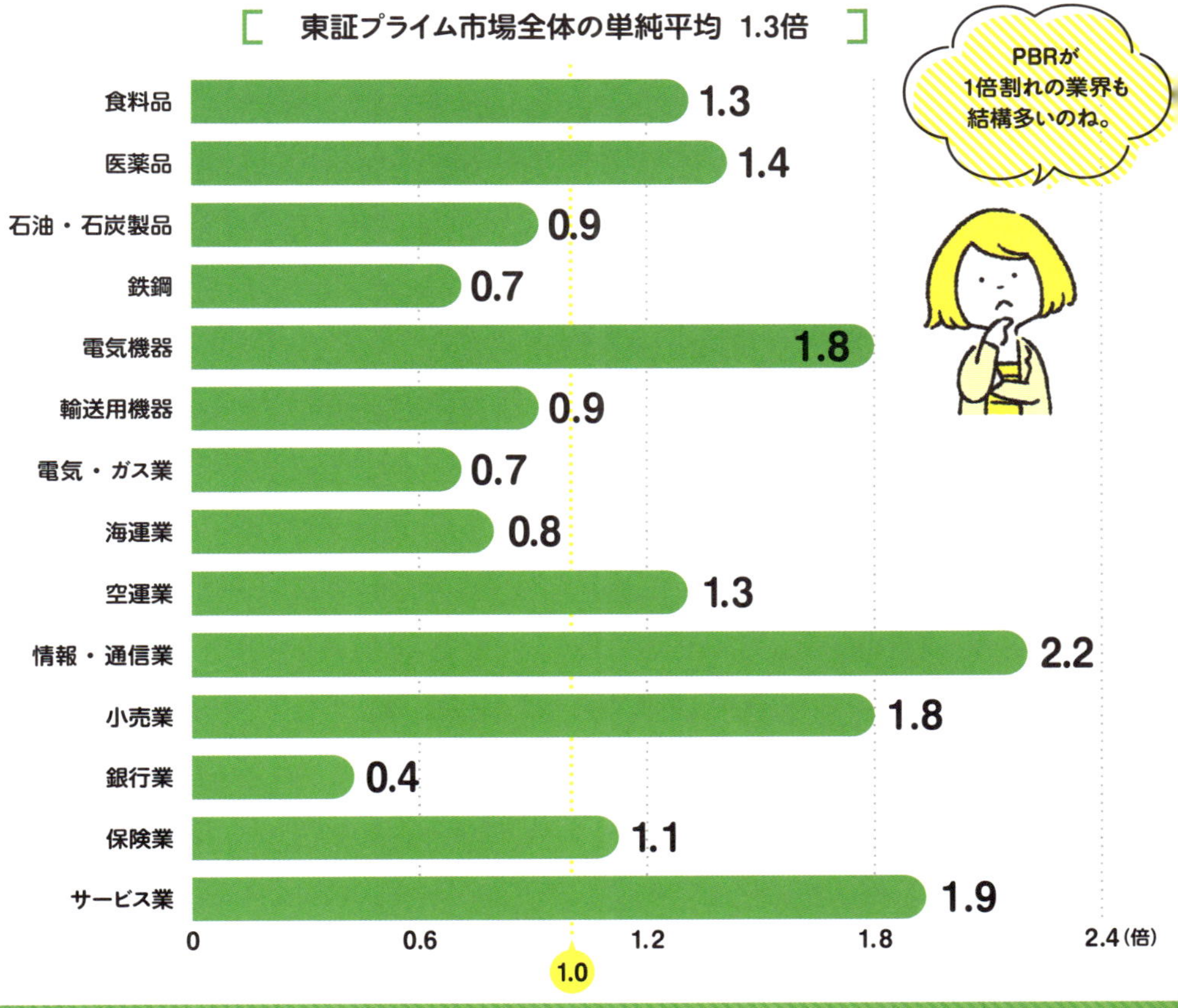

東証プライム市場全体の単純平均 1.3倍
食料品 1.3
医薬品 1.4
石油・石炭製品 0.9
鉄鋼 0.7
電気機器 1.8
輸送用機器 0.9
電気・ガス業 0.7
海運業 0.8
空運業 1.3
情報・通信業 2.2
小売業 1.8
銀行業 0.4
保険業 1.1
サービス業 1.9
0
0.6
1.2
1.8
2.4（倍）
1.0
PBRが
1倍割れの業界も
結構多いのね。

ファンダメンタルズ分析の指標③「ROE」

効率的に稼ぐ企業を探し出すのに役立つ指標

ROE（自己資本利益率）は、企業がどれだけ効率的に株主からの資金を利用して利益を生み出しているかを評価するための指標です。

投資先の企業がどれだけ効率的に収益を上げているかを判断する、シンプルで直観的な指標であることから投資家に人気が高い指標です。

その見方は簡単です。基本的には**ROEが高いほど企業が効率的に利益を生み出す、株主にとって魅力的な投資先である**ことを意味します。

たとえば、ある企業の純利益が5億円で、自己資本が50億円であれば、R

ROE（自己資本利益率）の見方

企業が稼いだ最終的な利益

$$\text{ROE}_{(\%)} = \frac{\text{純利益}}{\text{自己資本}} \times 100$$

株主から集めた返済の必要がない資金

自己資本を使ってどれだけ効率的に利益を上げているかを示す

A社　$\frac{\text{純利益5億円}}{\text{自己資本50億円}} \times 100 = 10\%$

B社　$\frac{\text{純利益15億円}}{\text{自己資本100億円}} \times 100 = 15\%$

B社のほうが効率的に利益を上げている

OEは10%になります。

ただし、ROEが高い業種、低い業種があるので、他業界の企業を横並びで比較するより、同業種内での比較に役立ちます。

ちなみに**上場企業の平均ROEは約9%です。**一般的に10%を超えれば経営の効率性が高い優良企業ですが、欧米企業の平均は約18%なので日本企業は見劣りするのが実情です。

見方を変えると、同じ純利益でも自己資本が少ないほうがROEが高くなりますが、利息をつけて返済する必要がある借入金（＝他人資本）が多く、自己資本比率（119ページ）が低い場合もあるので要注意です。

また、ROEは投資家からの注目度が高いこともあり、企業が中期経営計画などで「ROE○%以上」と目標として設定することが多くなっています。企業のIR情報でROEの目標値や目標達成に向けた取り組みを調べるのも投資をする際の参考になります。

メガバンクと自動車メーカーのROEを見てみよう

メガバンク

企業名	ROE
三菱UFJフィナンシャル・グループ	6.5%
三井住友フィナンシャルグループ	6.5%
みずほフィナンシャルグループ	6.1%

自動車メーカー

企業名	ROE
トヨタ自動車	9.0%
日産自動車	4.6%
本田技研工業	6.0%
マツダ	10.4%
三菱自動車工業	24.0%

※数字はいずれも2023年3月期のもの。

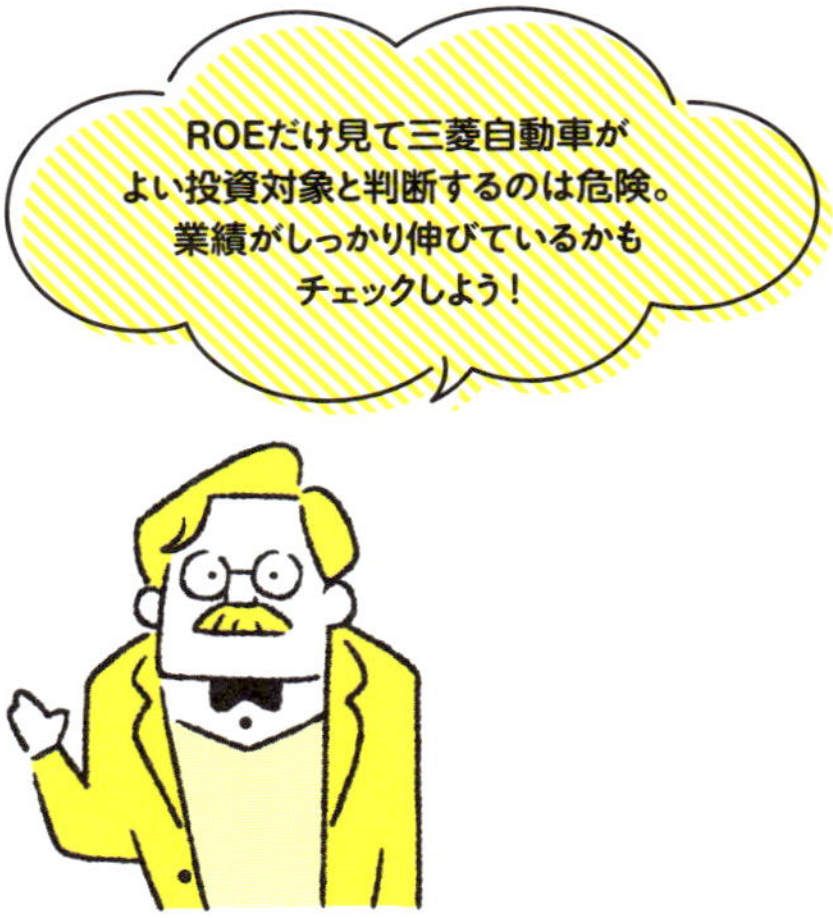
ROEだけ見て三菱自動車がよい投資対象と判断するのは危険。業績がしっかり伸びているかもチェックしよう！

まだまだある ファンダメンタルズ分析の指標

自分に合う指標を探すことは大事

ファンダメンタルズ分析の代表的な指標であるPER、PBR、ROEを紹介しましたが、ほかにもたくさんの指標があります。

銘柄分析をする際には、**ひとつの指標だけを見るのではなく、複数の視点をもつことが重要です。**しかし、あまりにも多くの投資指標を見すぎると、かえって迷って投資行動ができなくなるというジレンマに陥る可能性があります。

したがって、自分の投資スタイルに合った指標を選んで、投資判断に活用することが大切です。

ファンダメンタルズ指標はおもに4タイプある

［収益性］

効率的に収益を上げているかを見る

ROE（116ページ）
ROA（総資産利益率、左ページ）
ROI（投資収益率）
など

［割安性］

株価が割安かを見る

PER（112ページ）
PBR（114ページ）
配当利回り（左ページ）
など

［安定性］

企業の経営の安定性を見る

自己資本比率（左ページ）
流動比率（左ページ）
キャッシュフロー
など

［成長性］

将来性のある企業かを見る

EPS（112ページ）
BPS（114ページ）
など

EPSやBPSは、経年変化を見て判断します。

知っておくと便利なファンダメンタルズ指標

［経営の安定性を表す指標］

自己資本比率(%) ＝ $\frac{\text{自己資本}}{\text{総資本}}$ × 100

数値が高いほど経営の安定性が高い

［短期的な経営の安定性を表す指標］

流動比率(%) ＝ $\frac{\text{流動資産(1年以内に現金化される予定の資産)}}{\text{流動負債(1年以内に返済する予定の負債)}}$ × 100

100%未満なら危険、120%以上なら安全

［企業の収益性を表す指標］

ROA(総資産利益率、%) ＝ $\frac{\text{利益}}{\text{総資産}}$ × 100

数値が高いほど効率よく利益を上げている

［株価に対する年間の配当金の割合を示す指標］

配当利回り(%) ＝ $\frac{\text{年間配当金}}{\text{株価}}$ × 100

東証プライム市場の平均は2.01%
(2024年4月現在)

数値が高いほど配当金が多くもらえる

テクニカル分析の2系統 トレンド系とオシレーター系

2つの系統の違いを理解する

テクニカル分析は、投資において価格や取引量のデータをもとに市場の動向を予測する手法で、「トレンド系」と「オシレーター系」の2つの系統があります。それぞれの特徴と基本的な使い方について見ていきましょう。

トレンド系は、価格が一定の方向に継続する「トレンド」を把握し、123、129ページで説明する上昇・下降トレンドやボックス相場かを見極めながら**将来の価格を予測する手法**です。おもなトレンド系指標には、移動平均線（126ページ）、ボリンジャーバンド（130ページ）などがあ

トレンド系とオシレーター系

トレンド系

市場の方向性を見極める際に役立つ

メリット
- 相場の方向性を把握できる
- トレンド相場で効果を発揮する

デメリット
- トレンドの展開に対する反応が遅い
- 短期的なトレンドには向かない

オシレーター系

相場の過熱感を分析する際に使う

メリット
- 相場の過熱感を把握できる
- ボックス相場で役立つ
- トレンドの転換点を把握できる

デメリット
- 頻繁に売買サインが出現するため、ダマシにあう確率が高い
- 見方は簡単だが、指標を使いこなすのが難しい
- 長期的なトレンドには向かない

ります。
一方の**オシレーター系は、買われすぎや売られすぎといった相場の過熱感を把握する**のに役立ちます。おもなオシレーター系指標には、MACD（132ページ）、RSI（134ページ）や、ストキャスティクス（136ページ）などがあります。

2つの分析法を併用して活用する

テクニカル分析をするときは、どちらか一方を使うのではなく、トレンド系とオシレーター系を組み合わせて使うことで、より精度の高い市場分析が可能になります。

具体的には、トレンド系指標で大きな流れを把握して、オシレーター系指標で売買のタイミングを見極めるのが一般的な使い方です。

まずは各指標の基本的な使い方を理解し、実際に使いながら自分に合ったものを選ぶことが重要です。

トレンド系とオシレーター系の代表的な指標

オシレーター系指標 × **トレンド系指標**

オシレーター系指標

- MACD（132ページ）
- RSI（134ページ）
- ストキャスティクス（136ページ）
- 移動平均乖離率（138ページ）
- DMI（方向性指数）
- RCI（順位相関指数）
- モメンタム

トレンド系指標

- ローソク足（124ページ）
- 移動平均線（126ページ）
- ボリンジャーバンド（130ページ）
- 一目均衡表
- パラボリック

もし興味があれば、奥が深いので専門書を読んでみるといいですよ。
なんだかたくさんあるんですね。ややこしそうだわ。

7 テクニカル分析を理解する

過去の値動きを表した「株価チャート」

テクニカル分析の基本中の基本

株式投資を始めるなら、株価の過去の動きを視覚的に示した「株価チャート」の見方を身につけて損をすることはないでしょう。

株価チャートで過去の値動きを見ることで、現在の株価が高いか、低いかを判断できるだけでなく、**値動きのパターンや傾向を読み取ることができます。**また、このあとに紹介するさまざまなテクニカル指標と組み合わせて表示し、売買のタイミングを判断するときにも利用できます。まずは株価チャートの基本を理解し、見慣れることからはじめましょう。

株価チャートの基本となる3要素

株価チャートは、縦軸は「株価」、横軸は「時間」を表しており、基本的には、以下の3要素で構成されます。

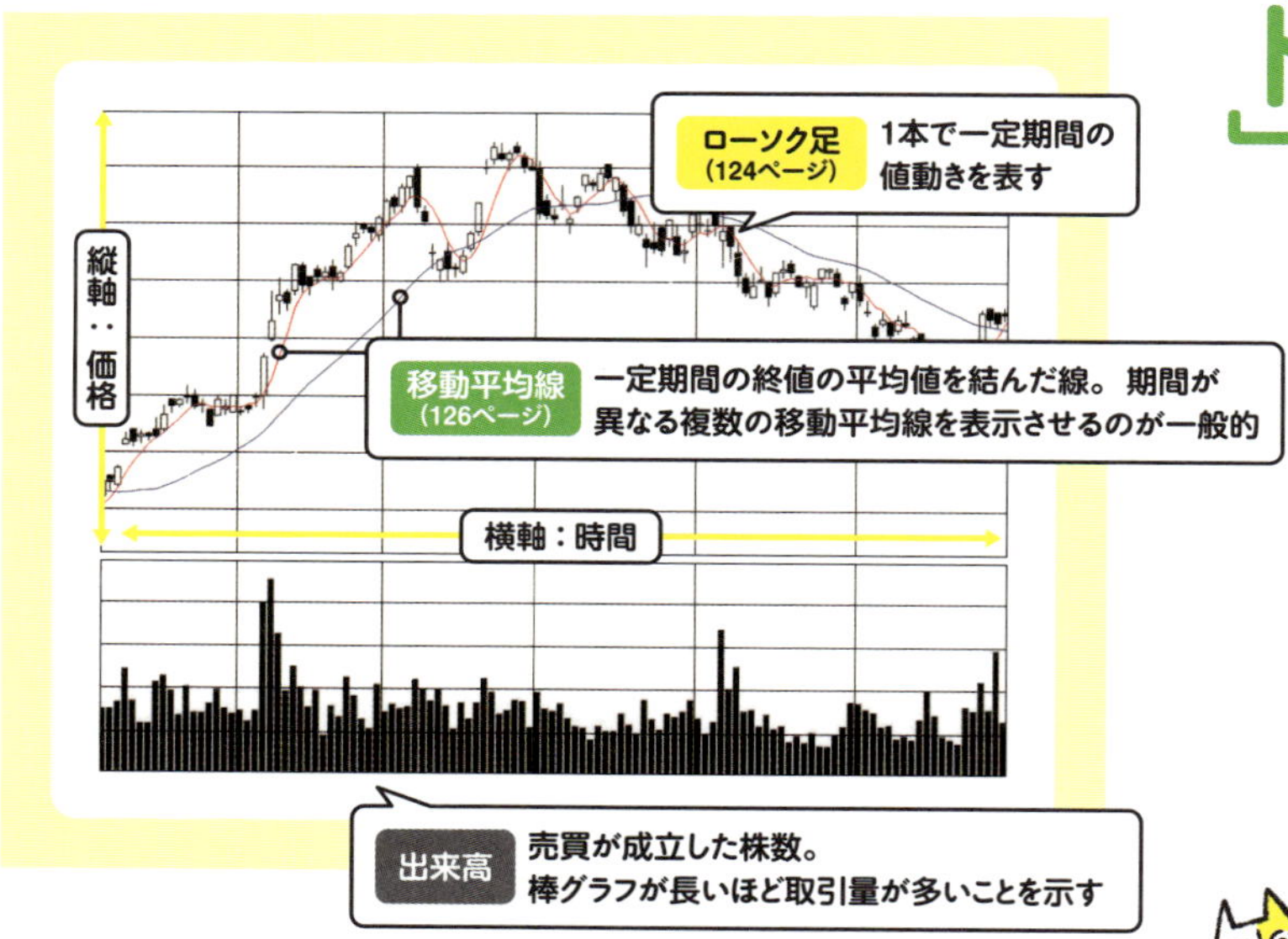

ローソク足
(124ページ)
1本で一定期間の値動きを表す
縦軸：価格
移動平均線
(126ページ)
一定期間の終値の平均値を結んだ線。期間が異なる複数の移動平均線を表示させるのが一般的
横軸：時間
出来高
売買が成立した株数。棒グラフが長いほど取引量が多いことを示す

出所：LSEGおよび楽天証券の情報を基に、技術評論社作成（2024年7月20日）

株価チャートの3大要素

株価チャートを見ると、基本的に「ローソク足」「移動平均線」「出来高」の3つの情報が表示されます。ローソク足と移動平均線については、以降で詳しく説明するので、ここでは出来高について簡単に説明しておきます。

出来高とは、取引された数量のことで、100株の売買が成立したら、出来高は100株になります。**「出来高は株価に先行する」という投資格言があるように出来高は重要な情報**です。

たとえば、下のグラフの❸のエリアを見ると、出来高が急増して株価が下落しています。これを見ると、何らかの理由によって多くの売り注文が出て、その結果、株価が下落したことがわかります。

このように株価はチャートを見るだけでも、何が起こったのかを推測することもできるのです。

株価チャートを見るだけでトレンドが見えてくる

過去の値動きを表したのが株価チャートです。
下のチャートのように、次のトレンドに変わるまで一定期間続く傾向があります。

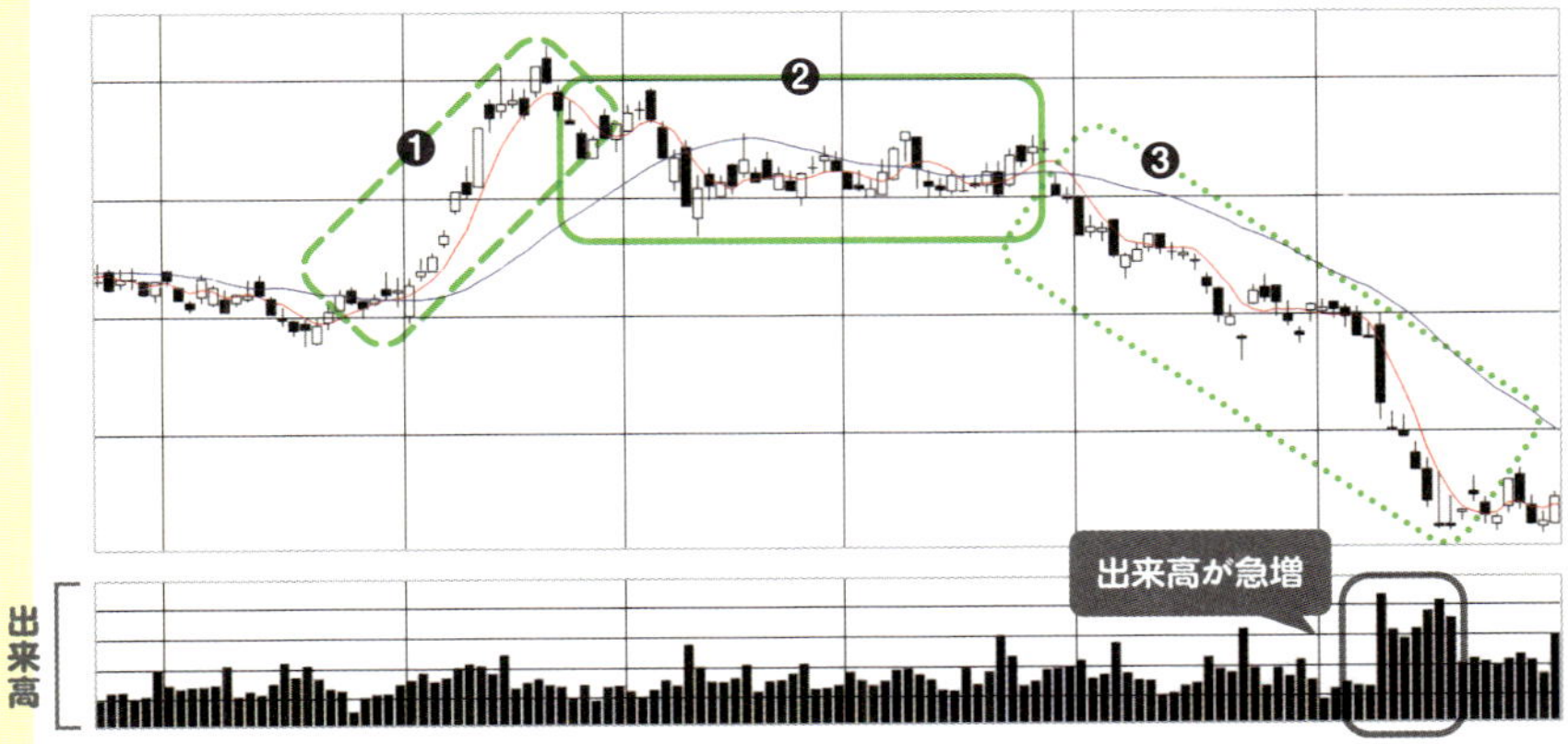

出所：LSEGおよび楽天証券の情報を基に、技術評論社作成（2024年7月20日）

株価チャートを見て、どんなトレンドにあるかを見極めることは重要です。

❶ **上昇トレンド**……価格が上昇を続けているのが「上昇トレンド」です。

❷ **ボックス相場**……株価が方向性を失って一定の範囲で上下している状態です。「もみあい」ともいいます。

❸ **下降トレンド**……価格が下降を続けているのが「下降トレンド」です。

8 テクニカル分析を理解する

一定期間の動きを1本で示す「ローソク足」

ローソク足の形や並びから今後の価格を予測する

株価チャート上で使われるのが、ローソクに似た形で、ある一定期間の始《はじめ》値《ね》、高値《たかね》、安値《やすね》、終値《おわりね》を示す「ローソク足」です。1日の動きを1本のローソク足で示したものを「日足《ひあし》」と呼び、「週足」、「月足」、「年足」、「1分足」、「15分足」、「1時間足」など、表示したい期間に応じて使われます。

ローソク足単体の形や複数のローソク足の並び方から、その後の価格の動向を予測するパターンがあり、多くの投資家に利用されています。

基本的な見方を身につけておけば、投資判断をするときに役立ちます。

基本的なローソク足の見方

ローソク足は、その期間が1日なら「日足」、1週間なら「週足」、1カ月なら「月足」、1年なら「年足」と呼ばれます。また、より短い期間の価格変動を分析するために、1分足、15分足、1時間足なども使われます。

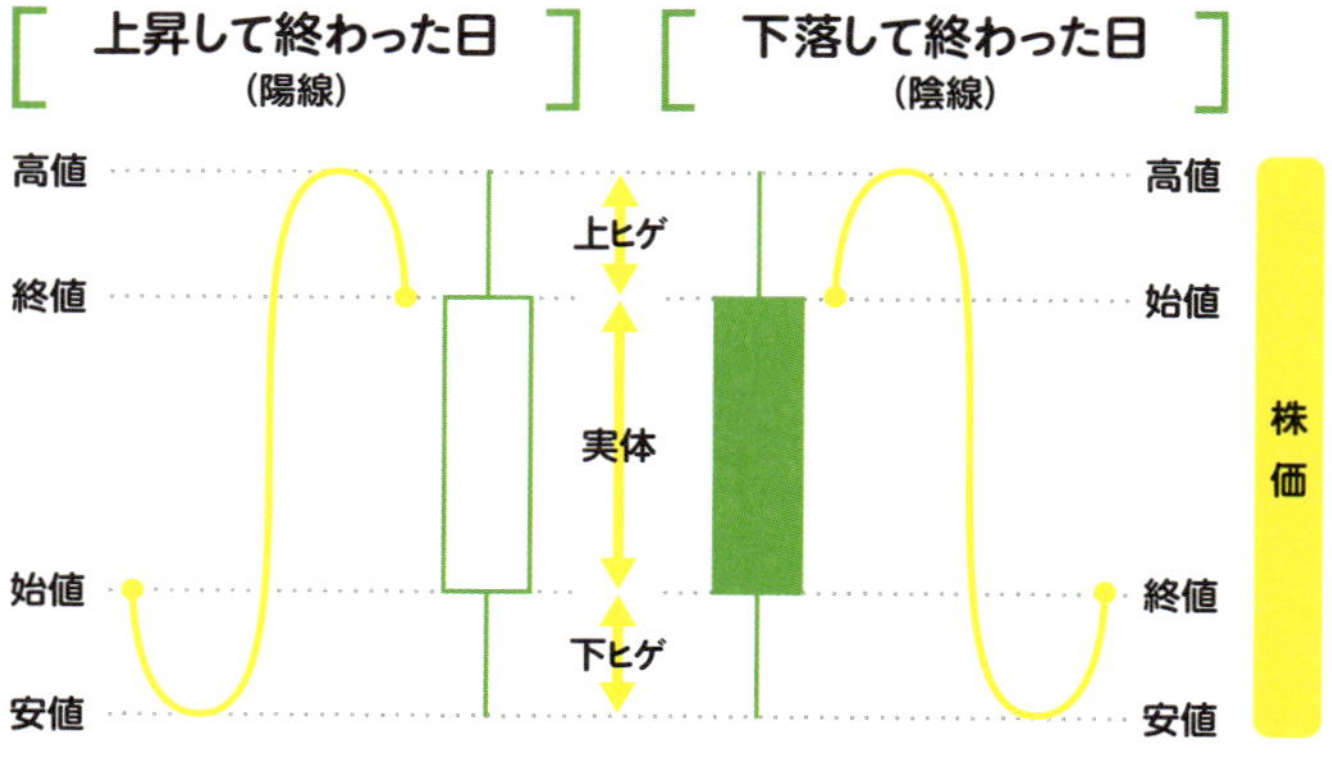

上昇して終わった日
（陽線）
下落して終わった日
（陰線）
高値
終値
始値
安値
上ヒゲ
実体
下ヒゲ
高値
始値
終値
安値
株価

世界中で使われているローソク足ですが、江戸時代の伝説の相場師・本間宗久によって考案されたといわれている日本発の発明なんです。

ローソク足の形から今後の動きがわかる

代表的なローソク足を紹介しますが、必ずこの見方どおりになるわけではありません。

過去の値動きをもとに「そうなりやすい」というひとつの見方として覚えておきましょう。

ローソク足	名前	予想される相場展開
	**大陽線**	**上昇の可能性アリ**
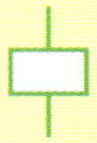	**陽のコマ**（小陽線）	もみあいの継続
	**十字線**	もみあいの継続
	**陽トンカチ**	高値圏で出現したら**下落の可能性アリ**
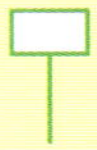	**陽カラカサ**	安値圏で出現したら**上昇の可能性アリ**
	**トンボ**	安値圏で出現したら**上昇の可能性アリ**

ローソク足	名前	予想される相場展開
	**大陰線**	**下落の可能性アリ**
	**陰のコマ**（小陰線）	もみあいの継続
	一本線	もみあいの継続
	**陰トンカチ**	高値圏で出現したら**下落の可能性アリ**
	**陰カラカサ**	安値圏で出現したら**上昇の可能性アリ**
	**トウバ**	高値圏で出現したら**下落の可能性アリ**

投資の達人を目指すなら

ローソク足の組み合わせで分析する「酒田五法」を知ろう!

酒田五法は、江戸時代の相場師・本間宗久が考案した分析法で、「三山」「三川」「三空」「三兵」「三法」という5つのチャートパターンが基本です。これらの基本パターンを知ることは、チャート分析をするうえで有用です。興味がある人は「酒田五法」について専門書などで深掘りしてみましょう。

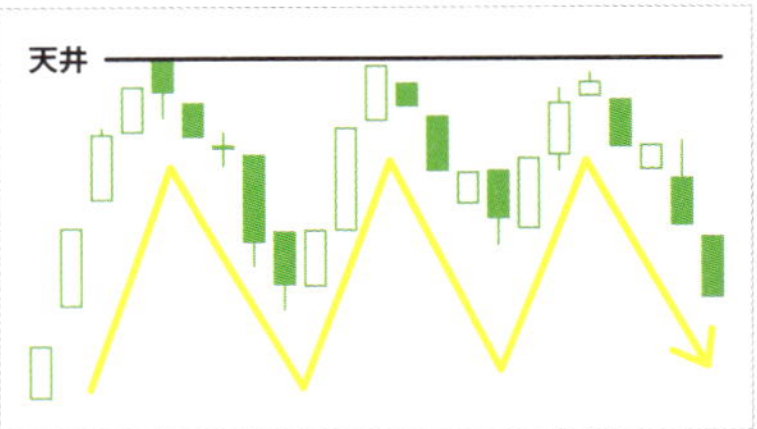

上の図は酒田五法の「三山」の一例。こうしたローソク足の並びから今後の値動きを予測する。

9 テクニカル分析を理解する

トレンド系分析の指標①移動平均線

株価のトレンドを見る基本になる移動平均線

トレンド分析の代表的な指標である「移動平均線」は、トレンドの方向性や強さを把握する基本的なツールです。

移動平均線は、一定期間の価格の平均値をつないだ線で、価格の変動を滑らかにし、トレンドを視覚的に捉えるサポートをしてくれます。

たとえば、25日移動平均線であれば、直近25日間の終値の平均値を線で結んだものです。期間が異なる複数の移動平均線を使うことが多く、期間が短いものほど、価格の変動に敏感で短期的なトレンドを示し、期間が長くなるほど長期的なトレンドを示します。

移動平均線の基本的な見方

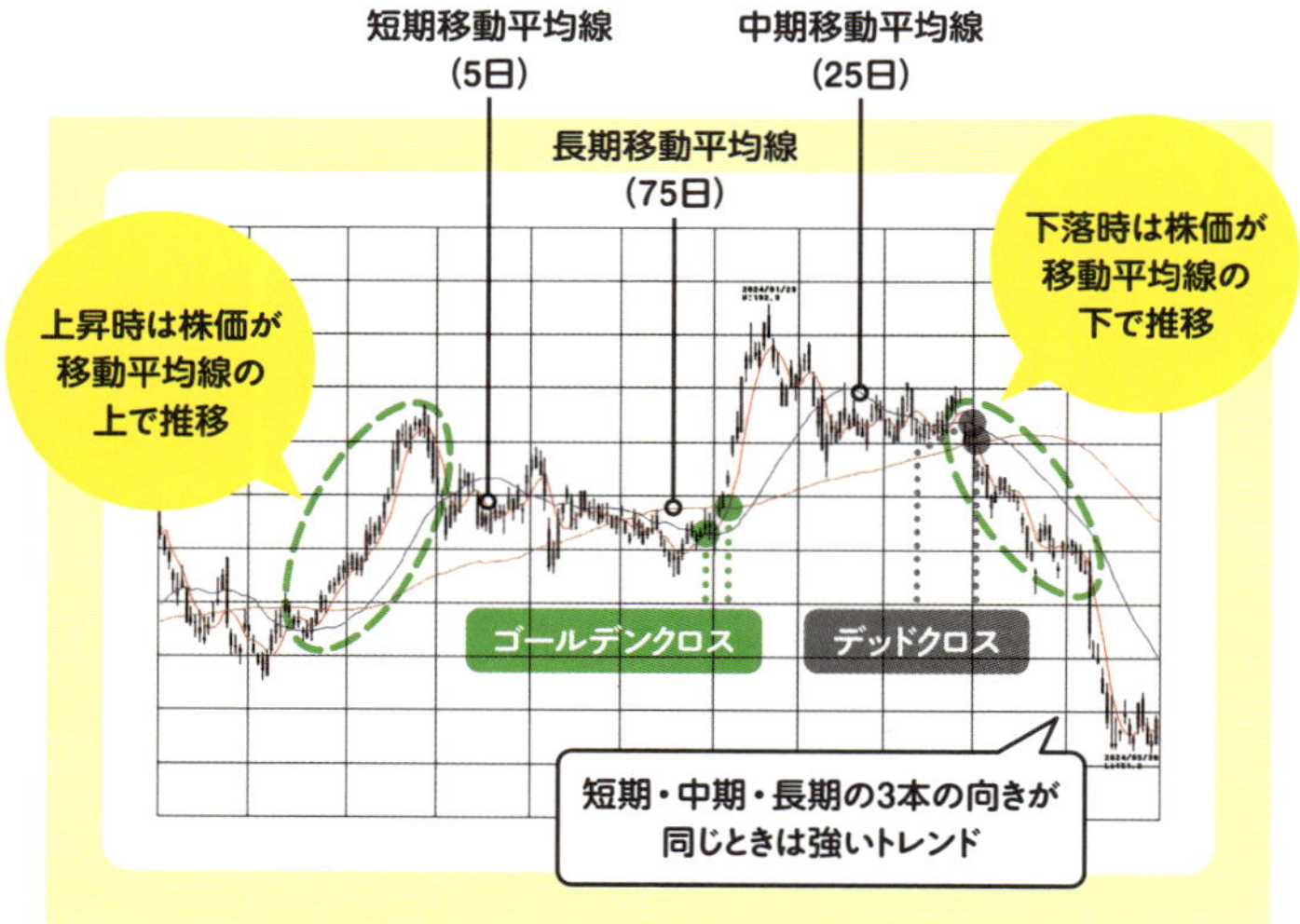

短期移動平均線
(5日)
中期移動平均線
(25日)
長期移動平均線
(75日)
上昇時は株価が
移動平均線の
上で推移
下落時は株価が
移動平均線の
下で推移
ゴールデンクロス
デッドクロス
短期・中期・長期の3本の向きが
同じときは強いトレンド

出所：LSEGおよび楽天証券の情報を基に、技術評論社作成（2024年7月20日）

移動平均線を見るだけでも
上向きなら上昇トレンド、
下向きなら下降トレンドといったように、
トレンドがひと目でわかるので便利です。

移動平均線の基本的な見方は、価格が移動平均線を上回っているときは「上昇トレンド」、下回っているときは「下降トレンド」と判断します。

ゴールデンクロスとデッドクロス

「ゴールデンクロス」と「デッドクロス」は、トレンドの転換点を示す重要なサインとされています。

短期の移動平均線が長期の移動平均線を下から上にクロスするゴールデンクロスは、上昇トレンドの始まりを示す買いサインで、買いのタイミングとして利用されます。

一方、短期の移動平均線が長期の移動平均線を上から下にクロスするデッドクロスは、下降トレンドの始まりを示す売りサインで、売りのタイミングとして利用されます。

これらの2つのサインは完全ではありません。他の分析法と併用しながら投資判断を行うことが重要です。

ゴールデンクロスとデッドクロス

期間が異なる2種類の移動平均線を組み合わせて相場を分析する「ゴールデンクロス」「デッドクロス」は、トレンド分析の最も基本的な見方です。

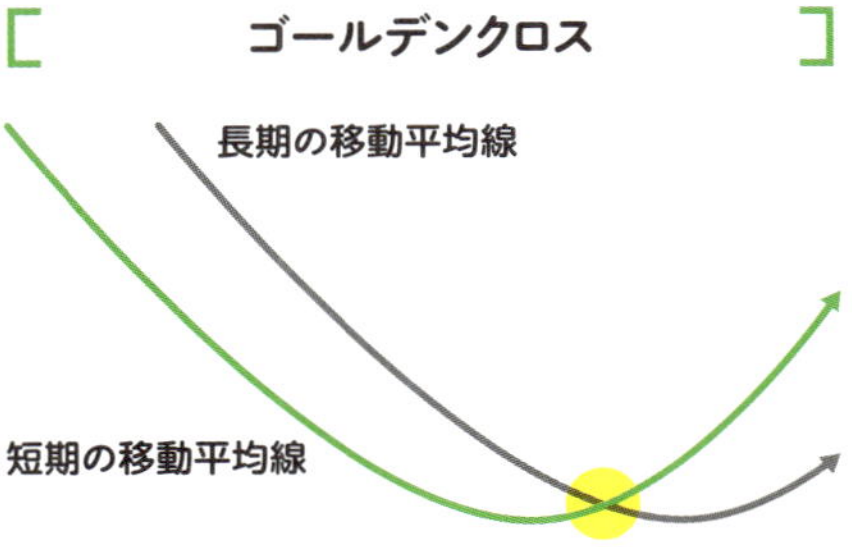

短期の移動平均線が長期の移動平均線を下から上に突き抜けるのがゴールデンクロス

▼

上昇トレンド入りのサイン（＝買いサイン）

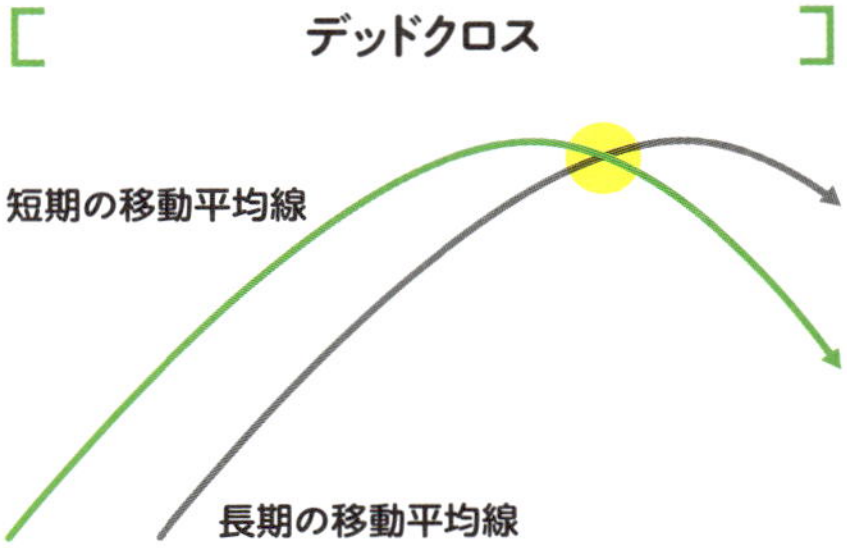

短期の移動平均線が長期の移動平均線を上から下に突き抜けるのがデッドクロス

▼

下降トレンド入りのサイン（＝売りサイン）

10 テクニカル分析を理解する

トレンド系分析の指標②トレンドライン

トレンドの方向性を見るための重要なツール

トレンドラインは、価格の高値どうし、または安値どうしを結んだ直線で、トレンドの方向性を視覚的に確認するための手法です。

トレンドラインは自動的には表示されません。チャートツールに実装されたラインを引く機能を利用して画面上に自分で描画するのが一般的です。

基本的な見方は、**高値どうし、安値どうしを結んだ2本の線の形を見て、右肩上がりになっていれば「上昇トレンド」、右肩下がりなら「下降トレンド」、ほぼ横ばい状態なら「ボックス相場」と判断します。**

トレンドラインの引き方

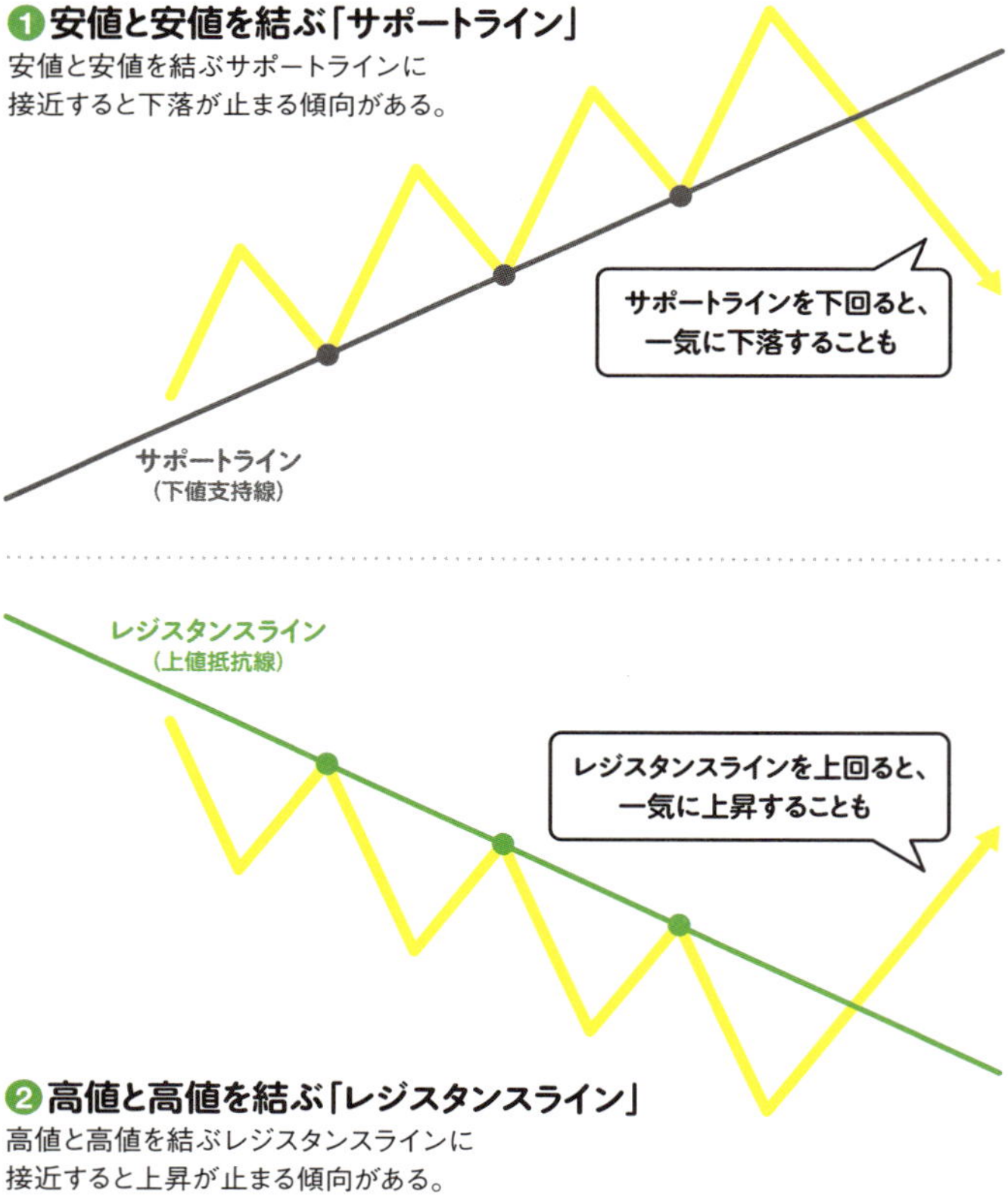

❶安値と安値を結ぶ「サポートライン」
安値と安値を結ぶサポートラインに接近すると下落が止まる傾向がある。
サポートラインを下回ると、一気に下落することも
サポートライン
（下値支持線）
レジスタンスライン
（上値抵抗線）
レジスタンスラインを上回ると、一気に上昇することも
❷高値と高値を結ぶ「レジスタンスライン」
高値と高値を結ぶレジスタンスラインに接近すると上昇が止まる傾向がある。

上昇トレンド時は、安値と安値を結んだ線がトレンドラインで、「サポートライン（下値《したね》支持線）」とも呼ばれます。このラインの近辺で値が反発することが多く、買いの目安とされます。高値と高値を結んだ線は、上値の目安となるラインで、このふたつの線の間で上下動を繰り返しながら上昇に向かっていきます。

　下降トレンド時は、上昇時とは反対に、高値と高値を結んだ「レジスタンスライン（上値《うわね》抵抗線）」がトレンドラインになります。この線の近辺に到達すると下落する傾向があり、売りのタイミングを表します。安値と安値を結んだ線は下値の目安になります。

　トレンドラインの引き方で難しいのは、チャートの期間によって、上昇トレンドにも下降トレンドにもできてしまうことです。長期チャートで長期トレンドをつかみながら、短期チャートで短期トレンドを見ると、大きな流れを見誤るリスクを抑えられます。

トレンドは3種類

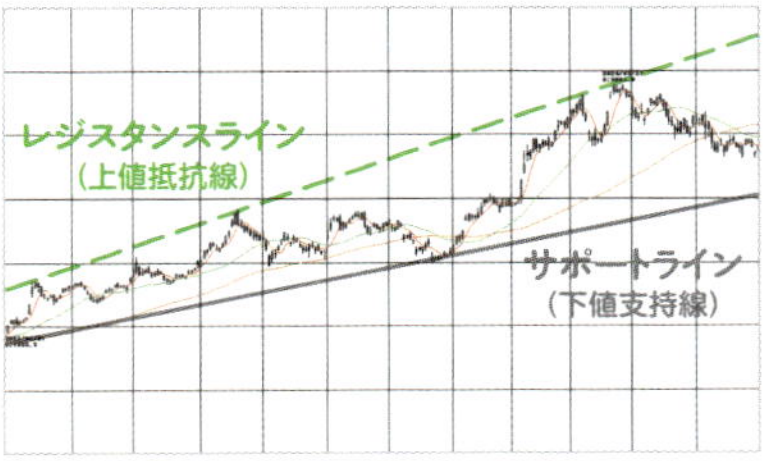

上昇トレンド

ローソク足がトレンドラインになっているサポートライン（下値支持線）を下に抜けると、下降トレンドに転じる可能性が高いと判断できる。

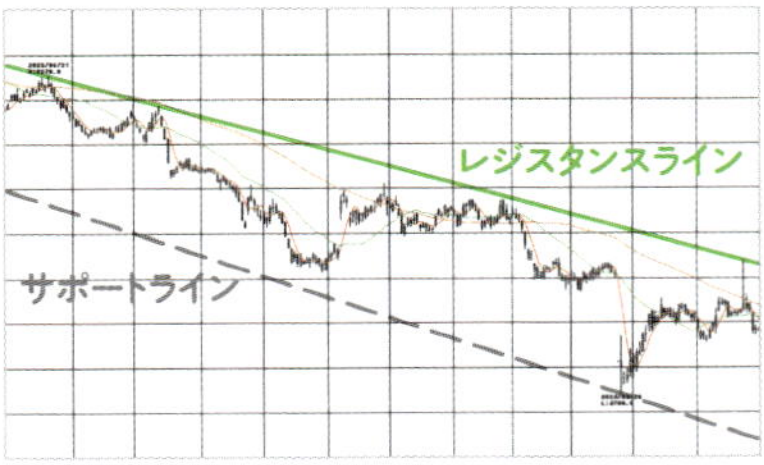

下降トレンド

ローソク足がトレンドラインになっているレジスタンスライン（上値抵抗線）を上に抜けると、上昇トレンドに転じる可能性が高いと判断できる。

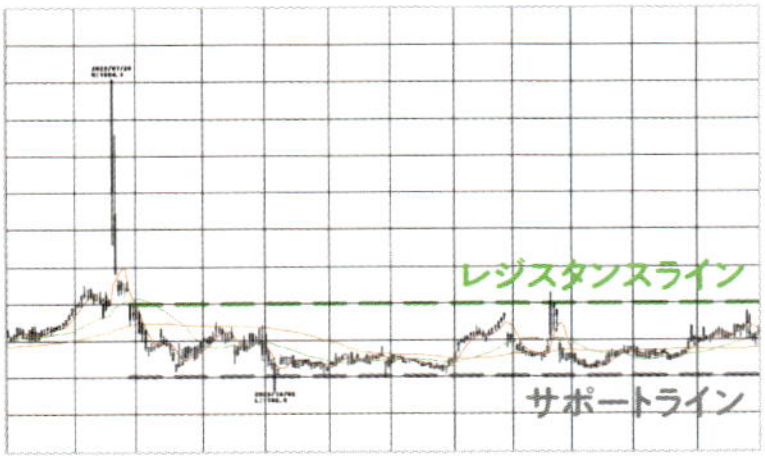

ボックス相場

サポートラインを下に抜ければ下降トレンド、レジスタンスラインを上に抜ければ、上昇トレンドに突入した可能性が高いと判断できる。

出所：LSEGおよび楽天証券の情報を基に、技術評論社作成（2024年7月20日）

トレンド系分析の指標③ ボリンジャーバンド

「正規分布」を使ってトレンドの転換点を読む

統計学の「正規分布」を使ったテクニカル指標がボリンジャーバンドです。**移動平均線を中心とする上下3本ずつ、合計7本の線で構成されるのが一般的**です。

移動平均線の1本上の線は、プラス1σ《シグマ》、下の線はマイナス1σと呼ばれます。統計的な説明は省きますが、相場が±1σの線の間に収まる確率は68・3%になります。その外側の線がプラス2σ、マイナス2σと呼ばれ、±2σの間に相場が収まる確率は、統計的には95・5%、同様に±3σの範囲内に収まる確率は99・7%です。

ボリンジャーバンドとは?

バンド内に価格が収まる確率

- 価格が「±1σ」の範囲内に収まる確率 ▶▶▶ 約68.3%
- 価格が「±2σ」の範囲内に収まる確率 ▶▶▶ 約95.5%
- 価格が「±3σ」の範囲内に収まる確率 ▶▶▶ 約99.7%

ボリンジャーバンドの基本的サイン

基本的な見方

- 現在値が+2σ(+3σ)に近づいたら ▶▶▶ 売りサイン
- 現在値が−2σ(−3σ)に近づいたら ▶▶▶ 買いサイン

トレンドが強いとき

- 現在値が+2σ(+3σ)に近づいたら ▶▶▶ 買いサイン
- 現在値が−2σ(−3σ)に近づいたら ▶▶▶ 売りサイン

トレンドが強いと
売買サインが真逆になるから、
少し慣れが必要そうだわ!

見方は簡単です。たとえば、価格がプラス2σ近辺まで上昇したら、そのラインを超えて値上がりする確率は4・5%なので「売りサイン」、逆にマイナス2σ近辺まで下落すれば、同様に「買いサイン」になります。なお、±1σの範囲内は頻繁にはみ出すため、その信用度は低く±3σなら±2σより信用性は高くなります。

ただし、トレンドが強いときは、±2σ、±3σの範囲をはみ出すと、そのまま上昇・下落が継続するケースが多いので、現在値がプラス2σ、3σの範囲外に出たら「買いサイン」、逆にマイナス2σ、3σの範囲外に出たら「売りサイン」と捉えます。

また、バンド幅も相場の状況を知る材料になり、狭いときは膠着状態のボックス相場、逆に広いときは値動きが激しいことを示唆します。

基本的な見方は簡単ですが、同じ現象が起きても真逆のサインが出るので使いこなすには慣れが必要です。

ボリンジャーバンドの見方

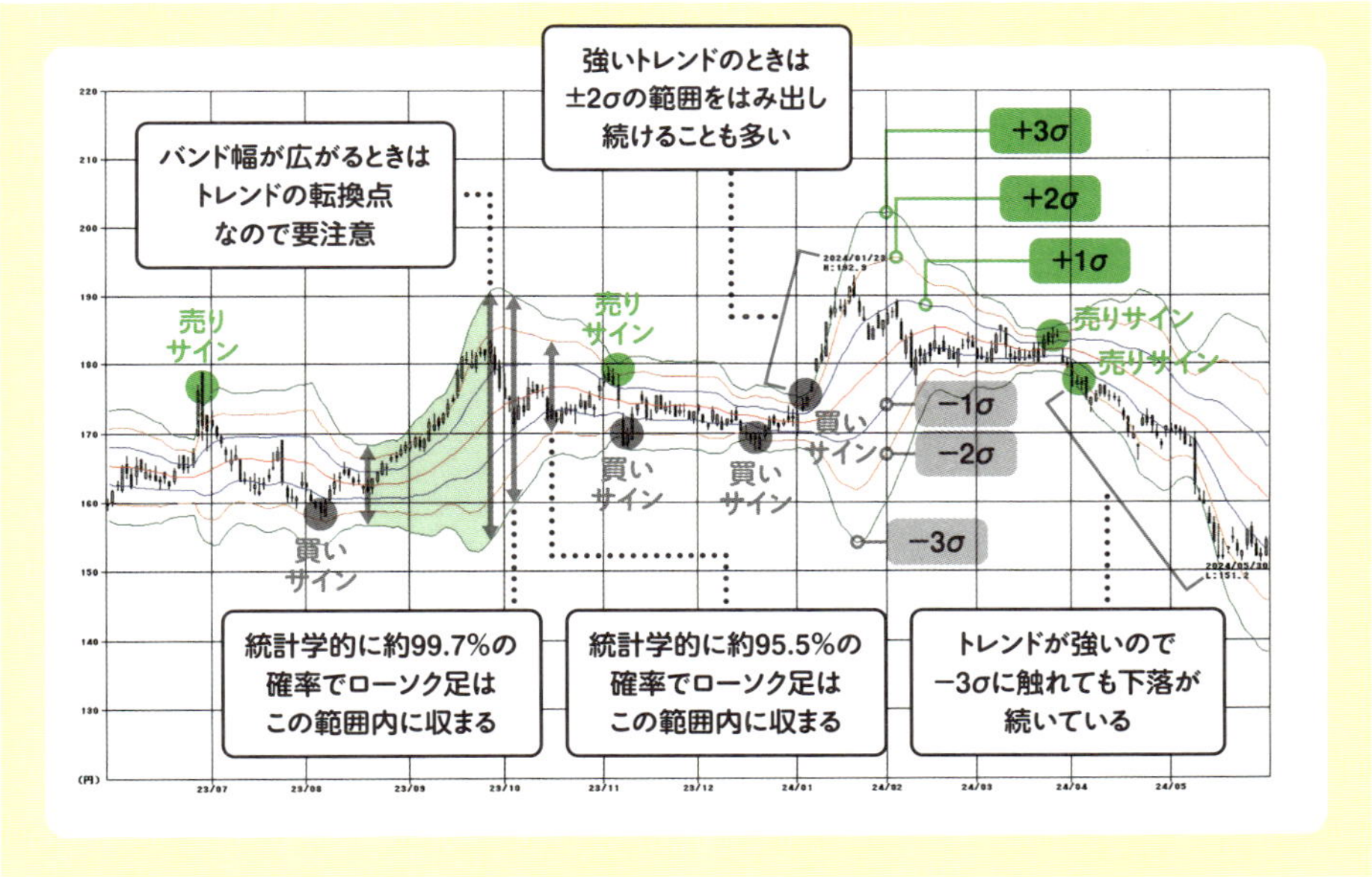

出所：LSEGおよび楽天証券の情報を基に、技術評論社作成（2024年7月20日）

12 テクニカル分析を理解する

オシレーター系分析の指標① MACD

2本のラインで動きから売買サインを見極める

MACD《マックディー》は、指数平滑移動平均線という移動平均線の一種の動きに注目して売買のポイントを探るオシレーター系のテクニカル指標です。ただ、MACDは**移動平均線をもとにしたテクニカル指標なので、トレンド系の指標としての性格を持っている指標**です。

そのMACDは、「MACD」と「シグナル」という2本の線で構成されます。詳しい説明は省きますが、MACDは「早いタイミングで相場に反応して動く線」、シグナルは「MACDよりも遅れて動く線」です。

売買タイミングの判断方法は、「MA

MACDの見方

MACDは売買のポイントを探るオシレーター系指標です。
移動平均線の動きに注目した指標なので、トレンド系の性格も併せ持っています。

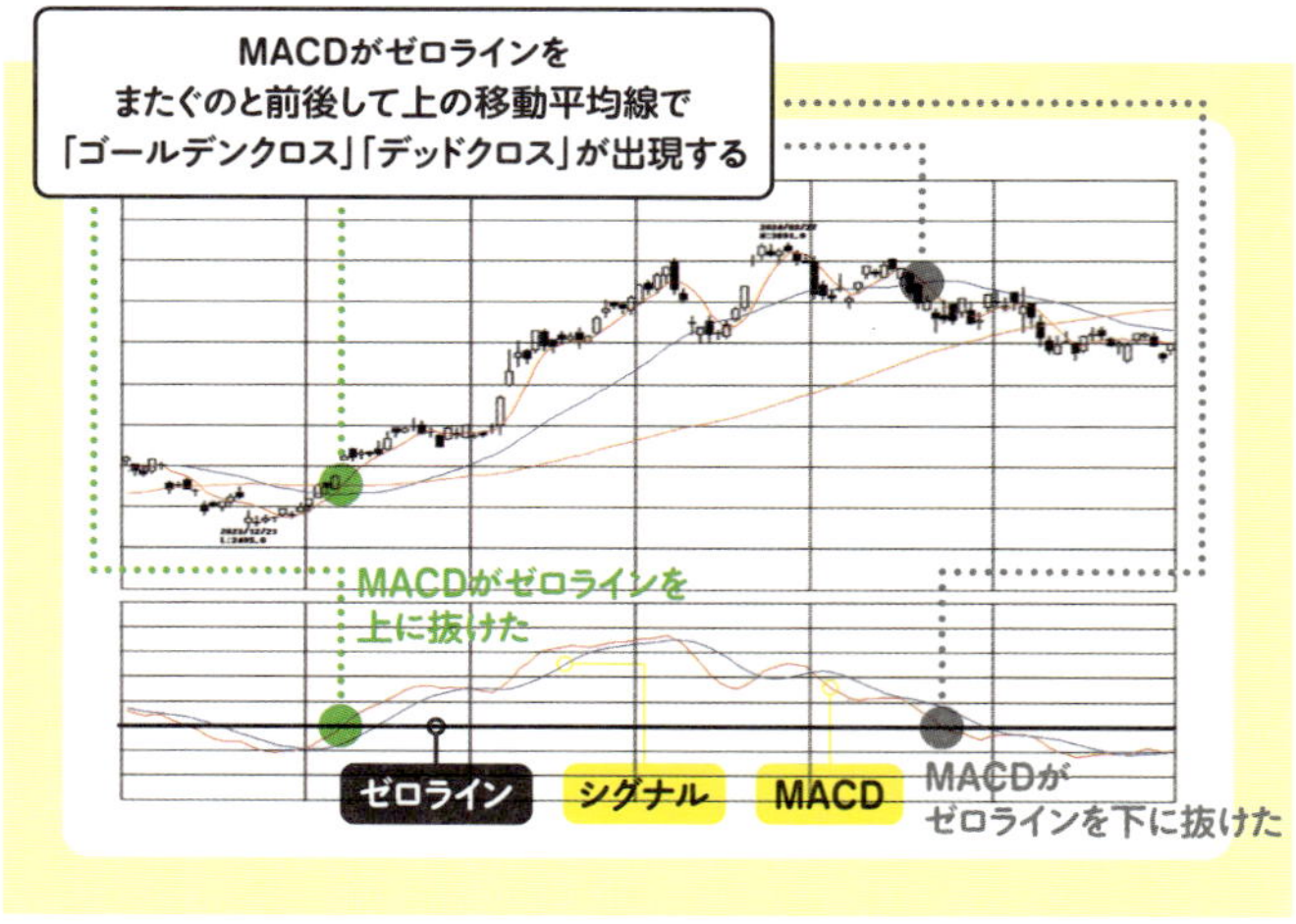
MACDがゼロラインを
またぐのと前後して上の移動平均線で
「ゴールデンクロス」「デッドクロス」が出現する
MACDがゼロラインを
上に抜けた
ゼロライン
シグナル
MACD
MACDが
ゼロラインを下に抜けた

出所：LSEGおよび楽天証券の情報を基に、技術評論社作成（2024年7月20日）

CD」と「シグナル」の位置関係で判断する方法と、「ゼロライン」と呼ばれる線とMACDの関係で判断する方法の2通りがあります。

買いサインは次のふたつです。

①MACDがシグナルを下から上に抜き、ゴールデンクロスになったとき。

②MACDがゼロラインを上に抜けたとき。

売りサインはこの反対で、次のふたつです。

①MACDがシグナルを上から下に抜き、デッドクロスとなったとき。

②MACDがゼロラインを下に抜けたとき。

ただ、MACDは移動平均線を変形させたテクニカル指標であることからもわかるように、**トレンドがはっきりしているときには効果を発揮しますが、トレンドがはっきりしないときは、それほど有効ではない**のが注意点です。

MACDの売買サイン

売りサイン

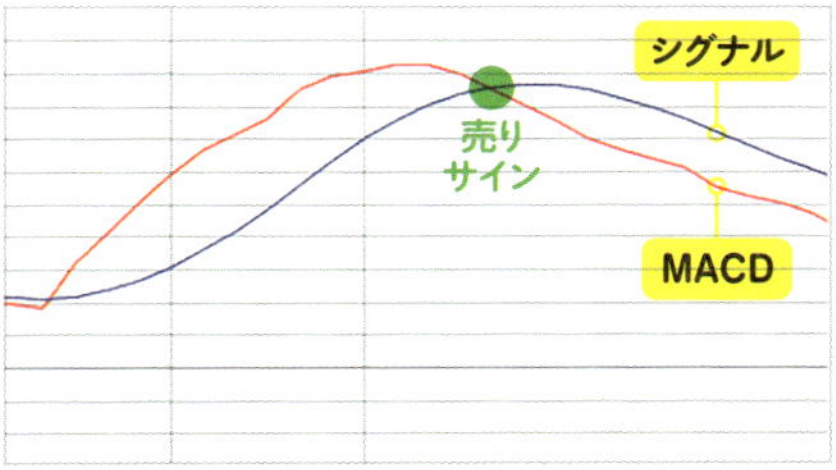
シグナル
売り
サイン
MACD

❶ MACDがシグナルを上から下に抜き、
デッドクロスを形成したとき

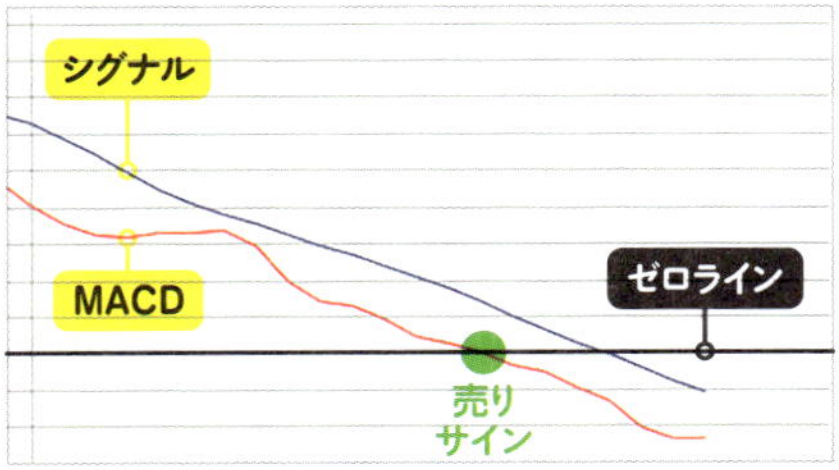
シグナル
MACD
ゼロライン
売り
サイン

❷ MACDがゼロラインを下に抜けたとき

買いサイン

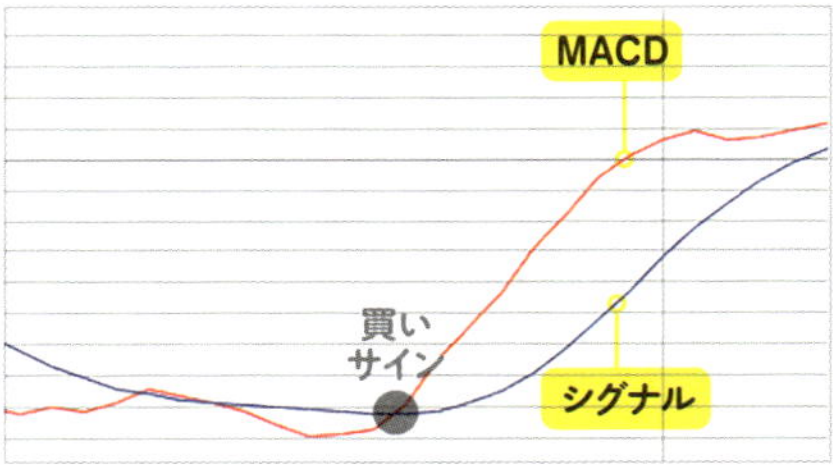
MACD
買い
サイン
シグナル

❶ MACDがシグナルを下から上に抜き、
ゴールデンクロスを形成したとき

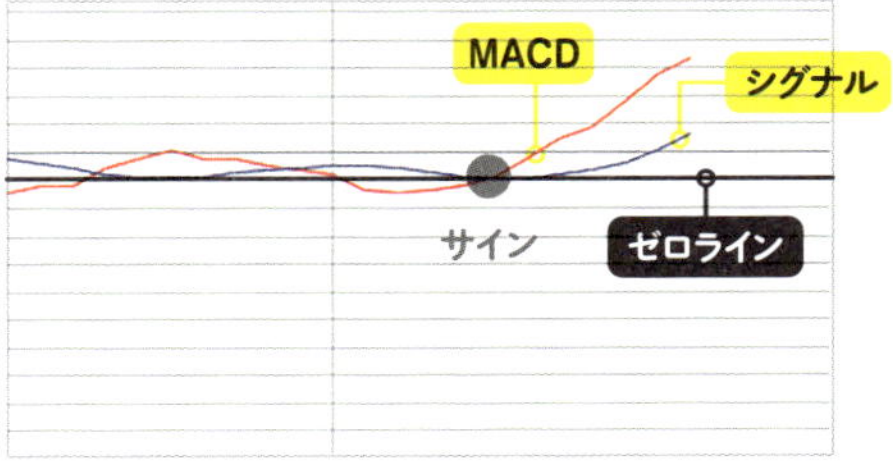
MACD
シグナル
サイン
ゼロライン

❷ MACDがゼロラインを上に抜けたとき

出所：LSEGおよび楽天証券の情報を基に、技術評論社作成（2024年7月20日）

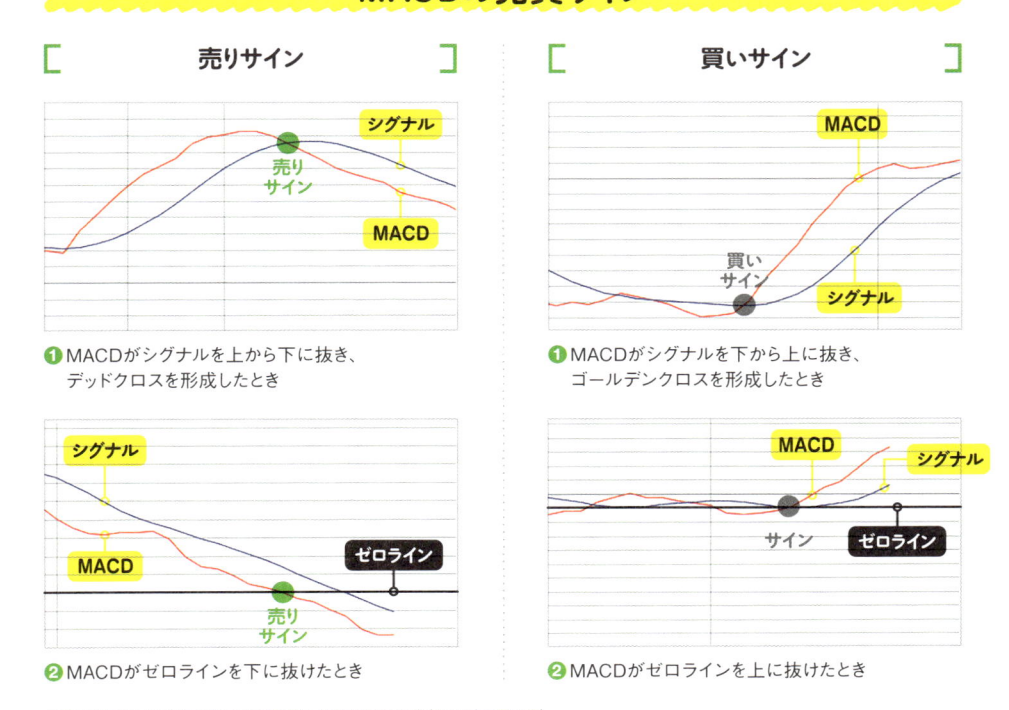

13 テクニカル分析を理解する

オシレーター系分析の指標② RSI

わかりやすい 売買サインが魅力の指標

相場の過熱感を敏感につかむことができるオシレーター系指標が、RSIです。この指標を端的に言うと、直近の任意の期間中の買い圧力、売り圧力のバランスをパーセンテージで表すものです。

その見方は、一般的にはRSIが**75～80%以上で買われすぎ（売りサイン）、25～20%以下で売られすぎ（買いサイン）を示唆する**とされます。

RSIの計算式をよく見るとわかりますが、RSIは任意の期間中の上げ幅が大きければ、値は100%に近づき、下げ幅が大きければ0%に近づく

RSIとは?

RSI（Relative Strength Index、相対力指数）（%）

$$= \frac{\text{n日間における上昇日の上げ幅の合計}}{\left(\text{n日間における上昇日の上げ幅の合計} + \text{n日間における下落日の下げ幅の合計}\right)} \times 100$$

RSIの売買サイン

- RSIが75%～80%以上で「売りサイン」
- RSIが25%～20%以下で「買いサイン」

ようになっています。上げ下げが拮抗しているときは50%に近づきます。

ただしこれはあくまでも一般的な見方であり、どのような相場でもこのサインどおりに売買すればいいというわけではありません。

トレンドが強いときの売買サインは要注意

たとえば下のチャートを見るとわかるように、RSIが90%を超え、強い売りサインが出ていても、強力な上昇トレンドであれば、そのまま直近の高値を更新し続けることもあります。この場合は、サインに従って売買すると大きな損失を抱えることになるので注意が必要です。強い下降トレンド時も同様に、RSIは20%以下で買いサインが出ても、下降トレンドがそのまま続くケースも少なくありません。

RSIは、逆張りに向くといわれますが、強いトレンド時にはサインの信憑性が著しく落ちるのは欠点です。

RSIチャートの見方

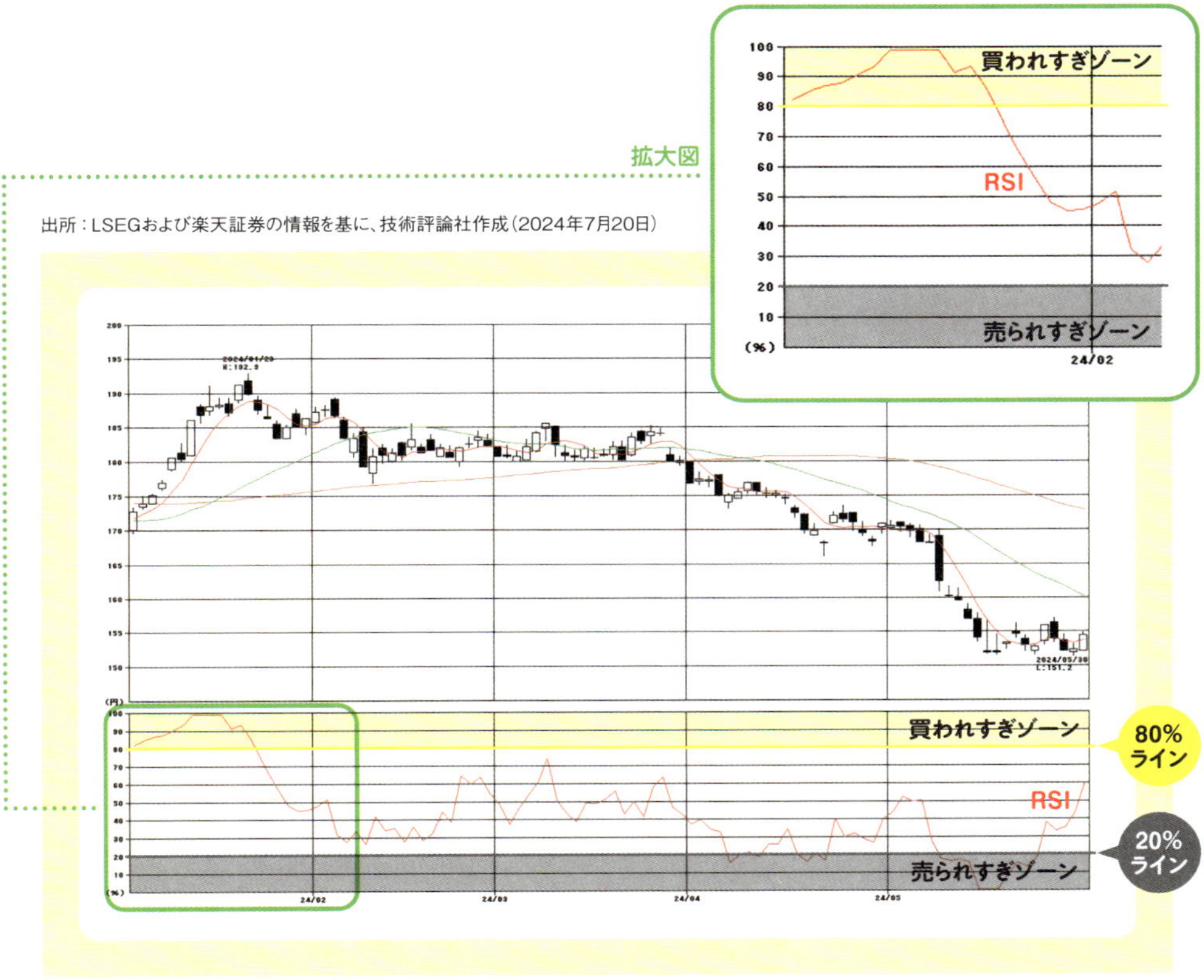

拡大図
出所：LSEGおよび楽天証券の情報を基に、技術評論社作成（2024年7月20日）
買われすぎゾーン
RSI
売られすぎゾーン
80%ライン
20%ライン
24/02
24/03
24/04
24/05

14 テクニカル分析を理解する

オシレーター系分析の指標③ ストキャスティクス

2本の線の動きで見極める人気のオシレーター系指標

ストキャスティクスは、対象期間内の相場の過熱感を数値化し、それをもとに売買サインを探る指標です。

「%K」、「%D」の2つのラインで構成されるのが一般的で、この2本の線の動きを見ながら「買いどき」か、「売りどき」かを判断します。

「%K」は、対象期間の変動幅において直近の価格がどれくらいの位置にあるかを示す数値で、「%D」は%Kの数値を任意の期間で平均したものです。

%Kの対象期間が9日間のときは、%Dは3日間がよく使われます。

その見方の基本は、2本の線が「0

ストキャスティクスとは？

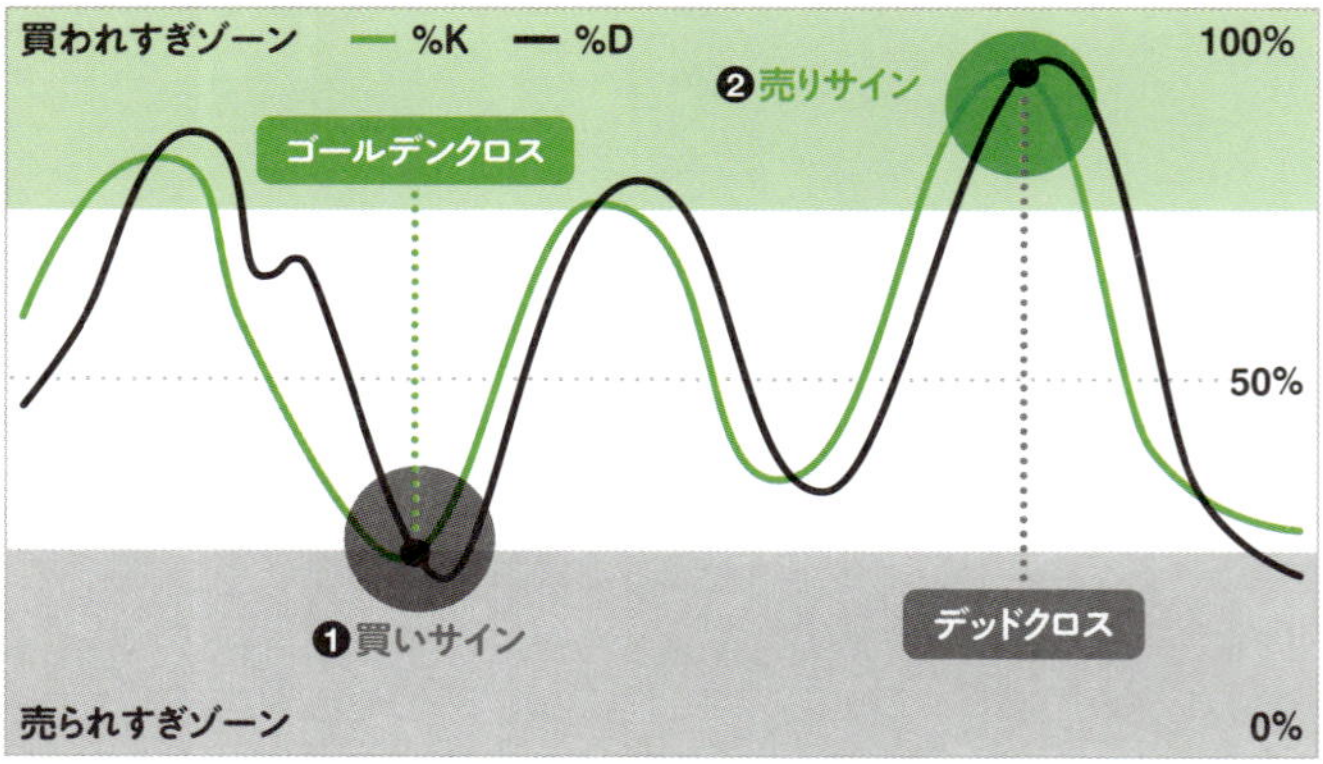

ストキャスティクスのサイン❶

%K、%Dの2本が20%以下で推移 ▶▶▶ 売られすぎ（買いサイン）

売られすぎゾーンで
ゴールデンクロス（「%K」が「%D」を下から上に抜ける）の発生
▶▶▶ 買いサイン

ストキャスティクスのサイン❷

%K、%Dの2本が80%以上で推移 ▶▶▶ 買われすぎ（売りサイン）

買われすぎゾーンで
デッドクロス（「%K」が「%D」を上から下に抜ける）が発生
▶▶▶ 売りサイン

%」に近いほど「売られすぎ（＝買いサイン）」、100%に近づくほど「買われすぎ（＝売りサイン）」とします。**%Kまたは%Dの値が80%以上のときにラインが下降し始めたら「売りサイン」、20%以下にあるときに上昇し始めたら「買いサイン」**とするのが一般的です。なお、%Kラインより%Dラインのほうが信頼性が高く重要とされます。

また、%Kと%Dの位置関係から判断する方法もあります。**%Kが%Dを下から上に抜いたとき（ゴールデンクロス）が「買いサイン」、上から下に抜いたとき（デッドクロス）が「売りサイン」**です。

使いやすい指標だがダマシも多いので要注意

ストキャスティクスは、使いやすく人気がありますが、他の指標と同様に「ダマシ」も多いため、売買サインを妄信しないことも重要です。

ストキャスティクスの見方

見方が簡単なので人気が高いオシレーター系指標ですが、
「ダマシ」になる売買サインも多いので、投資判断をこれだけに頼らないことが大事です。

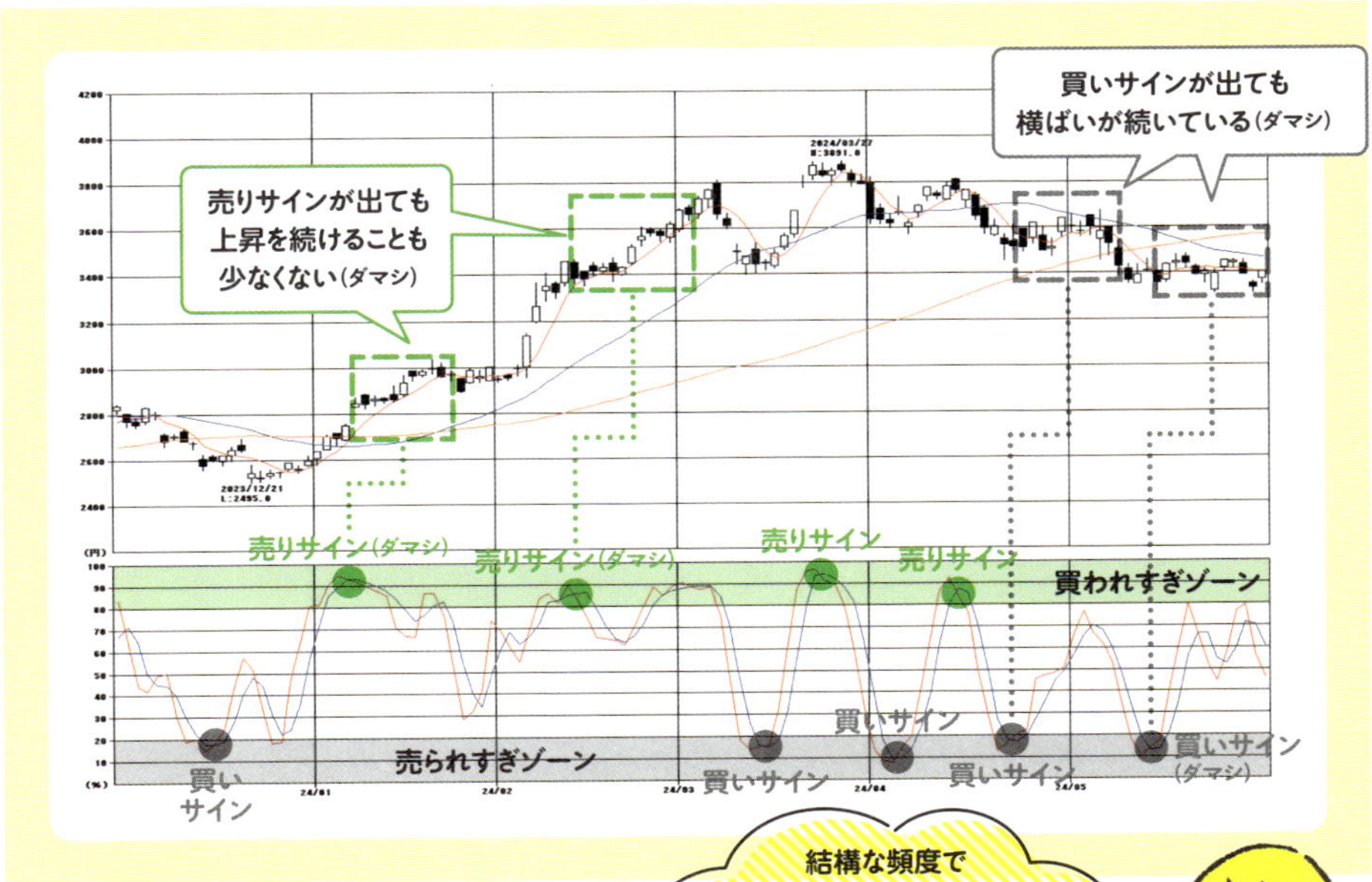

買いサインが出ても横ばいが続いている（ダマシ）
売りサインが出ても上昇を続けることも少なくない（ダマシ）
売りサイン（ダマシ）
売りサイン（ダマシ）
売りサイン
売りサイン
買われすぎゾーン
売られすぎゾーン
買いサイン
買いサイン
買いサイン
買いサイン
買いサイン
買いサイン（ダマシ）

出所：LSEGおよび楽天証券の情報を基に、技術評論社作成
（2024年7月20日）

結構な頻度で「ダマシ」になってる！
これを使うときは他の指標も見ながら判断したほうがよさそう。

15 テクニカル分析を理解する

オシレーター系分析の指標④ 移動平均乖離率

移動平均線をもとにしたオシレーター系指標

移動平均乖離率は、現在の価格が移動平均線からどれだけ離れているかを表した指標で、それをグラフ化して表示します。

おもに3つの用途で使用されます。

①買われすぎ・売られすぎの判断

一般に、基準とする移動平均線が5日移動平均線の場合は「±10％」、25日移動平均線の場合は「±15～20％以上」離れたことを目安に、プラスの大きな値を示す場合は「買われすぎ」、マイナスの大きな値を示す場合は「売られすぎ」と判断します。

②売買のタイミング

移動平均乖離率とは？

株価やその他の価格が移動平均線からどれだけ離れているかを示す指標です。
移動平均線から株価が上にある場合（上方乖離）は「プラス」、
逆に株価が下にある場合（下方乖離）は「マイナス」になります。

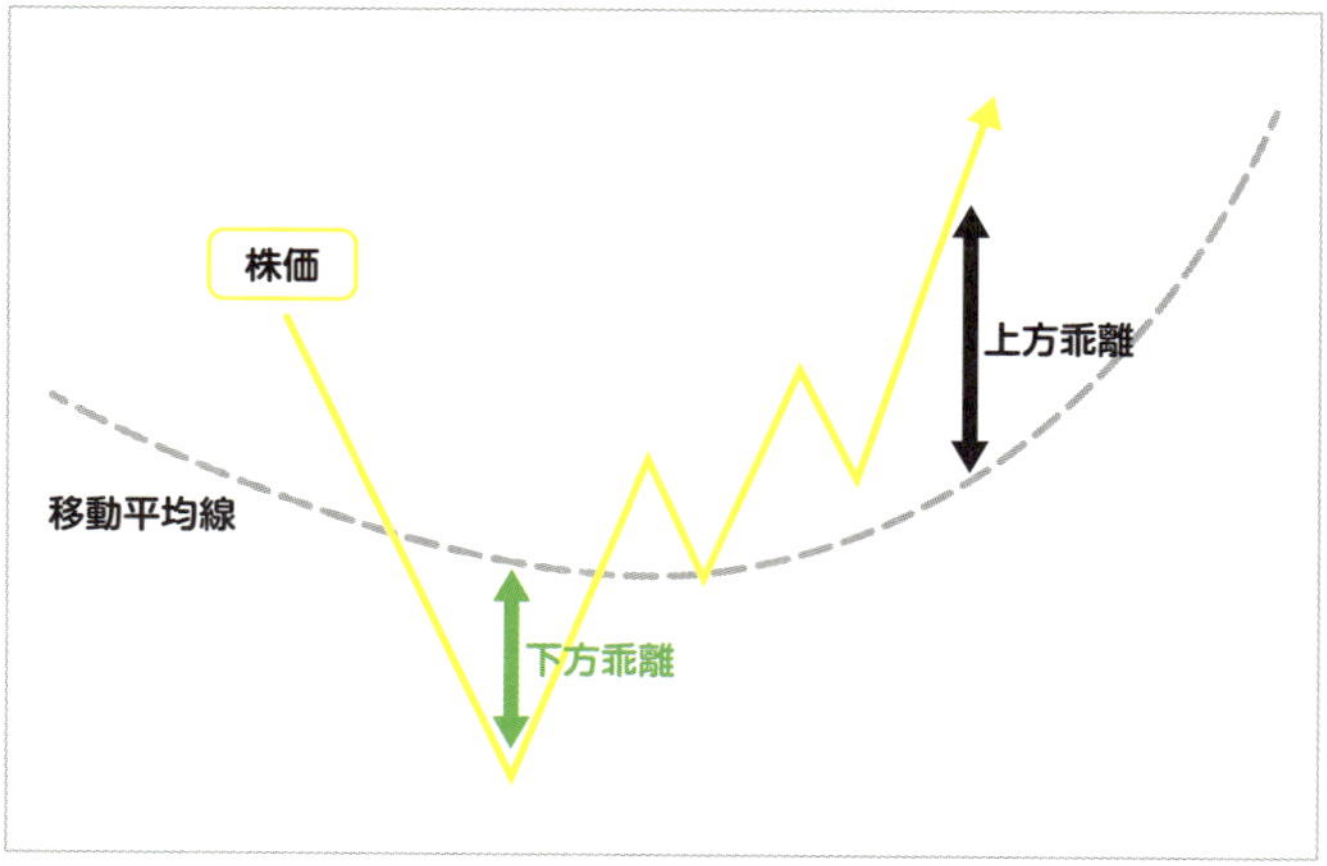

移動平均乖離率の売買サイン

- ＋10～＋20％以上になると天井になる ▶▶▶ 売りサイン
- −10～−20％以下になると底になる ▶▶▶ 買いサイン

たとえば、25日移動平均線の乖離率がプラス20％に達した場合は、買われすぎなので「売りサイン」、マイナス20％に達した場合は、売られすぎなので「買いサイン」と逆張りの売買サインとして利用されます。

③トレンドの確認

移動平均乖離率が0％付近で推移しているときは、価格が移動平均線に近いことを示し、トレンドが発生しにくい状態と判断されます。一方、大きく乖離している場合は、強いトレンドが発生している可能性があります。

移動平均乖離率は、過去の価格データをもとに計算されるため、リーマンショックのような予期しない急激な価格変動があった場合、その有効性が低下するので注意が必要です。

移動平均乖離率は、わかりやすく、相場の過熱感を判断するのに有効ですが、これだけに頼るのではなく、他の指標とも併用しながら投資判断を行いましょう。

移動平均乖離率の見方

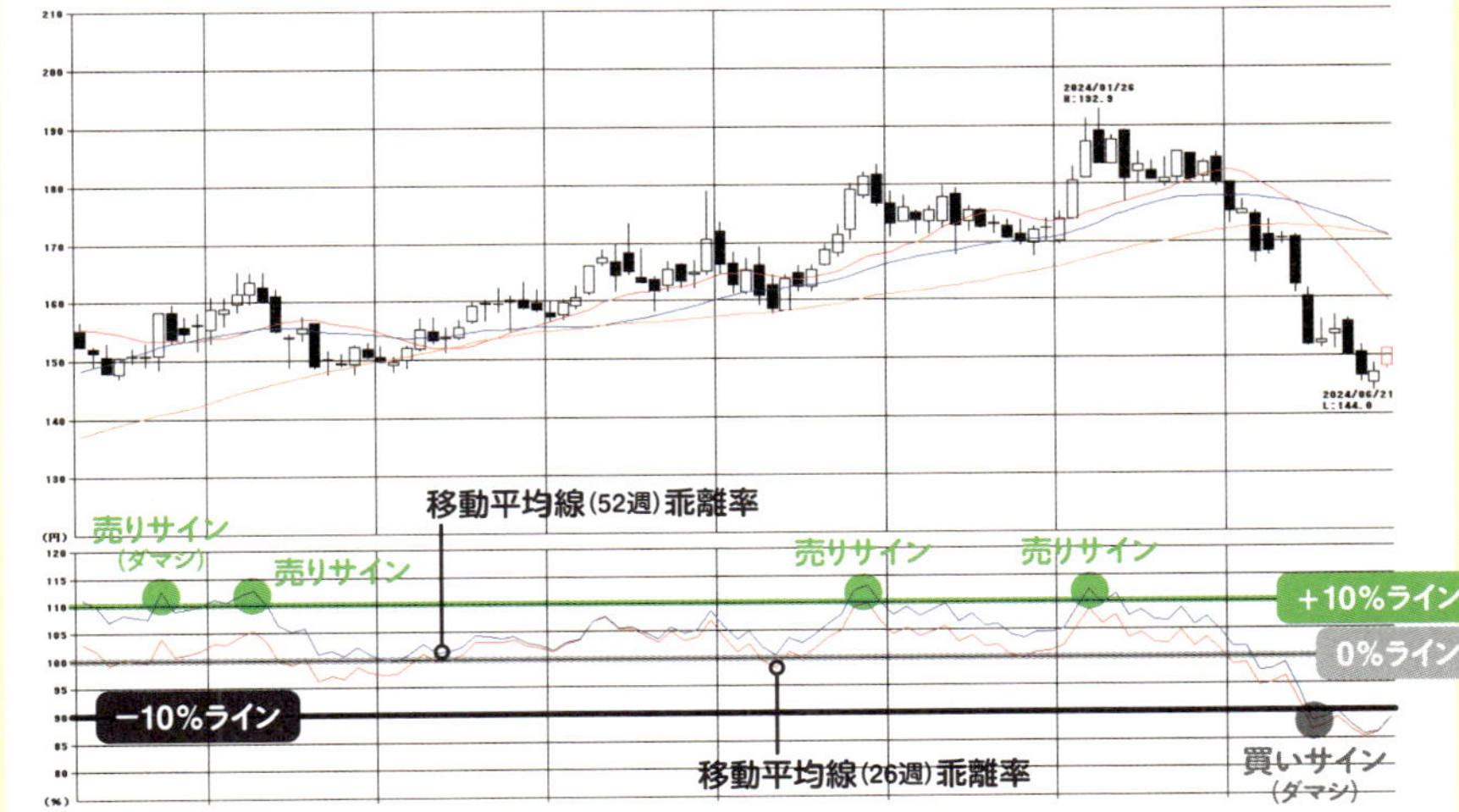

2024/01/26
H:192.9
2024/06/21
L:144.0
移動平均線(52週)乖離率
売りサイン
(ダマシ)
売りサイン
売りサイン
売りサイン
+10%ライン
0%ライン
−10%ライン
移動平均線(26週)乖離率
買いサイン
(ダマシ)

出所：LSEGおよび楽天証券の情報を基に、技術評論社作成
（2024年7月20日）

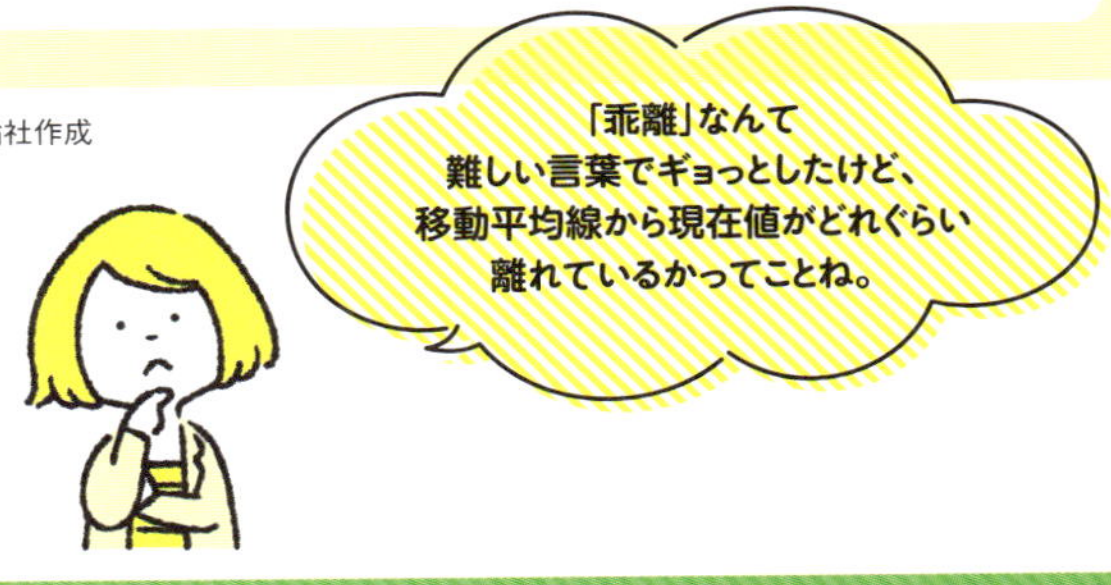

「乖離」なんて
難しい言葉でギョっとしたけど、
移動平均線から現在値がどれぐらい
離れているかってことね。

16 分析法のメリットとデメリット

どの分析法も過信してはいけない

分析法どおりでいいなら誰も投資で苦労しない

ファンダメンタルズ分析、テクニカル分析は、それぞれ異なる視点から投資判断をサポートしてくれますが、**完璧な分析法はないので、必要以上に頼りすぎるのは危険です。**

もし「PBR1倍割れ＝割安」が万能なら、株式投資で損をする人はいなくなるはずです。

また、株価が暴落するきっかけになった、リーマンショックや東日本大震災もファンダメンタルズ分析、テクニカル分析では予測できません。

投資判断するのは分析法ではなく、あくまでもあなた自身です。

心に留めておきたい投資格言

ケイ線を過信するな

投資の世界では、ケイ線（チャート）は株価の動向を視覚的に把握するための重要なツールです。しかし、ケイ線を過信すると誤った判断を下しやすくなります。そのことを戒める有名な投資格言です。

分析法を知って、「これでイケる！」と思ったけど、そんなに甘くはないのね……

ファンダメンタルズ分析のメリット・デメリット

メリット	デメリット
株価の割安・割高を判断できる 株価が企業の実質的価値と比較して割安か割高かを判断することで、投資機会を見つけることができる。	**市場の短期的な変動には対応しづらい** 短期的な市場の変動や投機的な動きには対応が難しく、短期投資には向いていない。
企業の実質的価値を評価できる 企業の財務状況、経営戦略、業界の状況などを総合的に評価し、企業の実質的価値を把握できる。	**大量のデータと時間が必要** 財務諸表、業界レポート、経済指標など、膨大なデータを収集・分析する必要がある。
長期的な投資判断に適している 長期的な視点で企業の成長性や安定性を評価できるため、長期投資に適している。	**主観的な判断が入りやすい** 分析するときに、主観や経験が影響しやすく、バイアスがかかる可能性がある。
投資リスクを低減できる 財務状況や業界の見通しなどを分析することで、投資リスクを減らすことができる。	**外部要因の影響を完全に予測できない** 政治的な変動、自然災害など、外部要因の影響を完全に予測することはできない。

テクニカル分析のメリット・デメリット

メリット	デメリット
迅速な意思決定が可能 グラフやチャートを用いて直感的に理解でき、迅速な売買判断をサポートしてくれる。	**過去のデータに依存する** 過去の価格データや取引量に基づいて分析するため、未来の予測には限界がある。
短期取引に適している 短期的な価格変動を捉えるのに優れており、短期トレードに適している。	**だましが多い** トレンドやパターンの誤認による「だまし」が発生することがある。
取引タイミングを計るのに有効 適切な買いと売りのポイントを見つけやすく、取引タイミングを計りやすい。	**市場の根本的な変動要因を無視する** 経済指標や企業のファンダメンタルズなど、市場の根本的な価格の変動要因を考慮していない。
視覚的で理解しやすい グラフやチャートが視覚的で、初心者にも理解しやすい。	**長期的な視野に欠ける** 短期的な価格変動に焦点を当てるため、長期的な投資には向いていない。
多くのツールと指標が利用可能 多様なテクニカル指標やツールが利用でき、多角的な分析ができる。	**過剰な分析に陥りやすい** あまりにも多くの指標やツールを使用することで、過剰な分析に陥ることがある。

知りたい！ あの機関・あの人のポートフォリオ ⑤

ウォーレン・バフェットのポートフォリオ

投資の神様と呼ばれるウォーレン・バフェット（178ページ）がCEOを務めるバークシャー・ハサウェイは、投資会社・機関投資家として長期間にわたって圧倒的な運用成績を残しています。同社のポートフォリオは、世界中から常に注目を集めています。2024年3月末時点で、約3,317億米ドル（約53兆円）と莫大な資金を運用しているにもかかわらず、アップル、バンク・オブ・アメリカの2銘柄で、約半分を占める集中投資をしているのが特徴です。とはいえ、一般の投資家に向けては、「自分がプロの投資家でなければ、高度な分散投資を信じる」と言っているように、分散投資を否定しているわけではありません。米国株投資をするときは、彼の動向に目を向けてもいいかもしれません。

バークシャー・ハサウェイの保有資産トップ10（2024年3月末時点）

	企業名	保有額	ポートフォリオに占める割合
1位	アップル	1,354億ドル（21兆6,577億円）	40.8%
2位	バンク・オブ・アメリカ	392億ドル（6兆2,665億円）	11.8%
3位	アメリカン・エキスプレス	345億ドル（5兆5,232億円）	10.4%
4位	コカ・コーラ	245億ドル（3兆9,155億円）	7.4%
5位	シェブロン	194億ドル（3兆1,038億円）	5.8%
5位	オキシデンタル・ペトロリアム	161億ドル（2兆5,790億円）	4.9%
6位	クラフト・ハインツ	120億ドル（1兆9,225億円）	3.6%
7位	ムーディーズ	97億ドル（1兆5,514億円）	2.9%
8位	チャブ	67億ドル（1兆0,748億円）	2.0%
9位	ダヴィータ	50億ドル（7,973億円）	1.5%
10位	シティグループ	35億ドル（5,590億円）	1.1%

出所：SEC

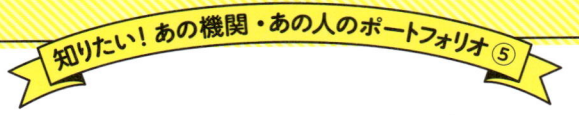

CHAPTER 6

投資初心者のための行動経済学入門

市場の動きに一喜一憂する自分の心の動きを理解し、コントロールすることが投資で成功するカギです。
この章では、行動経済学的な視点から、
感情の波に翻弄されずに冷静な判断を下すための投資メンタルの重要性について考えます。

1 行動経済学 を知る

投資を始めるなら知って損はない「行動経済学」

投資は理屈どおりに行動できないから難しい

投資を始めるときには「知識があれば投資に勝てるはず」と思いがちですが、実際に始めてみると、それが簡単ではないことがわかってきます。

どんな投資本にも「損切りが重要！」と書いてあります。それを頭でわかっていても、多くの人は知識どおりに損切りを実行できません。**そして、知識よりも自身の心の動きが重要であることがわかってきます。**

そんなとき、本章で紹介する「行動経済学」や「バイアス」について知り、自身の心のクセをつかんでおけば、あなたの助けになるはずです。

行動経済学とは？

行動経済学は「経済学」と「心理学」の要素を組み合わせた学問領域です。
経済学は人々は常に合理的な判断を下し、最適な選択をすることを前提にしています。しかし、実際には人々はしばしば合理性から逸脱します。
こうした合理性から逸脱した行動パターンを理解し、分析することが行動経済学の目的です。
合理的な投資行動ができない多くの人にとって役立つ学問です。

経済学 × 心理学

↓

行動経済学

Chapter6では、
投資に役立つ行動経済学の
知識を紹介します！

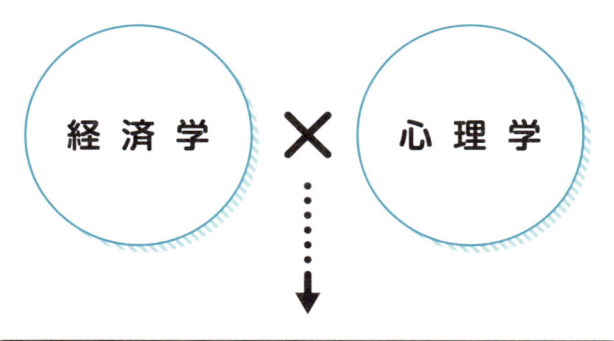

あなたは自分で思うほど合理的な人間でないかも!?

□ **宝くじを買ったことがある。**

年末ジャンボ宝くじの1等の確率は約2,000万分の1です。
「買わないと当たらない」のは確かですが、日本人全員が1枚ずつ買っても
6人しか当たらない計算です。 そもそも宝くじの当選金の総額は購入金額に対して50%以下です。
計算上は宝くじの購入は合理的とはいえません。

□ **今なら買う気がしない服を処分できない**

クローゼットにいわゆる「タンスの肥やし」になっている服がある人は多いはず。
もう着そうもない服でも買ったときに「高かった」という理由で捨てられない人も
多いのではないでしょうか。 値段が高かろうと、安かろうと
着ない服を処分しないことが合理的な行動といえるでしょうか。

□ **2人で1,000円を分けていいとき、1,000円をもらえない**

あなたと見ず知らずの人の前に1,000円があり
あなたが自由に分配していい場合に、どう分けますか。
合理的な選択はあなたが1,000円をすべてもらうことです。
でも、実際にその場面に遭遇したとき、
1,000円を総取りできるでしょうか。
なかなか難しいはずです。

□ **「無料」につられて何時間も並んだことがある**

たとえば、無料でサンマが配布されるイベントで
何時間も列に並ぶとします。 列に並ぶことで失われる時間は、
サンマより価値が高いといえるでしょうか。
そこまでして本当にサンマを食べたいのでしょうか。
無料だからといって行列に並んでまで時間を費やすことは
合理的といえないはずです。

いくつか
あてはまらなかった?
合理的に行動するのは
難しいことがわかったんじ
ゃないかな

投資の達人を目指すなら

行動経済学を もっと知りたい人のための必読書

2002年に行動経済学者として初めてノーベル経済学賞を受賞した、ダニエル・カーネマンの著書『ファスト＆スロー（上・下）』（ハヤカワ文庫）は、人がよりよい意思決定をするための実践的指南書。投資の際の意思決定だけでなく、日常生活のあらゆる場面で役に立つビジネスパーソン必読の一冊です。

ノーベル経済学賞受賞者
ダニエル・カーネマン
Daniel Kahneman
Thinking, Fast and Slow
ファスト&スロー
あなたの意思は
どのように決まるか?
上
村井章子 訳
友野典男 解説
ノーベル経済学賞受賞者
ダニエル・カーネマン
Daniel Kahneman
Thinking, Fast and Slow
ファスト&スロー
あなたの意思は
どのように決まるか?
下
村井章子 訳
友野典男 解説

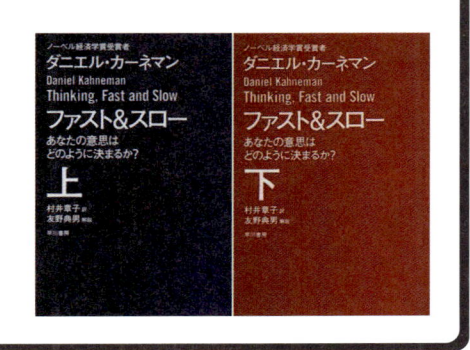

ノーベル経済学賞受賞者の「プロスペクト理論」

人は「得」より「損」に感情を揺さぶられる

行動経済学の最も代表的な理論がノーベル経済学賞受賞者ダニエル・カーネマンが提唱した「プロスペクト理論」です。ノーベル賞と聞くと難しいと感じるかもしれませんが、投資を始めるにあたり役立つ知識なので、ここで簡単に説明します。

ところで、あなたは何かをするときに、確実性を重視するタイプですか、それとも一か八かで勝負するタイプですか。それを決めてから、下の2つの質問に答えてください。

大半の人は、質問①は「A」、質問②は「B」を選びます。つまり、質問

次の2つの質問に答えてみよう

Q1：あなたはどちらを選びますか？

A ▶ 1万円が絶対に手に入る。

B ▶ コインを投げ、表が出たら2万円が手に入るが、裏が出たら何も手に入らない。

Q2：あなたは2万円の借金をしています。そのときに、どちらを選びますか。

A ▶ 無条件で借金を1万円にしてもらう。

B ▶ コインを投げ、表が出たら借金がチャラに。ただし、裏が出たら借金2万円のまま。

プロスペクト理論とは

行動経済学の代表的理論。簡単にいうと、人は「利益を得る場面では確実性を優先し、損失が出そうなときは損失を最大限に回避することを優先する」という思考のクセがあることを理論化したもの。

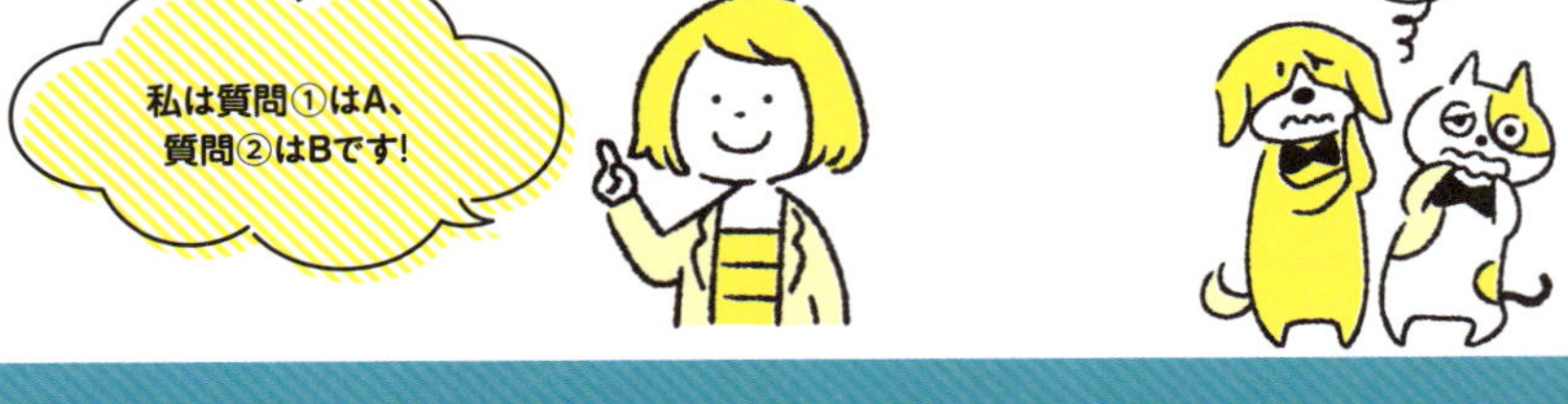
私は質問①はA、
質問②はBです！

①では確実性を求め、質問②では、借金をゼロにできる可能性があるため、リスクをとって勝負しようとします。

あなたはどうでしょうか。

じつは、どちらの質問も、A、Bの選択肢の「期待値」は同じです。

もし、あなたが「確実性を求めるタイプ」と答え、質問②で「B」を選んだなら、確実性を求めない選択をしています。「勝負するタイプ」と答え、質問①で「A」を選んだら勝負する選択をしていません。

人は利益を得る場面では確実性を優先し（確実性効果）、損失が出そうなときは、損失を避けることを優先する（損失回避性）傾向があるのです。

この性質を理論化したのが「プロスペクト理論」と呼ばれるものです。

多くの人が少しの利益が出ると利益確定して、損失が出ると塩漬けにして損失を拡大させてしまうのは、あべこべの選択をしがちな人間の心理的特性に影響されたものといえます。

人は得した喜びよりも損した悲しみが大きい

同じ金額を得た「喜び」よりも、同じ金額を失う「悲しみ」のほうが2倍ぐらい大きいといわれている！

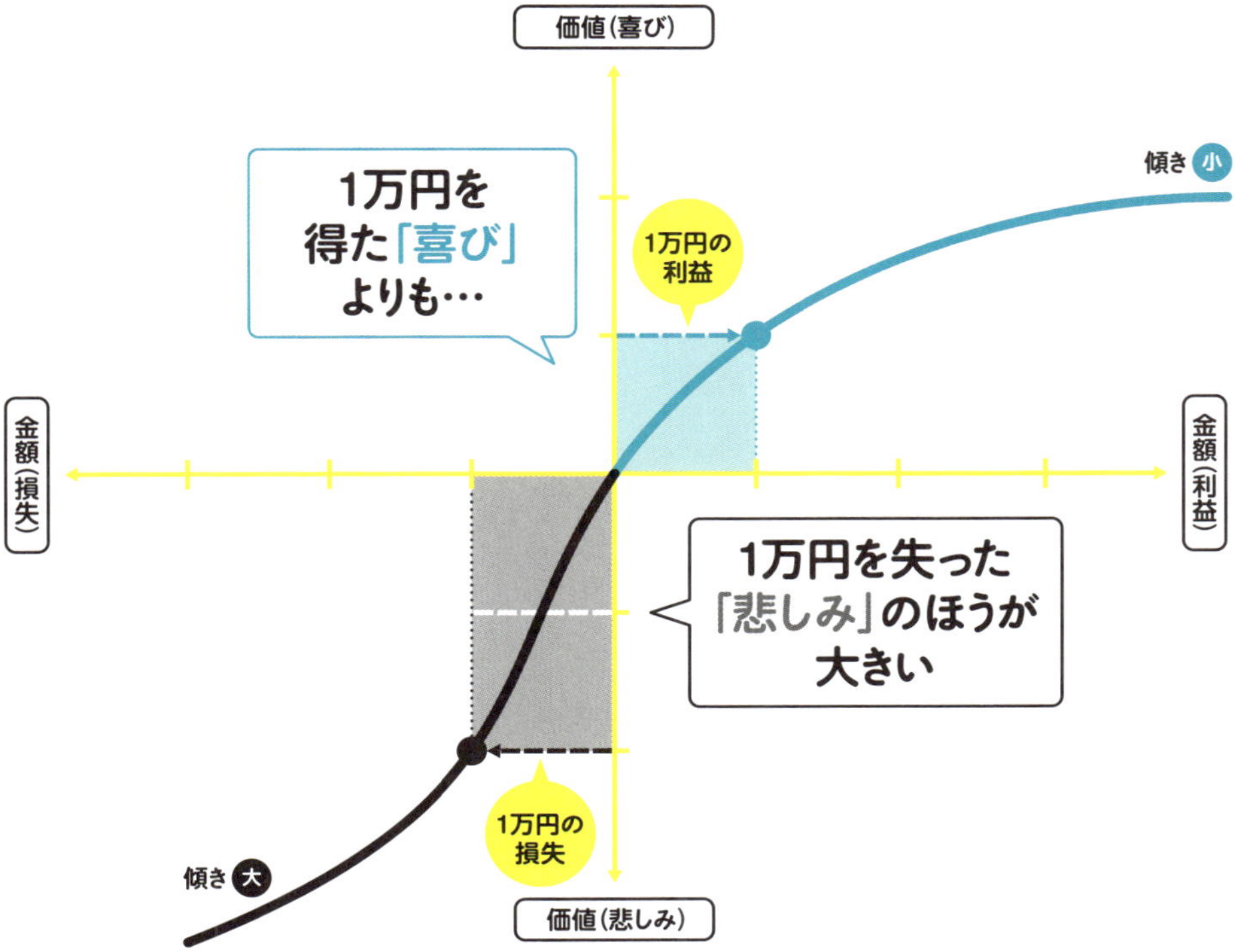

価値（喜び）
傾き 小
1万円を得た「喜び」よりも…
1万円の利益
金額（損失）
金額（利益）
1万円を失った「悲しみ」のほうが大きい
1万円の損失
傾き 大
価値（悲しみ）

都合のいい情報ばかり集めてしまう「確証バイアス」

人間は基本的に「損切り」が下手な生き物

投資初心者のみならず、経験者でも、自分が保有する銘柄の情報を探すときに偏った情報収集をしがちです。

たとえば、あなたがトヨタ自動車の株式を買ったとします。当然、株価が上昇することを期待するでしょう。このとき、「トヨタ株は上昇が期待できる！」という見出しをネットで見れば、即座にクリックして、「これなら株価の上昇が期待できる」と安心するかもしれません。ところが「これから先に待ち受けるトヨタの不安」という見出しを見つけた場合、その情報を無視してしまいがちです。

「確証バイアス」とは？

確 証 バ イ ア ス

自分にとって都合のいい情報ばかりを集め、
自分の考えを否定する情報や都合の悪い情報を
無視したり、目を背けてしまう傾向のこと。

株を買うと「値上がりする」と
書かれている情報ばかり集めて、
「値下がりする」と書かれている情報を
見て見ぬフリをする人が多いんです。

これは多くの人にありがちな傾向です。このように**都合のいい情報は受け入れるのに、悪い情報だけを遠ざけてしまう傾向を「確証バイアス」といいます。**

自分が信じたいことを否定するような悪い情報に接するのは不快です。しかし、それを避けてしまうと事実に基づいた判断ができなくなります。だからこそ、優秀な投資家は、自分にとって耳障りのいい情報だけでなく、否定的な意見にも耳を傾けます。「本当にそうなのだろうか」と疑い、その疑いを解消するために、本で調べたり、意見の違う人の話を聞いたりして、間違いや思い込みに惑わされないようにするのです。

都合の悪い情報を先に知ることで、問題にいち早く対処できます。悪い情報を無視して真実を受け入れることを先送りにすると、問題が大きくなることがよくあるので、その心理的障壁を乗り越えることが重要です。

「確証バイアス」のワナを回避するためのヒント

- **自分にも「確証バイアス」に陥る傾向があることを知る**
- **自分の思っていることが本当に正しいのか疑ってみる**
- **都合が悪い情報ほど目を背けたり、無視しないほうがいいと考えるようにする**
- **自分の先入観や信じていることに根拠があるのか調べてみる**
- **反対意見でも率直に言ってくれる第三者の意見を聞くようにする**

不都合な情報を
見て見ぬフリをすると、
あとで痛い目に
あうと思うけど……

投資の達人を目指すなら

まだある投資で知っておくべき心理現象「自己奉仕バイアス」

成功したら自分の能力や努力の結果とするのに、失敗をしたときは外部要因や他者のせいにする心理的傾向が「自己奉仕バイアス」です。

投資家のなかには成功した投資を自分の優れた分析や判断力の結果と考え、失敗したときは市場の不確実性や外部の要因のせいにする人は少なくありません。

このバイアスによって自己評価が過大になれば、自信過剰になり、リスク管理が不十分になる可能性が高くなります。また、失敗しても自分のせいとは考えないために、失敗から学ぶ機会を逃し続けることになります。その結果、同じミスを繰り返す可能性が高まってしまうのです。

このバイアスを克服するには、成功も失敗も客観的に分析することが大切です。

4 バイアスを知る

自分に都合の悪い情報を無視する「正常性バイアス」

人は「自分は大丈夫」と思いたいのかも!

2011年3月11日の東日本大震災が起こったとき、あれほど大きな津波が来ると考えた人は多くありませんでした。実際に、「かなり揺れたけど、もう収まったし大丈夫」と思ってしまったがために逃げ遅れ、犠牲になる人が多かったといわれています。

人は予想だにしなかった異常事態が起こったとき、心を落ち着かせるために、「きっと大丈夫」「自分には関係ない」「これは正常の範囲内だ!」と思ってしまいます。この心のクセが「正常性バイアス」です。

たとえば、相場がリーマンショック

「正常性バイアス」とは?

正常性バイアス

異常な状況や危機的な事態に直面しても、「自分には関係ない」「すぐに元の状態に戻る」と現状を過小評価し、危険を軽視する心理的傾向のこと。

たしかに、地震速報が鳴っても、
「自分には関係ない」と思ってしまって
全然逃げようとしていないわ……

のような明らかに不安定な状況にあるにもかかわらず、「今までと同じようにしていれば大丈夫だ」と思い込んでしまうことがあります。過去に市場が回復した経験があると、「今回も同じように回復するだろう」と考えてしまい、大暴落から逃げ遅れ、致命的な大損失につながる可能性もあります。

正常性バイアスの呪縛から逃れるためには、最新情報や経済ニュースを継続的にチェックして変化の予兆をキャッチできる感度を高め、自分の気持ちや感覚ではなく、情報に基づいて判断することが必要です。ときには専門家や信頼できる第三者の意見を参考にすることも大切です。

しかし、異常事態を恐れるあまり、少しの相場の変動で逃げてしまえば、大きな利益を手にすることもできません。投資を成功させる秘訣のひとつは、一見、相反するような投資行動をバランスよく適切に行えるかにあるといっても過言ではありません。

「正常性バイアス」のワナを回避するためのヒント

- **異常事態や緊急事態が起きた際は楽観的にならずに、最悪の事態を想定するクセをつけておく**
- **自然災害や市場の急変動に対する具体的なシナリオを頭に入れておく**
- **信頼性の高い情報源からの最新情報を常にチェックし、状況の変化に敏感になる**
- **自分だけの判断に頼らず、第三者の意見やアドバイスを積極的に取り入れる**
- **定期的に現状を分析し、正常性バイアスに陥っていないか自己チェックを行う**

逃げるべきときに
逃げないと
投資でも命取りに
なることはありますよ!

投資の達人を目指すなら

まだある投資で知っておくべき心理現象 「計画錯誤」

人は過去に計画どおりに進まずに失敗した経験を繰り返しているにもかかわらず、新たな計画を立てる際に楽観的な予測をする傾向があります。それが計画錯誤です。

投資において将来の計画を立てるときに、楽観的な計画を立てがちです。たとえば、「3年後に資産1億円」という冷静に考えるとあまりにも無理な計画を立てがちということです。大きなリターンが必要な計画を達成するには、ハイリスクの投資をしなければいけなくなり、自分のリスク許容度を超えた投資をすることになりかねません。

投資で成功するためには、目標を立てるときに計画錯誤を最小限に抑えた実現可能なものにすることです。計画錯誤に陥った場合でも、過去の失敗を振り返り、次の計画に生かすことを心がけましょう。

5 バイアスを知る

所有したものを高く見積もる「保有効果」

着ていない服を捨てられない人は要注意!?

断捨離は「不要なものを捨てて、ものへの執着心をなくすことで、身軽で快適な生活や人生を手に入れようとする考え方」のことですが、それは多くの人にとって簡単ではありません。そこには「保有効果」と呼ばれるバイアスが強く影響しています。

人は所有しているものの価値を、所有していないときよりも高く感じる傾向があります。また、長く所有したものへの感情的な結びつきが強くなり、愛着が生まれます。その結果、自分が手にしたものの価値を高く見積もって、失いたくないと考える「保有効果」

「保有効果」とは?

保有効果

何かが自分のものになったときに、
手に入れる前よりも高い価値を感じてしまう
心理的な傾向のこと。

「もう着ないなぁ」と
思っているのに、なかなか服を捨てられない
タイプなんです!　でもよく考えると、なんで
捨てられないんだろう……

に影響されるのです。

保有効果は、投資家の合理的な判断を阻害する要因になります。

たとえば、長期保有する銘柄に対していつの間にか愛着が湧き、株価が下落しても手放すのが惜しい気持ちが生まれたりします。業績が悪化して株価の上昇が見込めないなら、早めに損切りをすべきですが、愛着がそれを阻害するのです。

また、保有していないときにはそれほど高く評価しない資産でも、保有後には「まだ上がるはず」と価値を高く見積もってしまいがちです。その結果、売却のタイミングを逃し、損失を抱えるリスクを高めてしまうのです。

3年以上着ていない服をなかなか処分できない人は、保有効果の影響を受けやすいタイプかもしれません。**保有資産を持ち続けていない前提で客観的に評価するように努力しましょう。**それだけでも投資の結果が大きく変わってくるはずです。

「保有効果」のワナを回避するためのヒント

- ☑ 「保有効果」に陥りやすい傾向が自分にあることを自覚する
- ☑ 自分が持っている銘柄の価値を他人がどう判断するか考えてみる
- ☑ 保有銘柄を持ち続けていないと想定して評価することを試みる
- ☑ 長期間保有している銘柄を愛着だけで保有していないかを考えてみる
- ☑ 普段から捨てられないものを、なぜ捨てないのか、その理由を考えてみる

ボクはモノに
愛着なんてないから
関係ないね。今必要か
そうでないかだけで考えれば
いいのに……

投資の達人を目指すなら

まだある投資で知っておくべき心理現象「現状維持バイアス」

人々が現在の状況を維持しようとする心理的傾向が「現状維持バイアス」です。このバイアスは、変化に対する抵抗感や不確実性への恐怖から生じます。投資の世界では、このバイアスが投資家の行動に大きな影響を与えることがあります。

たとえば、このバイアスにより、長期的にパフォーマンスが低い資産を保有し続ける一方で、高リターンを狙える新しい投資先に資金を移すことを躊躇することがあります。それによって、全体的なリターンが低下するリスクがあります。また、市場環境が変化しているのに、ポートフォリオの構成を見直せず、結果としてリスクが過大になってしまう事態になることも考えられます。

このバイアスの克服には、データに基づいた客観的な判断を心がけることが重要です。

6 バイアスを知る

命取りになるかも!?「自信過剰バイアス」

自信過剰になると、失敗を大きくしかねない

投資を始めると、誰もが利益を得たいと考えます。しかし、自分の判断に自信を持ちすぎてしまうと、予期せぬ損失を招くことがあります。これは「自信過剰バイアス」と呼ばれる心理的なワナです。

自信過剰バイアスは、自分の知識や能力を過大評価し、リスクを過小評価してしまう傾向のことです。

たとえば、投資を始めてすぐに含み益が出ると、「自分は株式投資に向いている」と思い込んだり、調子に乗ったりしてしまう人がいます。その結果、「自分は正しい」と信じ込み、いつの間

自信過剰バイアスとは?

自信過剰バイアス

自分の能力や判断を過大評価しがちな心理的傾向のこと。
このバイアスの影響が強いと、失敗の可能性を見逃し、
大きな損失を招くリスクを増大させる。

いちいちそんなことを言われなくても、
もともと謙虚だから、関係ないね!

にか自信過剰になってしまうのです。

　そうなると、市場の動向や重要な情報を無視したり、自分の予測が外れた場合でも、その間違いを認められなくなります。投資家として、こうした態度は非常に危険です。

　自信過剰バイアスに陥ると、リスクを軽視し、余裕資金以外のお金を投資に回したり、許容すべきでないリスクをとったりします。そうなれば、大きな損失を被る可能性が高まります。

　自信過剰バイアスに陥らないためには、まずは自分の限界を認識することです。もちろん、努力をした結果、自分の予想が的中することもあるでしょう。とはいえ、市場は予測不能な要素が多く、専門家でも未来を予測できるわけではありません。

「自分は正しいとはかぎらない」「間違っていたら素直に間違いを認めて考え方を修正しよう」といった**謙虚な姿勢を持つことは、自信過剰バイアスに打ち克つ最大の武器になるはずです。**

「自信過剰バイアス」のワナを回避するためのヒント

- ☑ 過去の投資判断を記録し、その結果を定期的に振り返る習慣をつける
- ☑ 投資に関する議論に参加し、多様な視点を学ぶ
- ☑ ひとつの情報源に依存せず、複数の情報源から情報を収集する
- ☑ 判断に迷ったときは、その場で決めずにいったん立ち止まる
- ☑ 自分の知識やスキルを過大評価していないか、定期的に自己評価を見直すようにする

たしかにちょっとしたことで
自信過剰になっちゃうかもね。

投資の達人を目指すなら

まだある投資で知っておくべき心理現象
「フレーミング効果」

　同じ情報でも、その提示の仕方や文脈によって判断や意思決定が変わる心理的傾向が「フレーミング効果」です。たとえば、商品の効果を「成功率90%」と「失敗率10%」で表現すると受ける印象が異なります。

　投資でも、投資信託の運用成績が「過去10年間で平均7%のリターン」と提示されると安全に感じますが、「リーマンショック時に一時的に50%の損失があった」と別のフレームで提示されると印象が変わるはずです。

　この効果の影響を小さくするには、多角的な視点で情報を確認し、冷静で客観的な判断を心がけることが重要です。異なる視点から情報を再評価し、特定のフレームに偏らないようにしましょう。定量的なデータや客観的な分析をもとに判断することで、フレーミング効果の影響を減らすことができます。

7 バイアスを知る

最初に見た価格に左右される「アンカリング効果」

最初に目にした数字に人は影響されてしまう

テレビ通販は、最初から「3万円！」と言えばいいものを、わざわざ「本当は6万円のところ4万円！そして今から1時間以内の注文にかぎり、さらに1万円引きで、なんと3万円！」とややこしいことを言います。

「6万円が3万円」と「たったの3万円」では、感じ方が変わらないでしょうか。おそらく値引きされた「3万円」のほうが魅力的に感じるはずです。

どちらも同じ3万円なのに、最初に見せられた「6万円」という数字が印象を大きく変えるのです。これが「アンカリング効果」です。

アンカリング効果とは？

アンカリング効果

「アンカー」と呼ばれる、
最初に示された数字や条件が基準になって、
その後の判断に影響をおよぼす傾向のこと。

私は安いと「ラッキー!」と
思って、たいして欲しくもないのに買ってしまう。
お店の「アンカリング効果」を使った作戦に
引っかかっている気がするなぁ……

得した気分で買ってのちのち後悔することが多い人は要注意。「割引」の魅力に惑わされただけかもしれません。テレビ通販会社はその効果の大きさを知っているので、アンカリング効果を使って安く見せようとする作戦を常套手段にしているのです。

こうした思考のクセは投資をする際にも注意が必要です。**同じ銘柄でも初見の株価によってその印象が大きく変わる可能性がある**からです。

現在値《げんざいね》が1000円の銘柄を3年前の約100円だったころからウォッチしていた場合と、半年前に1300円になったときから注目した場合では、感じ方が変わるでしょう。しかし、現在値は1000円ですから、その印象に関係なく投資行動をできるほうがいいはずです。

「なんであのときに買ってしまったんだ!」と後悔することを少しは減らすために、こうした性質が自分にもあることを知っておくことは大切です。

「アンカリング効果」のワナを回避するためのヒント

- ✓ **最初に目にした価格が基準になって、その数字に影響されやすいことを理解しておく**
- ✓ **最初に意識した価格を知らなかったと仮定したときに、どんな判断をするかを考えるクセをつける**
- ✓ **判断に迷ったら、その場では判断せずに一度落ち着いて考える**
- ✓ **最初に見た価格がなぜその価格なのかを調べるクセをつける**
- ✓ **自分なりの合理的と思う基準で判断する訓練をして習慣化する**

最初に見た価格がどうしたって基準になりがちな傾向を知るだけでも大きな前進だよ。

投資の達人を目指すなら

まだある投資で知っておくべき心理現象「バンドワゴン効果」

他人の行動に影響されて、同じ行動をとりがちになる心理的傾向が「バンドワゴン効果」です。たとえば､「売上No.1」と宣伝されている商品の購入者が増えるのはその一例です。人は多くの人が支持しているモノやサービスを選ぶことで安心感や満足感を得ようとする傾向があるのです。

投資の世界でも、人気の銘柄や急騰する株に多くの投資家が飛びつき、さらなる価格上昇を引き起こすことがあります。2010年代のビットコインの急騰は典型例です。このようなときは、のちに大きな損失を招く可能性もあるため、冷静な判断が求められます。

バンドワゴン効果を理解することは、流行や人気に惑わされないように注意を促すことにつながり、より堅実な投資判断を可能にする助けとなります。

バイアス

目立つものに投資してしまう「フォン・レストルフ効果」

目立っているからといっていいとはかぎらない！

投資の世界に飛び込んだばかりの初心者にとって、どの銘柄や商品に投資すべきかを決めるのは難しいものです。その際に注意すべき心理的なバイアスのひとつが「フォン・レストルフ効果」です。これは、目立つものや強い印象を与えるものが記憶に残りやすく、選ばれやすいという現象です。

当然のことに思えますが、スーパーで商品を選ぶとき、特売のポップや目を引くパッケージの商品、テレビCMで何度も目にした商品が気になり買ってしまう――これらはフォン・レストルフ効果の典型例です。

フォン・レストルフ効果とは？

フォン・レストルフ効果

似た要素が多く並んでいる中にひとつだけ異なる要素があると、異なる要素が記憶に残りやすくなる心理現象のこと。
人の記憶に情報を植えつける効果的な手段として、多くの分野で活用されている。

たくさんの黒い点の中に
ひとつだけ白い点があれば目が行きがちです。
でも、黒い点のことを忘れてしまうと、何かを
見過ごすかもしれません。

投資においても、フォン・レストルフ効果は強く働きます。

ニュースやSNSで頻繁に取り上げられる銘柄は注目されやすく、投資対象として選ばれがちです。たとえば、テスラ社の電気自動車やビットコインが話題になれば、魅力的に映ります。過去に大きな成功を収めたアップルやアマゾンのような企業は、その成功が広く認知されているため、デビューしたばかりの投資家の心を強く惹きつけるでしょう。

ただ、目立っているものに投資すれば必ずしもいい結果を得られるとはかぎりません。たとえば、ビットコインは大きな話題になった直後に何度も大暴落しています。**投資の世界では世の中の関心を広く集めた時点で、すでに価格がピークを迎えていることが多くあります。**そのようなタイミングで投資をして大損失を被らないためにも、「フォン・レストルフ効果」に留意しておくことは必要です。

「フォン・レストルフ効果」のワナを回避するためのヒント

- 際立って特徴的な情報に過度に依存せず、専門家などの意見も参考にし、幅広い視点から判断を行う
- 投資判断をする際に、複数の情報源から情報を集め、特定の情報源に過度に依存しないようにする
- 企業の財務状況や業績などのファンダメンタルズに基づいた分析を行う
- 注目度が高いからといって特定の投資先に過度に依存しないように分散投資を行う
- 短期的に注目されたニュースや市場の動向に惑わされず、長期的視点の投資判断を心がける

目立つのものに
目が行くのは当然じゃない？
それがいいのかは
わからないけど……

投資の達人を目指すなら

まだある投資で知っておくべき心理現象「代表性バイアス」

特定の出来事や事象が一部でしかないにもかかわらず、あたかも全体を代表する典型的なサンプルであると判断する傾向を「代表性バイアス」といいます。

たとえば、ある半導体銘柄の株価が急騰した場合、それが半導体セクター全体の典型的なパフォーマンスと見なされ、他の半導体銘柄の購入を過度に正当化してしまったりします。また、日本は自動車業界が強いからといって、自動車メーカーの全銘柄の株価が今後も上昇しそうだと判断したりします。しかし、トヨタが好業績だからといって、日産がそうであるとはかぎりません。本来は各企業の業績を個別に見て判断するべきです。

ひとつの好材料を他にもあてはめてしまう結果、間違った投資判断の要因になる代表性バイアスの影響を理解しておきましょう。

9 バイアスを知る

損切りを妨げる!?「サンクコスト効果」

「もったいない」と考えるのは危ない兆候かも！

スマホのソーシャルゲームを無料で始め、そのうちに道具やキャラクターをそろえたくなって「ガチャ」に課金した経験がある人も多いでしょう。欲しいアイテムが出現するまで課金していくと、「これだけお金を投じたのだから、ここでやめるのはもったいない」と考えがちです。こうしてやめられなくなっていきます。

この背景には、「サンクコスト効果」と呼ばれるバイアスが関係しています。これは取り戻せないお金、労力、時間をムダにしたくない気持ちから、損をするとわかっていても、あとに引

サンクコスト効果とは？

サンクコスト効果

それまでにかけたコスト（お金や時間など）がもったいないと考えてしまって、合理的な判断をできなくなってしまう傾向のこと。

「もったいない」と思ってしまって、じつは損をしていることに気づかないなんて、人間って意外とネコ並みにトンチンカンだね！

けなくなって合理的な判断ができなくなる心理現象です。

「サンクコスト効果」は、投資家が乗り越えるべき最大の心理的障壁といっても過言ではありません。なぜならこの心理的ワナに陥ると損切りができなくなり、さらに大きな損失を招きかねないからです。「ここで売ったら損が確定してしまう」と考えて含み損を放置するのはその典型です。その思考がさらに強まると、市場全体のトレンドや企業業績の悪化で株価が下落しているのに、冷静さを失って「ナンピン買い」に走り、さらに損失を拡大させてしまうケースも少なくありません。

サンクコスト効果に負けないために、「〇〇〇円まで下がったら損切りする」といった投資ルールを決めるのはひとつの手です。

まずは「サンクコスト効果」に陥る可能性が自分にあることを認識することが、より合理的で冷静な投資判断をする第一歩です。

「サンクコスト効果」のワナを回避するためのヒント

- ✓ **自分はサンクコスト効果にかかる可能性があることを自覚する**
- ✓ **これまでにかけたコストを考慮せずに、継続するか、やめるかを考える**
- ✓ **どれだけのお金や時間をかけるかの上限を決めておく**
- ✓ **このままだと、どれぐらいまで損失が拡大するかを冷静に計算する**
- ✓ **取り戻せないコストは、「取り返すことはできない」とあきらめる**

でも、もったいないと思うのはしょうがないと思うけど……

投資の達人を目指すなら

使い方が難しい投資手法「ナンピン買い」とは?

株価やその他の金融商品の価格が下落した際に、さらにその銘柄を買い増しする投資手法のことを「ナンピン買い」といいます。

たとえば、ある銘柄を1,000円で100株購入し、その後800円に下落したとき、さらに100株を購入することで、平均購入価格を1,000円から900円に引き下げることができます。これにより株価が上昇に転じたときに利益を得やすくなります。

しかし、ナンピン買いをしたあとに価格がさらに下落する可能性もあるため、無計画にナンピン買いをするのは危険です。「ナンピン買いにどこまで資金を投じるか」、「いくらまで価格が下落したら損切りするか」といったルールをつくっておかないと、サンクコスト効果のワナにかかって大損失を被る可能性があるので注意が必要です。

10 自分の心を鍛える

群集心理を理解しないと投資で成功するのは難しい！

投資と「群集心理」の関係は？

投資をするうえで、自分以外の投資家の心理や行動にも注意を払うことは大切です。なぜなら、突き詰めて考えると、株価は、多くの投資家の「上がりそう」「下がりそう」といった期待や恐怖の「群集心理」によって動かされているからです。

群集心理は、不特定多数の人々が共通の関心事や興味の対象のもとに一時的に集まったときに生じる心理状態のことです。衝動的で興奮性が高まり、判断力や理性的思考が低下して付和雷同しやすくなるのです。群集心理によって平和的なデモが暴動に発展するこ

「群集心理」から見るバブルと暴落のプロセス

［バブルの流れ］

❶初期投資家の購入
一部の先見の明を持つ投資家が、成長が見込まれる資産や株式を購入しはじめる。

↓

❷株価が上昇
初期投資家の購入活動により、需要が増し、株価が上昇しはじめる。

↓

❸多くの投資家が追随
株価の上昇を見て、多くの投資家が「乗り遅れないように」と追随する。

↓

［暴落の流れ］

❶市場の急落
バブルがピークに達し、現実的な評価が始まると、株価が急落しはじめる。

↓

❷パニック売り
株価の急落に恐れを感じた投資家たちが、一斉に株を売りはじめる。

↓

❸売りが売りを呼ぶ
パニック売りによって株価が値下がりすると、売り注文が増えて株価がさらに下がる。

↓

群集心理によって興奮状態になり判断力が低下。むやみに他人の行動に追随する人が増える

↓

❹バブル形成
過度の楽観主義と「もうけ話」によって、投資家がさらに資金を投入し、株価が実際の価値以上に高騰し、バブルが形成される。

❹暴落
一連のパニック売りにより、株価が大幅に下落し、バブルが完全に崩壊して暴落が起こる。

とがあるように、投資の世界でも投資家がニュースや市場の変動に一斉に反応して、ときにパニック状態に陥るようなことがあります。

群集心理は株価を上下させる

たとえば、バブルと暴落が発生するのは群集心理の作用といえます。バブルが発生するのは、「株でもうけた」という話を聞いた多くの人が「みんなが買うから自分も買う」と追随するからです。そして、ひとたび市場が急落するとパニックに陥り、「みんなが売って値下がりしそうだから、自分も早めに売ろう」と考える人が増え、売りが売りを呼んで暴落するのです。

みんなが売っているときに安く買い、みんなが買っているときに高く売る——群集心理を逆手に取れば、大きな利益を得られるチャンスが増えるかもしれません。

群集心理を逆手に取る

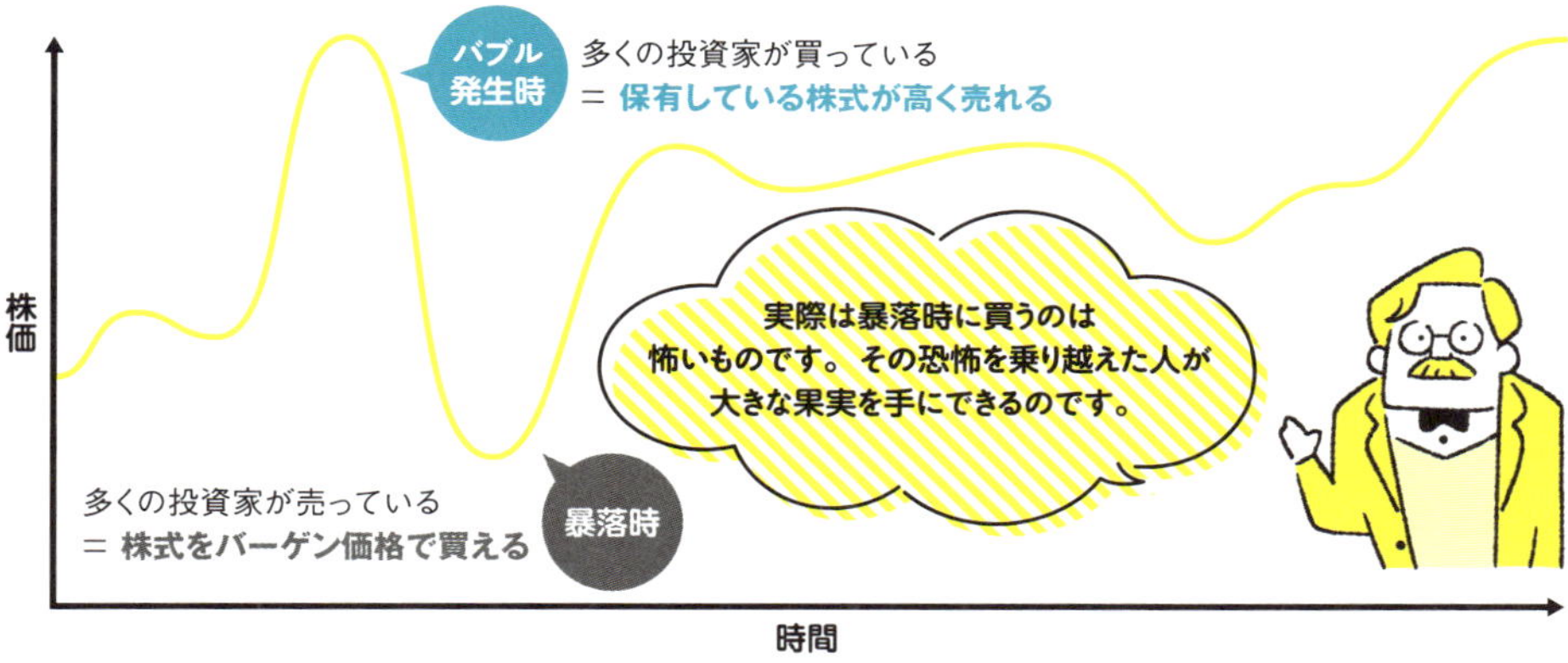

バブル発生時
多くの投資家が買っている
= 保有している株式が高く売れる
株価
実際は暴落時に買うのは怖いものです。その恐怖を乗り越えた人が大きな果実を手にできるのです。
多くの投資家が売っている
= 株式をバーゲン価格で買える
暴落時
時間

投資の達人を目指すなら

「群集心理」をもっと知りたい人のための必読書

19世紀末のフランスの社会心理学者、ギュスターヴ・ル・ボンが執筆した『群衆心理』（講談社学術文庫）は、フランス革命やナポレオンの台頭といった歴史的事象をもとに群衆の心理を鋭く分析した古典的名著です。市場は多くの投資家による集団行動によって形成されており、とくに市場の過剰反応やパニック売りは群衆心理に起因します。本書を読むことで、集団行動や心理に対する理解を深めることができます。投資家にとって市場の過剰反応やパニック売りを理解し、冷静な判断を下すための手助けとなるはずです。

群衆心理
ギュスターヴ・ル・ボン
櫻井成夫訳

11 自分の心を鍛える

実際に投資しないと自分の心の動きはわからない

投資をすればするほど心の制御の難しさがわかる

多くの本やセミナーで投資の基本は教えられています。しかし、実際に投資を始めてみると、これらの知識だけでは不十分であることに気づきます。なぜなら、投資における「心の動き」を理解し、コントロールすることがいかに難しいかを身をもって体験するからです。

たとえば、市場が急落したとき、「冷静に対処すべきだ」とわかっていても、実際には恐怖や不安に襲われ冷静ではいられないでしょう。冷静になるどころか、「もう少し待てば株価が回復するかもしれない」と考えてしまって

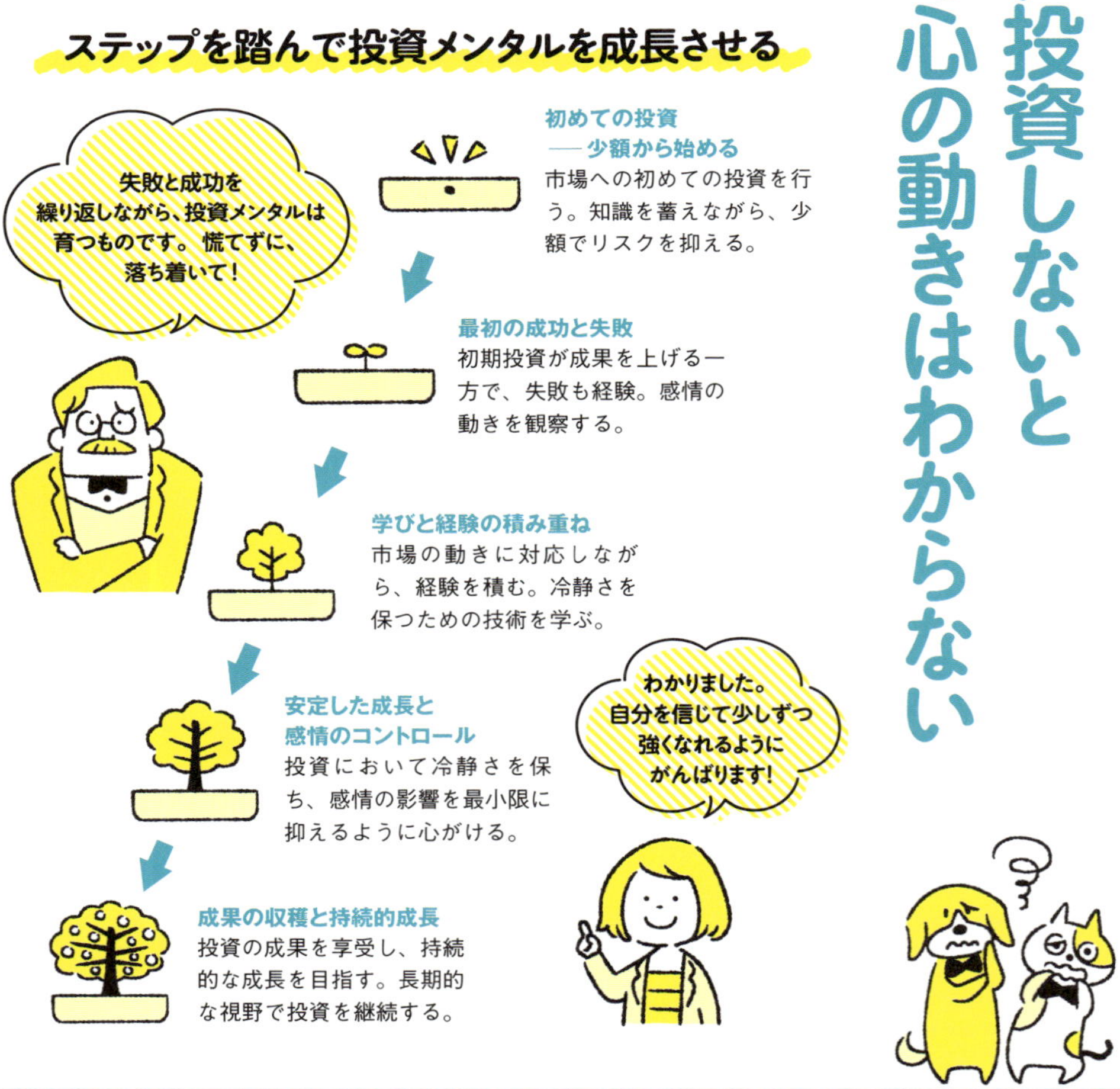
ステップを踏んで投資メンタルを成長させる
初めての投資
── 少額から始める
市場への初めての投資を行う。知識を蓄えながら、少額でリスクを抑える。
失敗と成功を繰り返しながら、投資メンタルは育つものです。慌てずに、落ち着いて！
最初の成功と失敗
初期投資が成果を上げる一方で、失敗も経験。感情の動きを観察する。
学びと経験の積み重ね
市場の動きに対応しながら、経験を積む。冷静さを保つための技術を学ぶ。
わかりました。自分を信じて少しずつ強くなれるようにがんばります！
安定した成長と感情のコントロール
投資において冷静さを保ち、感情の影響を最小限に抑えるように心がける。
成果の収穫と持続的成長
投資の成果を享受し、持続的な成長を目指す。長期的な視野で投資を継続する。

損切りができず、結果的に損失を拡大させてしまう――そんなことを繰り返しがちです。逆に市場が急騰したときには、「もっと値上がりするかも」と欲が出て、適切なタイミングで利益を確定できず、結局、買値より値下がりしたところで慌てて売却することも。そして、「あのとき利益確定していればよかったのに!」と後悔したりします。

実際に投資を始めて自分のお金が増減するのを目のあたりにすると、冷静さを保つことは簡単ではないことに気づきますが、逆にいえば、投資をしないかぎり自分の心がどう動くのかはわかりません。

実際に身銭を切ってこそ、知識や理屈だけでは手に入れられない実践的な学びを得られます。最初は少額から始め、自分の心の動きを観察し、少しずつ経験を積むことが重要です。そして、その経験を通じてこそ、徐々に自分の感情をコントロールする術を身につけることができるのです。

投資を邪魔する感情とその対策

感情	具体的な対策	説明
恐怖	冷静な分析	市場が下落したとき、感情に流されずにデータに基づいて冷静に分析し、感情を排除した判断を心がける。
	リスク管理の強化	投資の初期段階でリスク管理を徹底する。ポートフォリオの多様化、損失許容範囲の設定などを行い、損失を最小限に抑えることを意識する。
	専門家などの活用	経験豊富な投資家やファイナンシャルアドバイザーに相談することで、恐怖を軽減し、冷静な判断をサポートしてもらう。
欲望	利益確定のルール設定	事前に利益が一定の割合に達したら一部またはすべてを売却するなどの利益確定のルールを設定し、そのルールに従って行動する。
	長期的視点を持つ	短期的な利益ではなく、長期的な投資目標に基づいて行動する。目先の利益ではなく将来の資産の成長を重視することで欲望に流されにくくなる。
	過去の失敗体験の振り返り	過去の失敗体験を振り返り、同じ過ちを繰り返さないようにする。失敗体験に基づいて利益確定のタイミングを見極める。
不安	メンタルヘルスのケア	投資による不安を軽減するために、メンタルヘルスのケアを重視する。定期的な運動、瞑想、十分な睡眠などを取り入れ、ストレスを管理する。
	定期的なポートフォリオの見直し	定期的にポートフォリオを見直し、必要に応じて調整を行うことで、不安を軽減する。市場の変動に対応しやすくなり、安心感を得られる。
	目標設定と進捗確認	明確な投資目標を設定し、その進捗を定期的に確認する。計画どおりに進んでいるかを確認できれば不安を軽減できる。
後悔	反省と学びの振り返り	過去の失敗を反省し、そこから学ぶことで、後悔を前向きな経験に変える。失敗を振り返り、次回に生かすための具体的な行動計画を立てる。
	感情の記録	感情を記録することで、どのような状況で後悔が生じるのかを把握しやすくなる。日記やメモを活用し、感情のパターンを理解する。
	目標の再設定	過去の失敗に基づいて、現実的で達成可能な目標を再設定する。目標が現実的であれば、後悔の頻度が減少し、達成感が増す。

12 自分の心を鍛える

投資メンタルを鍛えないといくら知識があってもダメ！

弱い投資メンタルは知識を無用の長物にする

周囲にいる投資経験者に聞いてみてください。最初からタイミングよく損切りをできた人はほとんどいないはずです。投資の知識がいくら豊富でも、それだけでは成功できません。知識どおりに行動することはとても難しいからです。知識を生かした行動をするには、「投資メンタル」の強さが欠かせません。

投資メンタルは、「感情に左右されずに冷静で理性的な判断できる心理的な強さや姿勢」です。これが弱いと冷静な判断ができなくなるだけでなく、せっかくの知識や情報を無用の長物にし

投資で成功するためにはメンタルが大事

投資の知識 ＜ 投資のメンタル

投資メンタルとは？

リスクやストレスを適切に管理しながら、感情に左右されずに冷静で理性的な投資判断を維持する心理的な強さや姿勢のこと。

初心者は知識があれば成功すると思いがちですが、それは大きな間違いです！

てしまうのです。

投資メンタルを強くするために

投資メンタルを鍛えるといっても、何かひとつのことをすれば簡単に鍛えられるわけではありません。投資の世界に一歩足を踏み出し、投資をして成功したり失敗したりしながら経験を積むことでしか鍛えられない部分もあるため焦らないことです。

ただし、投資メンタルの強化につながるような行動や考え方のヒントは、下表のようにいくつかあります。

強いメンタルがあってこそ、知識を生かせますし、冷静な判断ができるようになります。市場の変動に左右されず、自分のルールを貫くにも、メンタル強化は不可欠です。経験の積み重ねや日々のストレス管理をうまくしながら、強い投資メンタルを育て、長期的な成功を目指しましょう。

投資メンタルを鍛えるためにできること

投資メンタル強化

❶ 学ぶ姿勢を忘れない

基本的な知識を身につける
投資の基本を学ぶことで、不安を軽減できる。

情報をアップデートする
常に最新の経済ニュースや市場動向をチェックし、自分の知識を更新し続ける。

❷ 現実的な目標を設定する

短期と長期の目標を明確にする
短期的な利益を追求するのではなく、長期的な視野で計画を立てる。

現実的な期待を持つ
投資にはリスクがともなうため、一夜で大金を稼ぐのは難しいことを理解する。

❸ リスク管理を徹底する

分散投資を実践する
ポートフォリオを多様化することで、リスクを分散できる。

余剰資金のみを投資する
余剰資金のみを投資に回し、生活費や緊急資金は確保しておくことが重要。

❹ サポートを求める

コミュニティに参加する
SNSグループなどで他の投資家と情報交換をする。孤立感も減らせる。

プロの助けを借りる
ファイナンシャルアドバイザーや投資の専門家からアドバイスを受けることもひとつの手。

❺ 感情をコントロールする

冷静な判断を心がける
冷静な判断が成功のカギ。感情に流されて急な売買をしないように心がける。

ストレスをコントロールする
投資にストレスを感じたら、一歩引いてリフレッシュする。運動や趣味に時間を使うことで、メンタルのバランスを保つ。

❻ 失敗を学びに変える

経験を生かす
失敗は避けられないが、それを学びの機会と捉え、失敗から得た教訓を次の投資に生かすことが重要。

知りたい！あの機関・あの人のポートフォリオ⑥

ロボアドバイザー「WealthNavi」のポートフォリオ

107ページで紹介したロボアドバイザー「WealthNavi」は、「年齢・年収・金融資産・投資目的・相場が急落したときの対応」についての簡単な質問に答えた結果で5段階のリスク許容度を診断し、そのリスク許容度に基づいたポートフォリオで運用されます。リスク許容度が最も低い「1」から最も高い「5」に向かうにしたがって、株式の比率が高くなり、そのぶん債券比率が低くなることがわかります。

WealthNaviでは、原則として、①6カ月間リバランスが行われていない場合、②実際のポートフォリオと最適ポートフォリオの配分比率を資産ごとに比較し、5%以上乖離している資産があった場合に、定期的に最適な配分に戻すリバランスを自動的に行います。

WealthNaviのリスク許容度別の最適ポートフォリオの最適配分

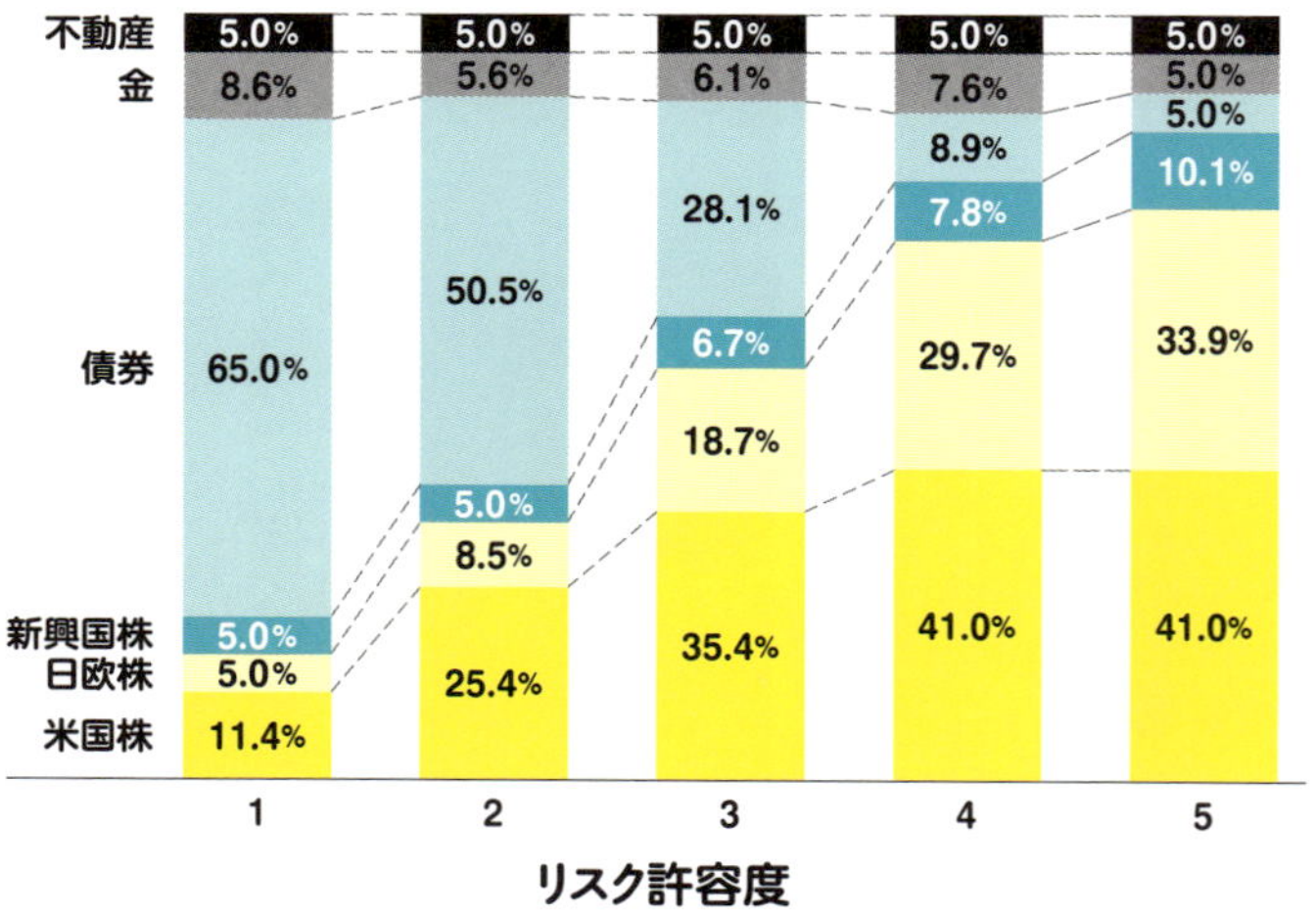

出所：ウェルズナビ

CHAPTER 7

投資で成功したいなら、知っておきたい心がまえ

投資の世界で成功を収めるには、単なる技術や知識だけでなく、心の準備が重要です。
この章では、成功を目指すために必要な心がまえについて説明します。
投資家としてのマインドセットを整え、未来の成功を手に入れましょう。

1 投資は 忍耐が大事

投資には「忍耐」がいると心得よう！

簡単にもうけようと思うと失敗する可能性大

投資を始めるにあたって、多くの初心者が「すぐにもうけたい」という気持ちを抱きがちです。SNSで真偽が定かでないような成功話を見聞きして、なぜか焦ってしまうのです。

投資で成功するには、時間と忍耐が必要です。投資で成功している人たちも一朝一夕で大きな利益を得たわけではありません。

たとえば、投資の神様と呼ばれるウォーレン・バフェット（178ページ）は、その成功の背後にある忍耐と知識で知られています。93歳（2024年7月現在）の彼は、若いころから投資

長期的な視点を持つ投資家のイメージ

短期的な利益を追求する投資家は投資の成果が上下に激しく動く一方、長期的な視点を持つ投資家は、時間とともに着実に投資の成果が上昇していくイメージです。

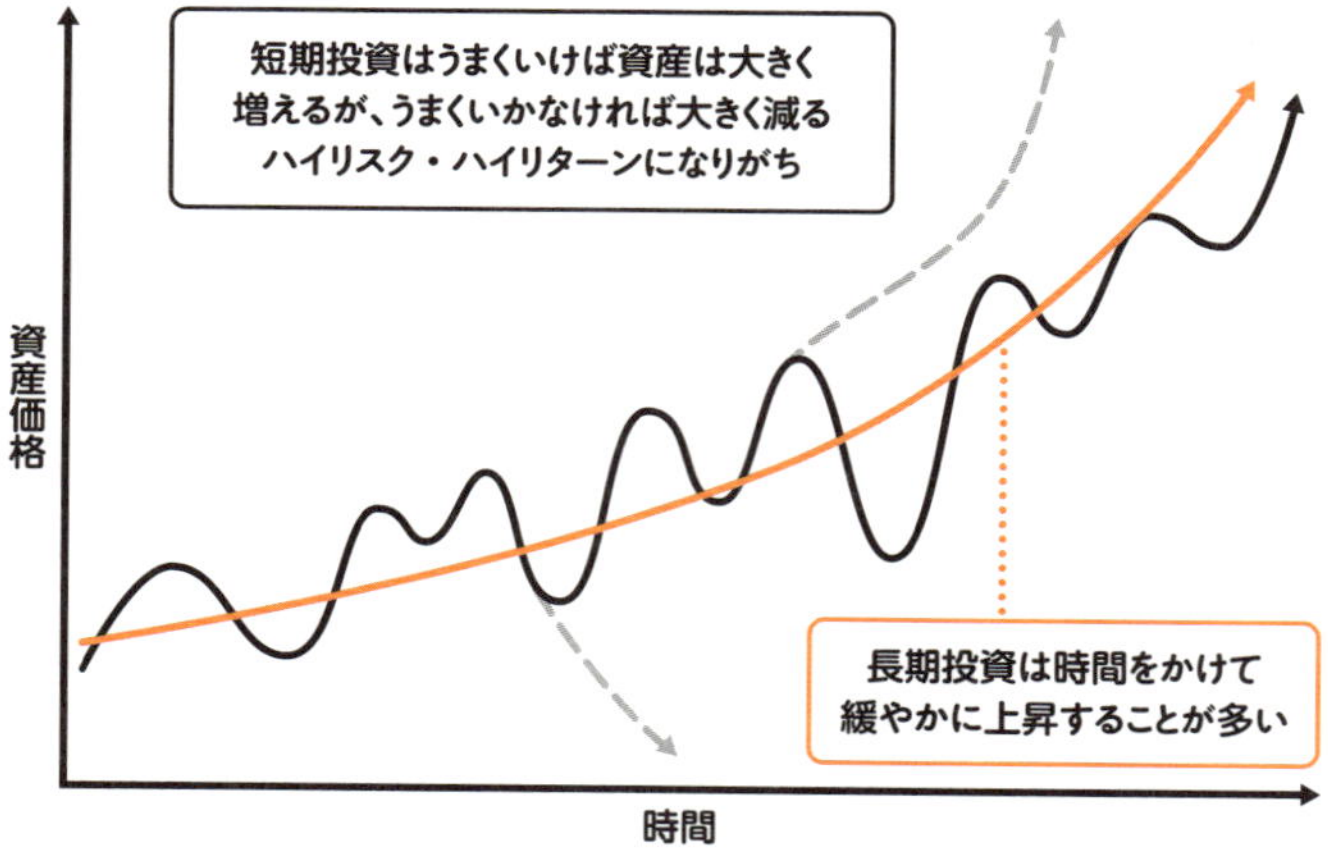
短期投資はうまくいけば資産は大きく増えるが、うまくいかなければ大きく減るハイリスク・ハイリターンになりがち
長期投資は時間をかけて緩やかに上昇することが多い
資産価格
時間

さっさと増やしたいよ。そんなに待ってられないね。
だから失敗するんだよ。確実にゆっくり増やしていこうよ。

を始め、長期的な視点を持ち続けました。一朝一夕ではなく時間をかけて着実に資産を増やして成功したのです。

短期的な利益を期待しすぎれば、市場の短期的な変動に惑わされて動揺し、冷静さを欠いた判断をしがちです。そうならないことが大切です。

成功する投資家は常に学び続けています。市場の動向を理解し、経済ニュースを継続的にウォッチするような地道な努力をしています。その知識の蓄積がリスクを適切に評価し、よりよい投資判断を下すことにつながります。

投資を始める際には、具体的な目標と計画を立てることが重要ですが、多くの人は「ただお金を増やしたい」と考えがちです。「いつまでに、何のために、いくら必要だからお金を増やしたいのか」程度はおおまかに考えておきましょう。将来のビジョンを持って計画を立て、それに従って投資を行ったほうが、感情に左右されずに冷静な判断ができるはずです。

ウォーレン・バフェットが長期保有するおもな銘柄

コカ・コーラ 18.8倍

保有期間：36年　取得価格：13億ドル → 市場価値：245億ドル

アメリカン・エクスプレス 26.5倍

保有期間：31年　取得価格：13億ドル → 市場価値：345億ドル

ムーディーズ 39.1倍

保有期間：36年　取得価格：2.48億ドル → 市場価値：97億ドル

アップル 5.4倍

保有期間：8年　取得価格：250億ドル → 市場価値：1,354億ドル

バンク・オブ・アメリカ 2.6倍

保有期間：13年　取得価格：152億ドル → 市場価値：392億ドル

2 投資は自分を知ることが大事

人のもうけ話は聞く耳半分で

もうけ話の裏には言わない〝大損〟もある

友人や同僚に「大もうけした」と自慢話をされたことはないでしょうか。こうした成功談は部分的な真実であることが多いので、あまり真に受けないほうが無難です。人は失敗をあまり話さないものです。「大もうけした」という話の裏に多くの失敗や損失が隠れているかもしれません。だいたい、投資はタイミングが重要なのに、人の話を聞いてから投資をしたら、タイミングを逃している可能性大です。

他人の成功話を聞いて焦るかもしれませんが、**感情的な決断は失敗のもとです。冷静な判断を心がけましょう。**

人の「もうけ話」は真実の一部にすぎない

大もうけしたという話の裏には多くのリスクや失敗が隠れています。
表面に現れる成功談は全体のほんの一部に過ぎないと心得ましょう。

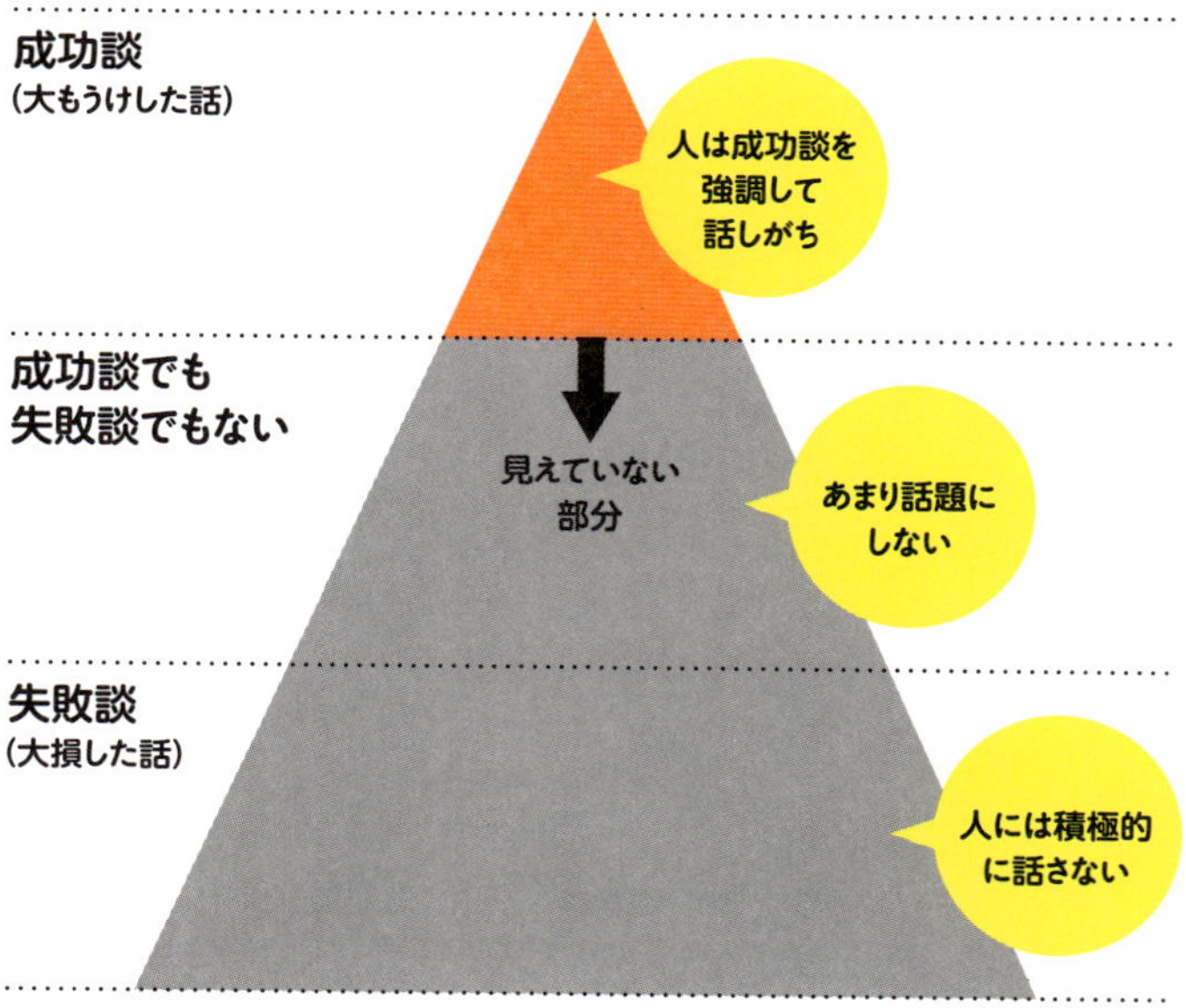

成功談
(大もうけした話)
人は成功談を強調して話しがち
成功談でも失敗談でもない
見えていない部分
あまり話題にしない
失敗談
(大損した話)
人には積極的に話さない

他人のもうけ話(見える成功)の裏には、多くの失敗が隠れている!

もうけ話の誘いは「すべて拒否」でOK

近年、「簡単、確実にもうかる」ことを謳う投資詐欺が増えており、社会問題になっています。もしその類の話に接したら、いかに魅力的な内容でも信じてはいけません。その中で「確実」「必ず」「高利回り」といったフレーズばかりが出てきて、リスクの説明をしないのなら、それは典型的な詐欺です。信じたくなっても必ず一度はネットで調べましょう。そこで詐欺話と気づけるかもしれません。そもそも本当にもうかっている人が、わざわざ他人に教える必要があるでしょうか。

そして最も重要なのは、あなた自身の心がまえです。**「楽に、すぐに、もうけたい」と心の片隅で考えているのなら、それは詐欺師にスキを与えます。**

そもそも、本当に確実にもうかる投資法があるなら、誰もお金に困ることはないはずです。

投資に関する困りごとがあるときの相談窓口

「不審な投資の勧誘を受けた」「しつこい勧誘に困っている」「投資のトラブルにあってしまった」など、
投資に関する困りごとがあるときは、金融庁の「金融サービス利用者相談室」に相談しましょう。

金融サービス利用者相談室

電話での受付（通話料有料）

受付時間 平日10:00〜17:00

TEL 0570-016811
（IP電話からは03-5251-6811）

※「事前相談（予防的なガイド）」は、
0570-016812（IP電話からは03-5251-6812）

ウェブサイトでの受付

受付時間 24時間

URL https://www.fsa.go.jp/opinion/

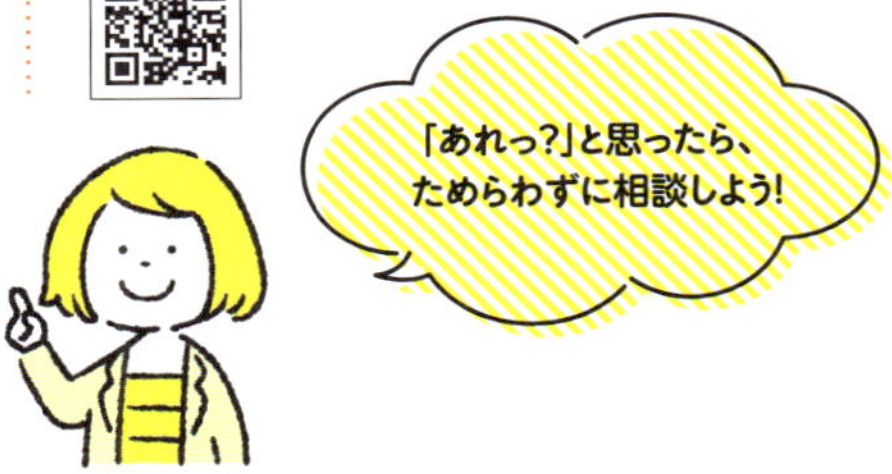
「あれっ?」と思ったら、
ためらわずに相談しよう!

ONE POINT ADVICE

「怪しい!」と思ったら、金融庁のサイトで業者を調べよう

投資の勧誘話をされて少しでも怪しい会社だなと思ったら、金融庁のウェブサイトの「免許・許可・登録等を受けている業者一覧」を調べてみましょう。

勧誘してきた業者が掲載されていない場合は、関わらないようにしましょう。

また、「無登録で金融商品取引業を行う者の名称等について」を検索すると、金融庁が警告書を出した業者のリストを見ることもできます。大量の業者が掲載されているので驚くかもしれません。

銀行や証券会社の人を無条件に信用してはいけない

金融のプロだって同じ人間 未来が見えるわけではない

銀行や証券会社のアナリストやエコノミストは金融のプロです。しかし、無条件に信用するのは危険です。なぜなら、彼らは基本的にあなたの利益より自社の利益を優先するからです。給料を払うのはあなたではなく会社なので当然といえば当然です。

彼らを信用して金融商品を買って大損しても購入を判断したあなたの自己責任です。彼らに責任はありません。

そもそもいくら**金融のプロといっても将来を見通せるわけではありません。**担当者のアドバイスで過去に成功したとしても、それが続くとはかぎり

自己判断 vs 専門家依存：リスクと利点

専門家の意見には参考になる点もたくさんありますが、
自分で判断することは学習効果と納得感をもたらします。
それぞれの利点と欠点を理解し、自分に最適な使い分け方を見つけましょう。

［ 専門家依存 ］		［ 自己判断 ］
・専門知識を活用できる ・手間が少ない	利点	・自分の理解が深まる ・自分で決めるので納得感がある
・誤ったアドバイスのリスク ・専門家の意図が不透明	欠点	・時間と労力がかかる ・判断ミスのリスク
・アドバイス料などの手数料	コスト	・情報収集のための時間的コスト ・書籍や資料の購入費用
・学習機会が少ない ・知識が深まらない	学習効果	・学習機会が多い ・知識が深まる
・迅速な決定が可能	意思決定のスピード	・時間がかかる可能性がある
・自己責任だが、他者へ責任を転嫁したくなる可能性がある	責任の所在	・完全な自己責任

最終的には投資判断は
自分でしなくてはいけないから、専門家に
頼りすぎないことが大事ということね。

ません。アドバイスを鵜呑みにせず、自分自身で冷静に判断する姿勢をもつことが大事です。

専門家の予想は競馬新聞程度の参考に

新聞やネットで証券会社のアナリストや株式評論家などの専門家によるさまざまな予想が発表されています。たとえば、「年末の日経平均株価は？」という質問に専門家が正しく予想できるなら、ほとんど同じような回答になってもよさそうです。しかし、そうはなりません。**競馬新聞の記者は毎日のように競走馬を見てもたいして当たりません。それと同じようなものです。**そもそも予想が高確率で的中するなら、面倒な仕事は辞めて資産運用するだけで楽に生活できるはずです。しかし、そうする人はあまりいません。

「プロに任せる」というと聞こえはいいですが、自分自身で判断して投資を行う姿勢を持つことが大事です。

2023年末時点の専門家の2024年の高値予想

下表は2023年末時点で専門家が実際に行った2024年の日経平均株価の高値予想です。

2024年3月4日に4万円を超えましたから、多くの専門家の予想は外れました。

専門家でも未来を予測するのは不可能です。

専門家A氏	専門家B氏	専門家C氏	専門家D氏
3万4,000円未満	3万4,000〜3万5,000円未満	3万5,000〜3万6,000円未満	3万6,000〜3万7,000円未満

専門家E氏	専門家F氏	専門家G氏	専門家H氏
3万7,000〜3万8,000円未満	3万8,000〜3万9,000円未満	3万9,000〜4万円未満	4万円以上

専門家の意見に頼りたくなるかもしれません。でも、専門家だって未来は予測できないんです。

4 投資は自分を知ることが大事

デモトレードの成績はあてにならない！

デモトレードの結果はまったく参考にならない

仮想のお金を使って取引を行うデモトレードは、注文の仕方の確認や相場の変動を体感するうえで非常に役に立つ、トレードの基本を学ぶためのよいツールです。しかし、デモトレードで好成績を収めても過信しないようにしましょう。

仮想のお金を使って取引を行うデモトレードで損失が発生しても、当然のことながら実際にお金が減るわけではありません。たとえば、デモトレードである銘柄に100万円を投資した結果、50万円に半減しても、リアルではまったく痛手はありません。それゆ

デモトレードができるおすすめのアプリ

moomoo証券

世界中の投資家に利用される
外資系証券のアプリ

iOS 無料　Andorid 無料

NASDAQ上場企業を親会社にもつ企業が提供する証券取引アプリ。初心者でも使いやすい設計で、デモトレード機能も搭載。リアルタイムの市場データを使用するため、実際の取引環境を体感しながら、リスクなしで投資の経験を積むことができる。投資に関する情報がとても充実している。

株たす

株ゲームアプリでリアル株価の
株式投資シミュレーション

iOS 無料　Andorid 無料

リアルの株価データを使用しているので、本番に近い株式投資体験ができるアプリ。東京証券取引所に上場されている約3,600銘柄、米国株はNASDAQに上場する約3,300銘柄に対応しており、シンプルな画面で直感的に取引シミュレーションができる。初心者向けの解説記事も用意されている。

株式投資がどんなものかを知るには
いいツールですが、結果を過信しないように！

え、現実のトレードではできないような売買を気楽にできてしまいます。しかし、実際にお金を投じるときは資金の減少を避けるためにとても慎重になるはずです。デモトレードとリアルトレードでは感じるリスクが異なるので、デモトレードの結果はまったく参考にはならないのです。

実際にお金を投じるリアルトレードで利益が出たときの喜びや損失が出たときの恐怖は、デモトレードのそれとはまったく異なるものです。感情的な反応が少ないデモトレードと同じように、リアルトレードで冷静な判断をできる人はほとんどいないので、**デモトレードでうまくいっても、リアルトレードで同じような結果は出せない**と考えるべきでしょう。

実際に、デモトレードの成績を過信し、満を持してリアルトレードを始めた結果、人生を棒に振るような失敗をしたトレーダーも少なくありません。そうならないように注意しましょう。

デモトレードとリアルトレードの違い

デモトレード		リアルトレード
仮想のお金を使用	使用するお金	実際のお金を使用
実際の資金に影響なし	損失の影響	実際の資金が減少する
ない、少ない	心理的プレッシャー	非常に大きい
リスクを感じにくいため 大胆な取引をしがち	取引の大胆さ	リスクを感じるため 慎重な取引になる
利益や損失に対する 感情的な反応が少ない	感情の変動	利益には「喜び」、損失には「恐怖」を 感じやすい
比較的冷静に判断できる	判断の冷静さ	感情に左右されやすい
基本的な取引の方法や相場の動きを 学ぶことができる	学習の機会	実践的な経験を通じて リアルなリスク管理を学ぶことができる
デモトレードの成績は リアルトレードで再現しにくい	成績の再現性	デモトレードの成績を過信せずに リアルトレードに挑むべき

実際のお金を
投じない投資の結果はあてに
ならないってことね!

5 失敗を恐れない

失敗をしないで成功した投資家はいない！

世界3大投資家だって失敗をしてきた

投資を始めようとする人の多くは成功の話に目を輝かせますが、じつは成功した投資家も数多くの失敗を経験しています。投資で成功するためには、失敗を恐れず、それを学びの機会とする姿勢が欠かせません。失敗を分析し、次に同じミスをしないように対策を講じることができる人が投資で成功できるのです。

世界3大投資家と呼ばれる、ウォーレン・バフェット、ジョージ・ソロス、ジム・ロジャーズだって、成功の裏で多くの失敗を重ねているのですから、これから投資を始める人が失敗を

世界3大投資家の失敗

ウォーレン・バフェット（1930年 —　）

「投資の神様」として尊敬を集める投資家です。1989年にUSエアウェイズに投資しましたが、業界の特性と会社の問題を十分に理解しておらず、大損失を出しました。この経験から、彼は自分が理解できないビジネスには投資しないというポリシーをさらに強固にしました。

USA International Trade Administration

ジョージ・ソロス（1930年 —　）

「イングランド銀行を破産させた男」として有名ですが、彼も数多くの失敗を経験しています。たとえば、1999年にロシアに大規模な投資を行いましたが、ロシアの経済危機により大損失を被りました。この経験から、リスク管理の重要性を再確認し、投資戦略を見直しました。

Alexandros Michailidis / Shutterstock.com

ジム・ロジャーズ（1942年 —　）

1973年にジョージ・ソロスとともにクォンタム・ファンドを設立し驚異的なパフォーマンスを挙げたことで知られますが、「最悪なのは失敗を恐れることだ」と説いています。若いころには6銘柄を空売りしたあとに株価が急騰し、財産を大きく減らしたことがあります。

el_cigarrito / Shutterstock.com

過度に恐れる必要はありません。

世界最大のヘッジファンド、ブリッジウォーター・アソシエイツを運営するレイ・ダリオは、若いころに多くの失敗を経験しました。1970年代に過度な集中投資で痛手を負ったことから、「オールウェザー（全天候型）ポートフォリオ」と呼ばれる分散投資戦略を開発し、成功を収めました。

投資の世界は常に変化していますから、成功する投資家は、常に新しい情報を学び続けています。失敗からも学ぶことで自分の投資手法を変えていくことができるのです。

失敗はしたくないですし、失敗しようと思って失敗する人はいませんが、投資を続ければ失敗は避けられないものです。それを乗り越えてこそ成功があります。失敗を恐れるのではなく、**「早く失敗すれば早く学ぶチャンスを得られる」**と成長の糧とすることで、あなたも成功した投資家の仲間入りができるはずです。

レイ・ダリオのオールウェザーポートフォリオ

レイ・ダリオは、「経済成長期」「経済停滞期」「インフレ期」「デフレ期」という4つの局面があり、すべての局面でも安定的なリターンを得られる全天候型のポートフォリオを開発しました。

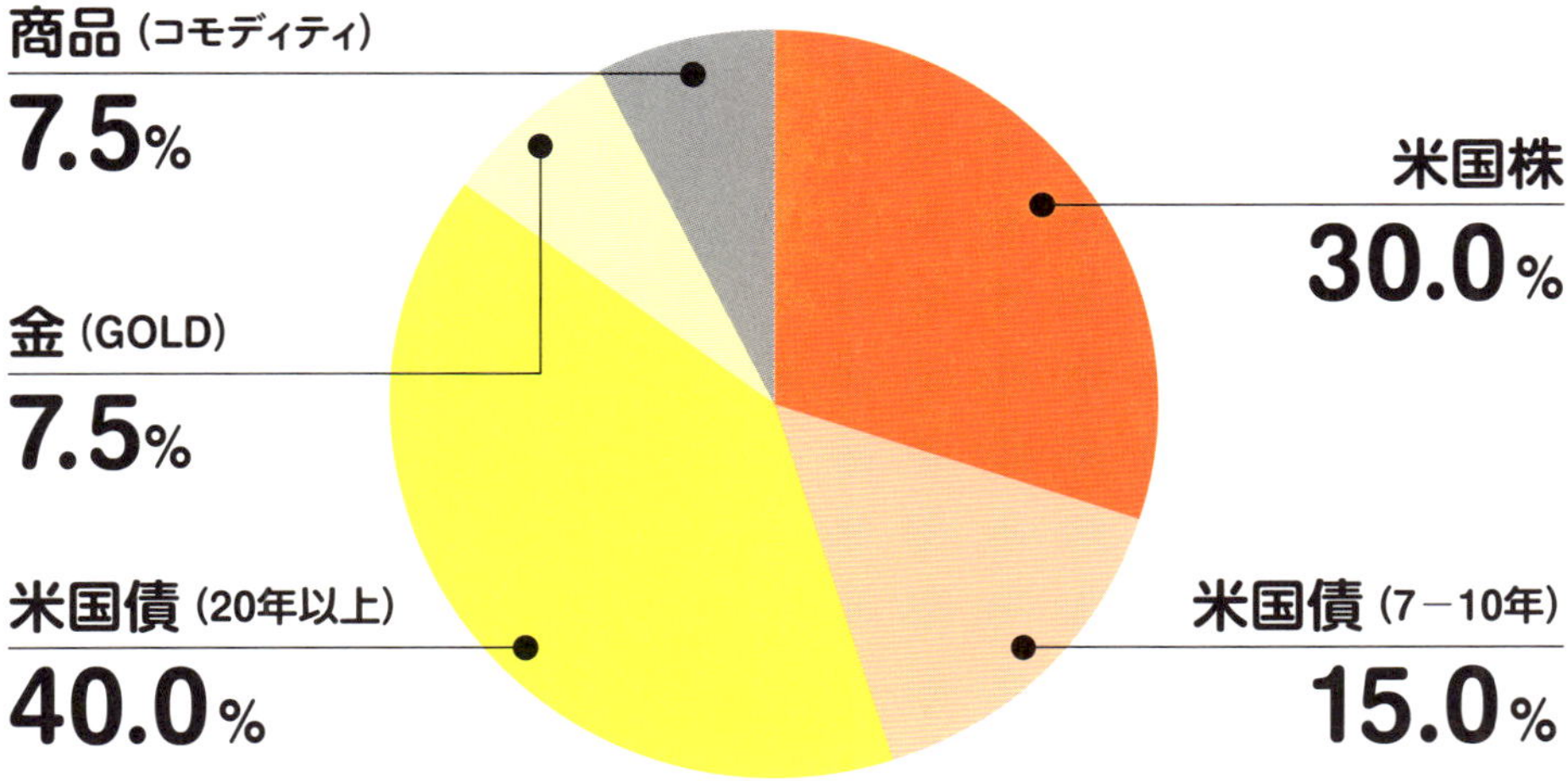
商品（コモディティ）
7.5%
金（GOLD）
7.5%
米国債（20年以上）
40.0%
米国株
30.0%
米国債（7－10年）
15.0%

これを参考にして分散投資をしてみようかな……

6 失敗を恐れない

しくみがわからない金融商品には近づかない

投資の神様だって わかるものだけに投資する

投資の世界には多くの金融商品がありますが、投資初心者が陥りやすいワナのひとつは、しくみをよく理解していない金融商品に手を出してしまうことです。とくに、複雑なデリバティブ商品やレバレッジを利用した金融商品は、しくみを理解していないと意図せず大きな損失を出してしまう危険性が高まります。

たとえば「仕組預金」と呼ばれる金融商品です。「預金」なので元本保証の金融商品と思って投資してしまうかもしれませんが、実際には、デリバティブ取引を組み込んだ預金商品のため、

ウォーレン・バフェットの参考になる名言

完全に理解するには難しすぎる事業には出資しない

私は株を買う理由を1ページ書き続けられないなら買わない。
間違っているかもしれないが、私はいつも
理由を把握している

最も重要な投資は、自分自身への投資である

ルール1は、決して損をしないことです。
ルール2は ルール1を決して忘れないでください

投資の神様が
言った言葉だからこその
含蓄がありますね。

一般的な預貯金とは性格が異なります。もちろん金融機関のページには説明が書かれていますが、そのしくみを理解するのは簡単ではありません。

　成功している投資家たちは、投資先の企業の動向や金融商品のしくみを徹底的に理解しています。たとえば、投資の神様ともいわれる、**ウォーレン・バフェットは「自分が理解できないビジネスには投資しない」というポリシーを持っていることで有名です。**彼は最近、日本の総合商社に投資したことで大きな話題になりましたが、総合商社業界やビジネスモデルについてとことん調査したはずです。

　そもそもしくみが理解できなければ、何が起こっているのかわからないまま値動きだけを追うことになり、投資ではなく、運任せのギャンブルになってしまいます。

　わからないことがあるなら、信頼できる情報源を使って徹底的に理解する努力をすることです。

一般にしくみが難しいとされる金融商品

以下の金融商品の説明を理解できるでしょうか。もし理解ができないなら投資をするのはやめ、理解ができるものだけに留めましょう。

オプション取引

将来の決められた期日（権利行使期日）にあらかじめ決められた価格（権利行使価格）で、対象商品（原資産）を「買う権利」や「売る権利」を売買すること。

先物取引

将来のある日（決済期日）に、現在約束した価格で商品を売買できる取引のこと。実際の取引の10%程度の証拠金といわれる、いわば手付金のようなもので取引できる。

仕組預金

デリバティブ取引を組み込んだ預金商品。高金利が期待できるが、「満期日を銀行が選択できる」、「為替水準によって受け取る通貨が変わる」など、一般の預金とは異なる性質をもつ。

説明を読んでみたけど、
全然、意味がわからない！
ということは、これらの金融商品には
近づかないほうがよさそう。

7 失敗を恐れない

「損切り」は決して失敗ではない！

損切りは次の成功のための大切な準備と捉えよう

投資で避けられないのが「損切り」です。投資初心者と中級者以上の境目は、損切りができるかどうかにあるといっても過言ではありません。

トレード経験が浅い人の場合、損切り＝失敗だと考えがちですが、それは間違いです。

もし「損切りは失敗だからやりたくない」と考えれば、損切りしない→相場がさらに逆方向に動く→大きな含み損を抱えるという悪循環に陥ります。

こうならないためには、「損切りは失敗」という先入観を取り除くことです。**損切りは、誤りをいったん整理**

損切りは失敗ではない

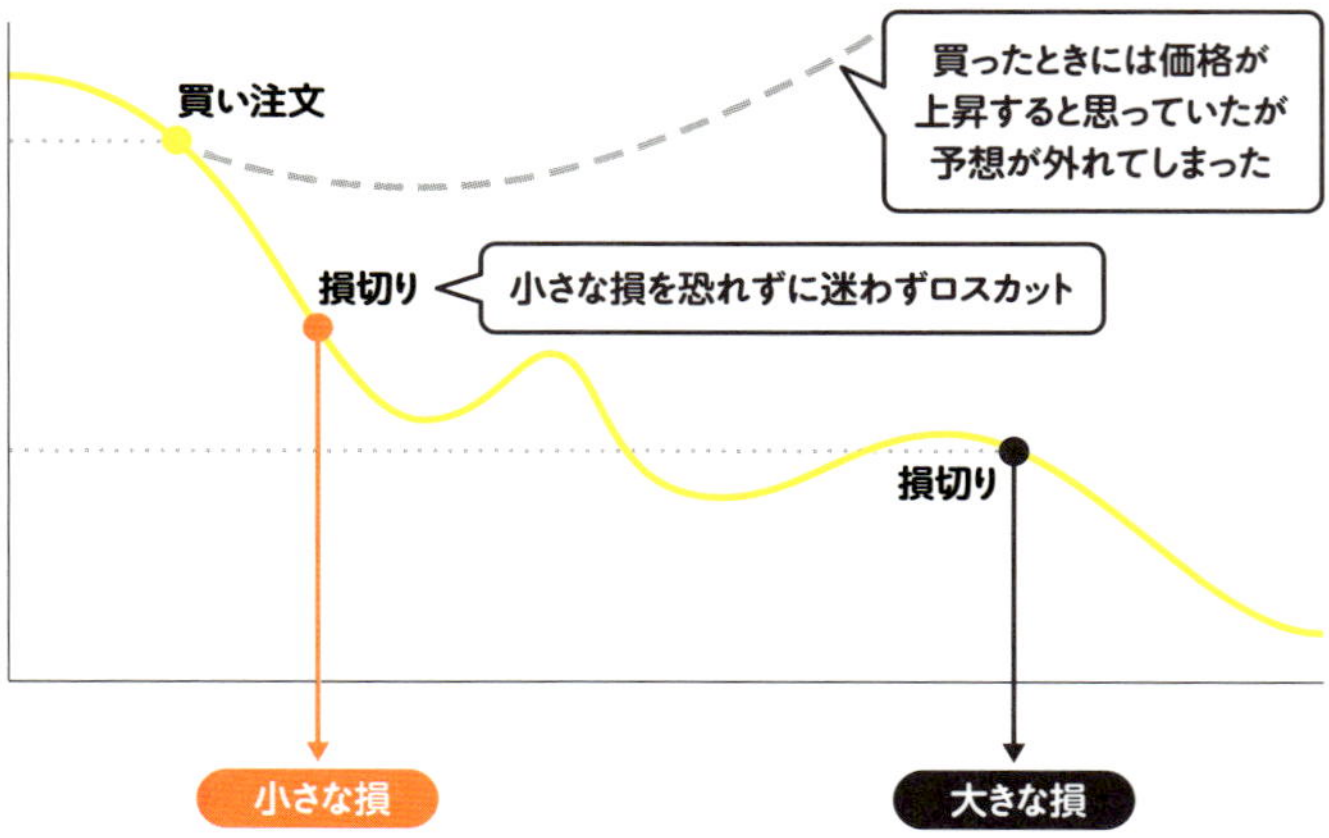

買い注文
買ったときには価格が上昇すると思っていたが予想が外れてしまった
損切り
小さな損を恐れずに迷わずロスカット
損切り
小さな損
大きな損

小さな負けを嫌って、損切りが遅れると大きな損失を抱える可能性が増す

▼

もし、損切り＝失敗と考えるなら、買い注文を100%成功させなければならない

▼

100%失敗しない買い注文を行う判断ができるだろうか？

し、次のトレードを始めるための準備作業で、決して失敗ではありません。
投資判断の誤りを確信したら迷わずに素早く損切りすることです。損切りをすれば当然、損失が出ますが、小さな損失なら繰り返しても痛手は大きくなりません。

たとえば、10万円が8万円になってしまっても、25%増で10万円に戻せます。ところが4万円まで減らすと、10万円に戻すのに2・5倍にする必要があり、ハードルが上がります。

ほとんどの人は、小さな損失を嫌って損切りを躊躇したばかりに痛い目にあうのです。損切りに迷ったら、現状を客観的に判断することです。5章で紹介したテクニカル分析はそのためのツールでもあるのです。

もし失敗したら、その失敗から何かを学び、新たな気持ちでトレードに向かうことが大切です。過去の失敗を引きずるよりも、いい結果が得られるはずです。

大きく負けると復活が難しくなる

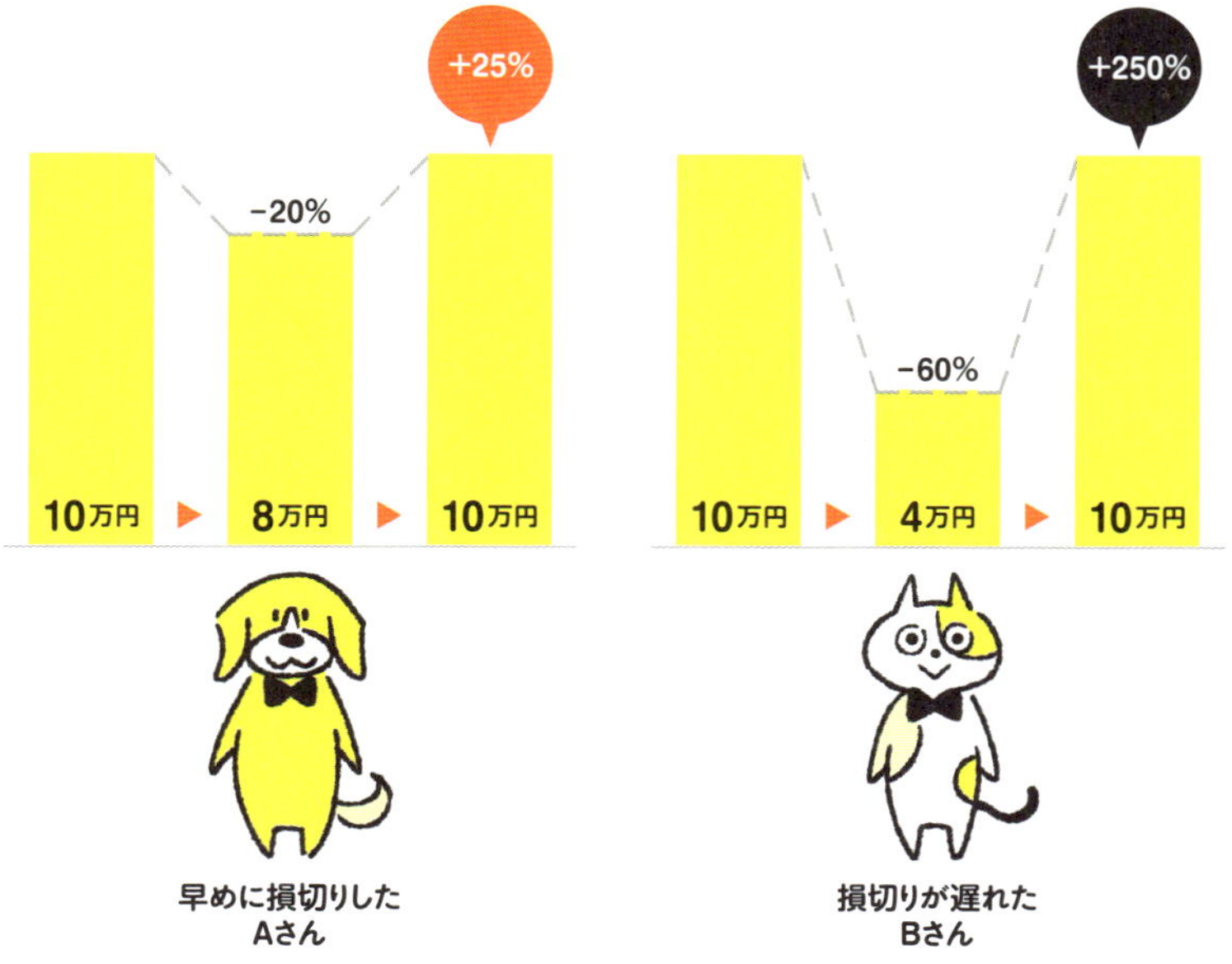

+25%
-20%
10万円
8万円
10万円
+250%
-60%
10万円
4万円
10万円
早めに損切りした
Aさん
損切りが遅れた
Bさん

損切りが遅れ、手元資金が減るほど、資金を元に戻すのに高いリターンが必要に。
そうなると必要以上のリスクをとったり、投資金額を無理に引き上げるなど、
悪い影響が出やすくなる。そうならないためにも、損切りを早めにして、できるかぎり
自己資金を大きく減らさないことが重要!

8 投資はルールが大事

自分のルールを守れるかが投資で成功する成否を分ける

なぜ投資にはルールが必要なのか

投資で成功するために、「ルールをつくり、それを守ること」はとても重要です。とくに投資初心者はルールがないため、いかに自分の投資ルールを確立するか、そしてそれを厳守できるかが重要になります。

すでに説明したとおり、投資を始めると、市場が急騰すると興奮し、急落すると恐怖を感じるなど、感情に左右されやすくなります。こうした感情の起伏によって冷静な決断が難しくなることがしばしばあります。それでもマイルールを持つことで感情に流されない投資行動をとりやすくなります。

自分に合った投資ルールを設定しよう

投資で成功するためには、感情に流されないことが重要です。
とくに投資初心者にとって投資ルールを設定し、それを守る努力を続けることは非常に大切です。

感情に左右されない
分散投資を実践する
ニュースに過剰反応しない
20%上昇で利益確定する
10%下落で損切りする
月に1回の振り返りをする

自分でつくってルールを守るのは難しい。
それでもルールを守る努力を続けよう！

ルールをどう決めてそう守るのか

68ページでも説明したように、自分なりのリスク許容度を考慮しながら、「株価が20％上昇したら利益確定」「株価が10％下落したら損切り」と具体的な基準を設けてルール化します。

それでも株価が上昇すれば、「もっと上がるかも」と欲が出ますし、下落すれば、「また上がるはず」と考えたくなるものです。その**気持ちとは関係なく、ルールを淡々と実行するのです。**

そしてルールを守れたかを定期的にチェックし、振り返ることも大事です。「無理があるな」と感じたら、必要に応じて修正しましょう。守れないルールを自分に課すと「自分はダメだ」と無力感だけが募り、メンタル面に悪影響を及ぼすからです。

投資を続けると、ルールを守ることが、さまざまなリスクから自分を守る武器になることを実感するはずです。

自分ルールを設定するためのヒント

投資で成功するためには明確なルールを設定し、厳守することが不可欠です。あくまでも下表はヒントです。
自分に合ったルールを設定して、守れないルールがあるなら適宜見直すことも大切です。

チェック項目	状況
株価が○%上昇したら利益確定する	□守った　□守らなかった
株価が○%下落したら損切りする	□守った　□守らなかった
投資額の上限を○○円に設定する	□守った　□守らなかった
月に1回、投資状況を振り返る	□守った　□守らなかった
毎月○万円の積み立てを続ける	□守った　□守らなかった
分散投資を実践する	□守った　□守らなかった
感情に左右されないようにする	□守った　□守らなかった
短期的なニュースに過剰反応しない	□守った　□守らなかった
投資目標を設定し、その進捗を毎月確認する	□守った　□守らなかった
投資に関する勉強を続ける	□守った　□守らなかった
他人の意見に流されず、自分の判断を優先する	□守った　□守らなかった

最初からあんまりたくさん
ルールを決めたら、絶対に
守れない自信がある！

9 投資はルールが大事

仕事が手につかなくなったら、無理をしている可能性大

仕事に集中できないのは危険なサインかも!?

投資で成功すれば大きなリターンを得られる可能性があり、非常に魅力的です。しかし、投資にのめり込みすぎて本業に支障をきたすことは避けなければなりません。

初めて株式を購入すると、値動きが気になるものです。しかし、オフィスのトイレで隠れて株価をチェックするような、仕事そっちのけの状態になっているなら、自分のリスク許容度を超える額を投じているなど、「無理をしているサイン」かもしれません。

投資と本業のバランスが崩れて、仕事をおろそかにするのは本末転倒で

投資と仕事のバランスを考えよう

投資に熱中しすぎて本業をなおざりにしてはいけません。
とはいえ、投資をしながら投資に無関心でいるのも考えものです。
適切なバランスを保つことが長期的な成功へのカギです。

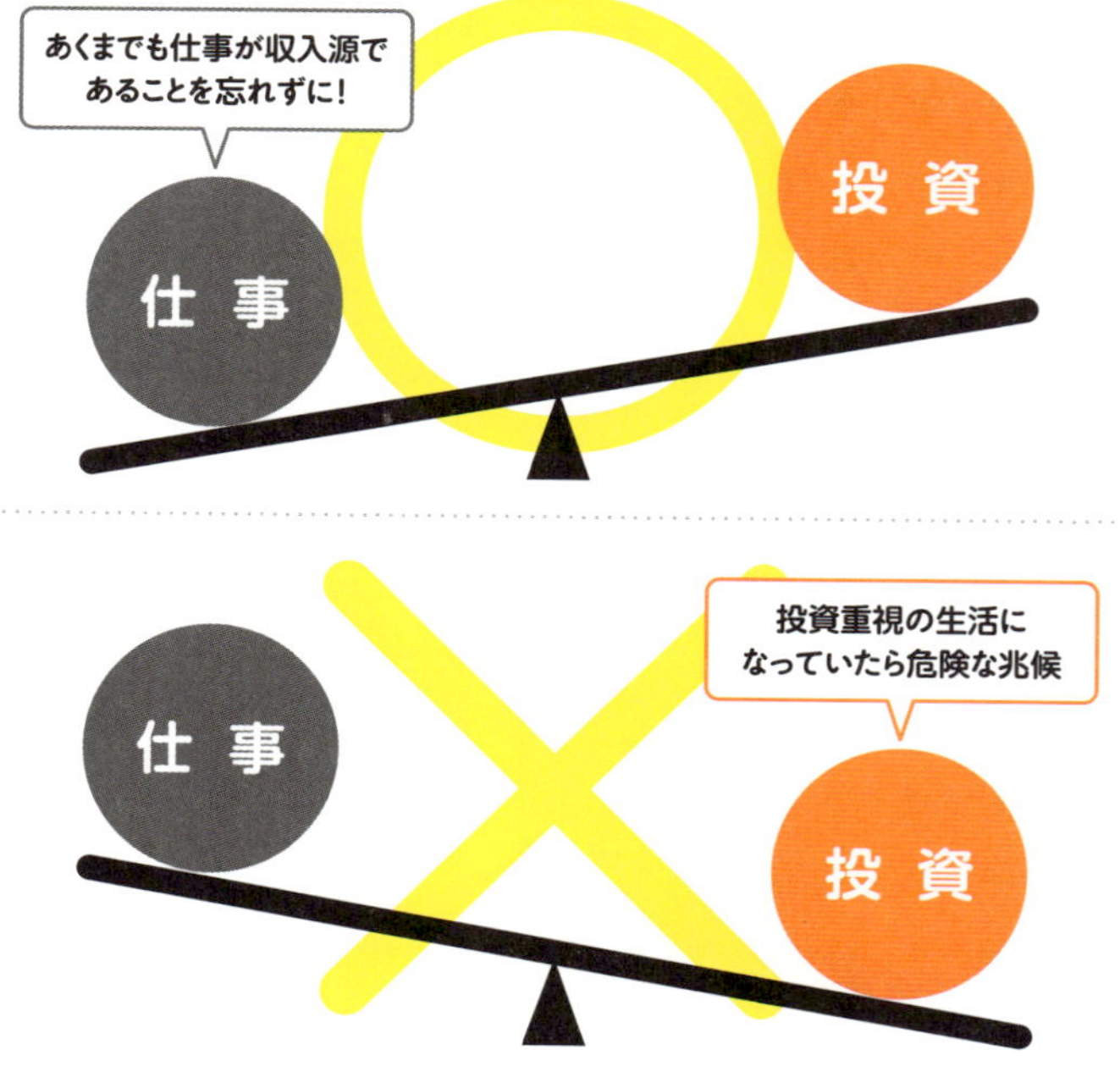
あくまでも仕事が収入源であることを忘れずに!
仕事
投資
仕事
投資
投資重視の生活になっていたら危険な兆候

す。本業に手がつかなくなると、収入の安定性が損なわれるだけでなく、精神的にも大きな負担がかかります。もし投資に失敗したら、さらに値動きが気になる→仕事が手につかなくなる→仕事で結果を出せなくなる→給料が上がらない、という悪循環に陥る可能性もあります。投資も本業も共倒れになってしまうぐらいなら、いったん投資を中断する勇気も必要です。

投資初心者は本業に支障をきたさないように、投資に費やす時間についても自分なりのルールを決めるといいでしょう。

「仕事が手につかない」と感じたら、一度立ち止まり、投資に費やす時間やエネルギーを見直してみましょう。無理をすれば、バランスを保てず、投資を続けることも、長期的な成果を上げることもできません。そして、**安定した本業があるからこそ、投資にも安心して取り組むことができる――このあたり前のことを忘れてはいけません。**

仕事をなおざりにしたときの悪循環

投資が失敗した際に陥りやすい悪循環を示しています。
投資初心者が株価の変動に一喜一憂しすぎると、本業にも影響を及ぼすことがあります。
このような負の連鎖に陥らないためには、バランスの取れた投資アプローチが重要です。

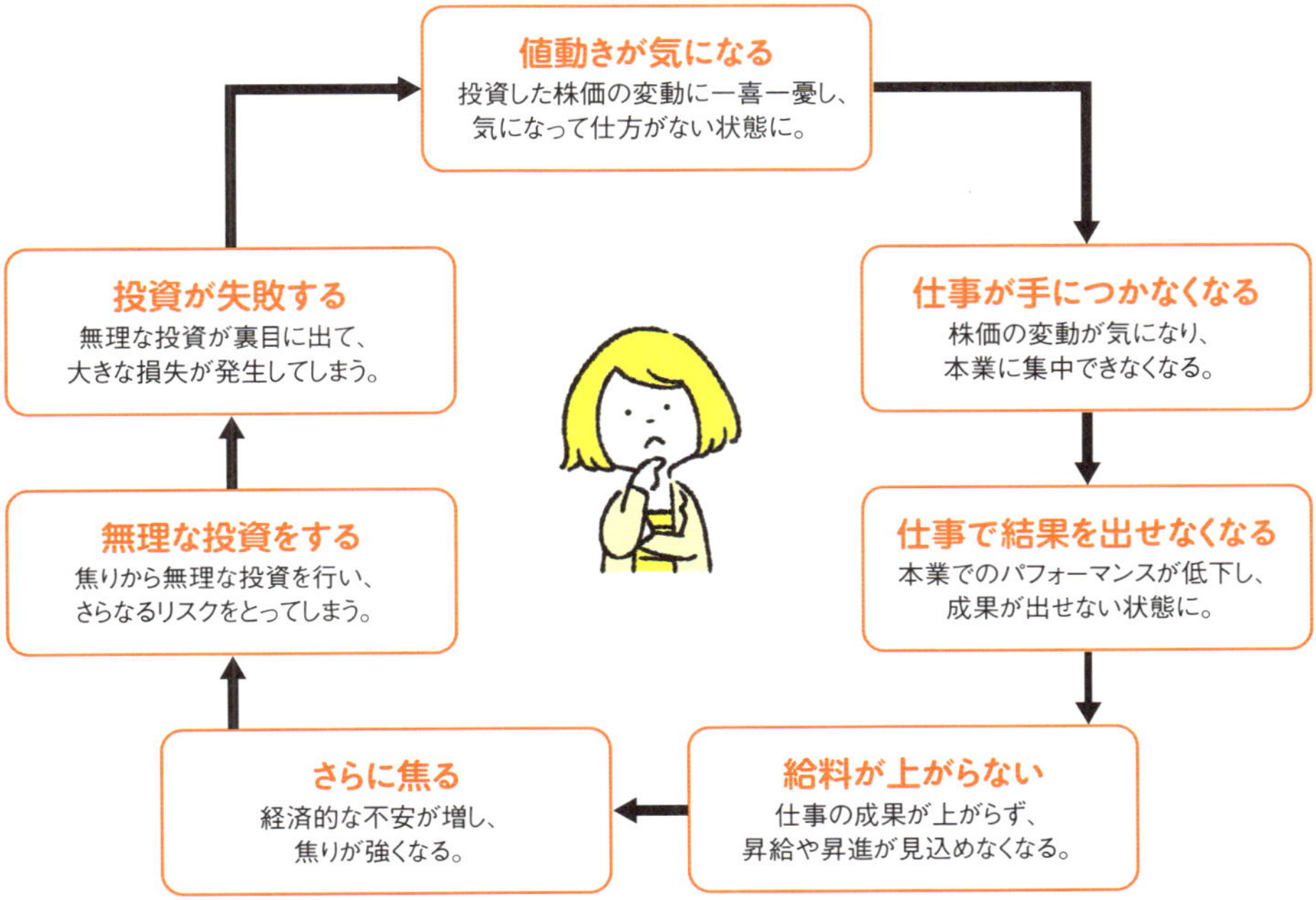

値動きが気になる
投資した株価の変動に一喜一憂し、気になって仕方がない状態に。
仕事が手につかなくなる
株価の変動が気になり、本業に集中できなくなる。
仕事で結果を出せなくなる
本業でのパフォーマンスが低下し、成果が出せない状態に。
給料が上がらない
仕事の成果が上がらず、昇給や昇進が見込めなくなる。
さらに焦る
経済的な不安が増し、焦りが強くなる。
無理な投資をする
焦りから無理な投資を行い、さらなるリスクをとってしまう。
投資が失敗する
無理な投資が裏目に出て、大きな損失が発生してしまう。

さくいん

英数字

あ行

か行

参考文献

- 『これが投資のスタンダード 20代・30代必読!!　インフレ時代を生き抜く長期投資メンタル』(河出書房新社)
  沢上篤人・著
- 『テクニカル分析で「勝つ」FX』(実業之日本社)
  鈴木隆一・監修／森 好治郎・監修／ FXプライム・監修
- 『ジム・ロジャーズ　世界的投資家の思考法』(講談社)
  ジム・ロジャーズ・著
- 『株・投資信託・iDeCo・NISAがわかる 今さら聞けない投資の超基本』(朝日新聞出版)
  泉 美智子・著
- 『予想どおりに不合理　行動経済学が明かす「あなたがそれを選ぶわけ」』(ハヤカワ・ノンフィクション文庫)
  ダン・アリエリー・著／熊谷淳子・訳
- 『情報を正しく選択するための認知バイアス事典』(フォレスト出版)
  情報文化研究所(山﨑紗紀子／宮代こずゑ／菊池由希子)・著／高橋昌一郎・監修
- 『こども行動経済学 なぜ行動経済学が必要なのかがわかる本』(カンゼン)
  バウンド・著／犬飼佳吾・監修
- 『こどもバイアス事典　「思い込み」「決めつけ」「先入観」に気づける本』(カンゼン)
  バウンド・著／犬飼佳吾・監修

カバー&本文デザイン● 井上裕介
イラスト● タニグチコウイチ
担当● 橘 浩之（技術評論社）
制作協力● 楽天証券株式会社

知《し》らないと損《そん》する！
投資《とうし》のきほんと心得《こころえ》
リスクを抑《おさ》えて賢《かしこ》く運用《うんよう》

2024年 9月 6日　初版　第1刷発行

著　　者　バウンド
監 修 者　小島 淳 一《こじまじゅんいち》
発 行 者　片岡 巌
発 行 所　株式会社 技術評論社
東京都新宿区市谷左内町21-13
Tel ：03-3513-6150（販売促進部）
Tel ：03-3513-6185（書籍編集部）
印刷／製本　日経印刷株式会社

ISBN978-4-297-14303-9 C0033

Printed in Japan

●お問い合わせに関しまして
本書の内容に関するご質問はFAXまたは弊社ウェブサイトから、必ず該当ページを明記の上お送りください。
電話によるご質問および本書の内容と関係のないご質問につきましては、お答えできかねます。
あらかじめ以上のことをご了承の上、お問い合わせください。 なお、ご質問の際に記載いただいた個人情報は
質問の返答以外の目的には使用いたしません。 また、質問の返答後は速やかに削除させていただきます。

●お問い合わせ先
技術評論社　書籍編集部
「知らないと損する！ 投資のきほんと心得」係
Fax：03-3513-6181
技術評論社Webサイト：https://book.gihyo.jp/116
